高职教育学生管理：

理论研究、模式构建与实践感悟

龚爱国　王润玲　著

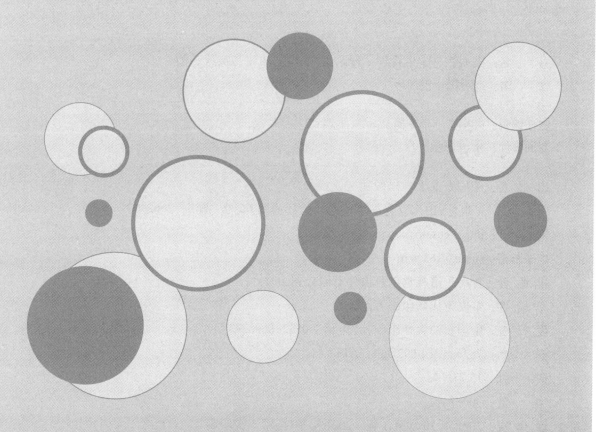

中国石油大学出版社
CHINA UNIVERSITY OF PETROLEUM PRESS

山东·青岛

图书在版编目（CIP）数据

高职教育学生管理：理论研究、模式构建与实践感悟 / 龚爱国，王润玲著 . -- 青岛：中国石油大学出版社，2021.10
　　ISBN 978-7-5636-7274-5

　　Ⅰ . ①高… 　Ⅱ . ①龚… ②王… 　Ⅲ . ①高等职业教育—学生—学校管理—文集 Ⅳ . ① G718.5-53

　　中国版本图书馆 CIP 数据核字（2021）第 203401 号

书　　名：高职教育学生管理：理论研究、模式构建与实践感悟
作　　者：龚爱国　王润玲
责任编辑：孙福彬　李亚楠
封面设计：乐道视觉
出 版 者：中国石油大学出版社
　　　　　（地址：山东省青岛市黄岛区长江西路 66 号　邮编：266580）
网　　址：http://cbs.upc.edu.cn
电子邮箱：sunfb@163.com
排 版 者：青岛乐道视觉创意设计有限公司
印 刷 者：泰安市成辉印刷有限公司
发 行 者：中国石油大学出版社（电话　0532-86983437）
开　　本：787 mm × 1 092 mm　1/16
印　　张：15.75
字　　数：300 千字
版 印 次：2021 年 10 月第 1 版　2021 年 10 月第 1 次印刷
书　　号：ISBN 978-7-5636-7274-5
定　　价：42.80 元

前 言

2007年是我人生中最关键的一年。这一年我提前一年硕士毕业，这一年我重新找到了工作。硕士毕业后，我不得不开始人生第二次择业。为此，我开始东奔西走，参加各个学校的招聘，但每次面试之后都差之毫厘，与工作失之交臂。自己几次工作应聘失败之后，来自各方面压力使我的心情处于极度的困苦之中。现实情况也让我不能松一口气，妻子在读研究生，孩子在上小学，还要上特长班，家里还要租房，日常的消费开支也不小，而家里唯一的固定的经济来源就是研究生每个月二百多块钱的补助，两个人加起来不到五百块钱。所以，那个时候除了写论文就是晚上去当家教，这样能弥补家里经济上的窘境。机会总是给有准备的人，就在我一筹莫展的时候，我参加了山东省首次事业单位初级岗位的招聘考试，笔试成绩出来以后，我顺利进入复试阶段，复试成绩出来以后，我被山东商业职业技术学院录取了。那年，我还参加了青岛市市直事业单位考试，报考青岛卫生学校的管理岗位，令我没有想到的是，初试成绩公布以后，我位列第一，面试以后竟然也被录取了，而且分数还是第一。这两个学校我都没有任何关系，不认识任何人，但都被录取了。我感到最对不起的就是青岛卫生学校，当时领导面试我的场景经常出现在我的脑海，但是我没有去，所以总是有一种愧疚感。这两次应聘改变了我对人生、社会的很多认识，让我更加相信"做好自己才是硬道理"的深刻涵义。所以这一年是改变我人生命运的一年，这一年我的职业生涯又重新开始了。

我本来应聘的是教师岗位，但当时学校刚刚成立了国际交流学院，这个学院的学生分数较低，不好管理，没有老师愿意当该学院的辅导员，学校领导决定让我先去干干再说。对于我来说，干辅导员没有任何心理准备，也没有任何经验，关键是我的年龄似乎已经不是当辅导员的年龄了，与同事和学生的年龄差距较大，所以后来学生都称呼我的同事张哥、王哥等，而叫我龚爷爷或者是老龚。对于我来说，担任辅导员工作是我职业生涯的一大考验，但是从那时起，我就立志把这项工作干好、干出水平。

2007 年 10 月，我正式担任山东商业职业技术学院国际交流学院的辅导员，开始了全新的职业生涯。凭借我以往的教师经验，在很短的时间内就熟悉了辅导员的业务。上半学期，我每周在学校住三天，深入宿舍了解学生状况，深入班级与学生座谈，果断采取了一系列的措施，经过一阶段的治理，学生状态发生了很大变化。虽然吃了不少苦头，费了不少劲，但我深深地热爱上了辅导员这个职业，下决心争取在辅导员的岗位上干出点成绩。我认真分析了辅导员的工作现状、趋势和存在的问题，发现辅导员的科研能力是制约辅导员工作及发展的瓶颈，因此从 2008 年开始我积极参与和申报各类课题、撰写随笔及论文。令人欣慰的是，截止到 2020 年，自己主持了教育部、共青团中央、山东社会科学规划等省级以上课题 15 项，发表论文及获奖论文 12 篇，出版专著 1 部。2009 年底，我想应该把我日常管理学生遇到的问题和解决办法都用日记的形式记录下来，并写出自己的感悟，一方面能够把这些日常琐碎的学生管理事情形成文字，以便对日后工作提供参考；另一方面也能够促使自己对学生管理的各种问题进行深入思考，找出问题根源，提升自己理论思维的广度和高度，同时也为课题和论文选题提供思路。很遗憾的是，在我 2012 年 9 月正式入籍山东大学马克思主义学院博士的时候，这个学生管理日记不得不停止了，因为我的首要任务应该是完成博士学业。在我完成博士学业之际，我又被评为山东省第二批辅导员名师工作室主持人，我是山东省职业院校中仅有的两名辅导员名师工作室主持人之一。因此，从 2016 年起我又全身心投入到我的工作室建设中，并于 2020 年 10 月成功结题。2018 年初，学校让我担任智能制造与服务学院的党总支书记，这是一个全新的学院，不但要做好学生管理工作，而且要做好学院的各方面工作，可喜的是，在我担任总支书记这两年，学院均取得了全校年终综合评估第一的好成绩。2020 年 5 月，就在我研究职业院校管理理论、谋划学院新的管理之策、探索学院管理实践之际，集团领导又把我调到新的岗位，这对于我来说又是一个新的巨大挑战。因此，在我离开辅导员岗位之际，我想有必要把这些年学生管理的所思、所想、所悟及研究成果和实践模式进行系统梳理和总结。希冀这些内容能够为职业院校的学生管理提供一些参考和借鉴，也是自己为学生管理工作再做一些贡献吧！

基于这些年的研究和实践，我把这本书命名为《高职教育学生管理：理论研究、模式构建与实践感悟》。本书共分三个篇幅，总共 25 章。

理论研究篇。这一篇根据作者不同时期的工作，对整个理论研究内容进行了分类，包括"关于高校辅导员""高职院校学生日常管理理论研究""高职院校中外合作办学学生管理理论研究""共青团与青年组织的理论研究""高职院校校企协同育人理论研究"五个部分。本篇的内容主要有随笔、课题、论文三种形式。限于篇幅，课题内容只包括了课题研究论文或结题报告，这些课题都是省级以上结题的课题。论文包括自己写的专题论文、获奖论文和发表的论文。"关于高校辅导员"，笔者从对辅导员的认识，辅导员的师德建设,辅导员提升工作质量路径,辅导员走职业化、专业化的路径和辅导员在"中国梦"教育中的作用等方面进行了理论分析和研究。"高职院校学生日常管理理论研究"部分涉及的主要内容包括大学生矛盾纠纷的处理机制、辅导员如何在互联网背景下做好学生的谈心谈话工作、高职院校学生核心素养的培养、社会主义核心价值观教育以及学生管理育人体制机制的构建等。"高职院校中外合作办学学生管理理论研究"部分,阐述了中外合作办学学生管理的特点及应对策略,中外合作办学的背景下如何开展社会主义核心价值观教育,对中外高等职业院校学生的德育教育进行了比较分析,同时还认真梳理和分析了学校的合作院校澳大利亚霍姆斯格林学院的学生管理情况。"共青团与青年组织的理论研究"部分主要研究共青团组织参与社会治理的模式及途径、基于组织功能的视角共青团改革的历史经验、在产教融合背景下如何深化高职院校校企共青团合作模式。该部分还研究了金砖国家青年组织联系青年的路径和模式,以此提出相应的借鉴意义。"高职院校校企协同育人理论研究"部分是我在研的山东省社会科学规划研究课题"高职院校产教融合协同育人体系建设研究"的部分研究成果,着重论述了高职院校要与企业建立联合的校企协同育人体系,其目的是在实现学校的人才培养目标的同时更好地培养企业所需要的人才。

模式构建篇。这一篇是我从事辅导员工作以来总结出的比较成熟和很有成效的学生管理模式。其中一部分是学生的日常管理模式;另一部分是我的山东省辅导员名师工作室的研究成果,即高职院校学生核心素养的培养模式。学生日常管理模式阐述了我在中外合作办学学生管理工作中总结出的"一二三四五"管理体系,在落实这个管理体系的过程中,我又探索出了"细、严、实、新"的全员育人模式,这也是这个体系内一个重要工作模式的深化。高职院校学生核心素养是我的山东省辅导员名师工作室研究课题,经过近三年的努力,我提出了高职院校学生核心素养的学生与自我的沟通能力、学生与职业的沟通能力、学生与社会的沟通能力的三大方面内容,在这三大方面内容的基础上构建了相对应的九个基本要点和在这些要点基础上形成的二十七个基本要素。根据这些核心素养内容提出了高职院校学生核心素养的培养模式,分别是"三抓三导三平台"模式、"三融合、四协同"模式和"一出三进"模式。

实践感悟篇。这一篇包括了我从2009年12月到2012年9月底的学生管理日记。以"管理学生,感悟责任"为主题,真实记录了我这几年从事学生管理的日常琐事、遇到的问题和提出的成功解决办法。在记录这些日常管理事情的时候我还特意进行了深入思考,以感悟的形式对当天的事进行深度反思。这些日常的记录和反思极大促进了我日后的学生管理工作,特别是对我今后开展学生管理工作的课题研究发挥了重要作用。

本书是我从事学生管理工作13年来的一些理论研究、模式构建和实践感悟,还谈不上对整个高职学生管理工作进行系统的论述,这只是高职学生管理的一小部分,从这一角度来说，还不能为读者提供高职学生管理工作的全貌和体系，自己表示深深的遗憾和自责。但我也希望自己的拙作能够为从事高职学生管理的同事们提供一点思路，能够为他们的职业生涯提供一点方法，更希望辅导员同行们提出宝贵意见，互相切磋，让我们为培养德智体美劳全面发展的社会主义建设者和可靠接班人而共同努力！

龚爱国

2021 年 5 月于济南

目　录

第四部分　共青团与青年组织的理论研究

第五部分　高职院校校企协同育人理论研究

模式构建篇

实践感悟篇

理论研究篇

第一部分 关于高校辅导员

第1章 对高校辅导员的认识

高校辅导员制度已经走过近 70 年的发展历程，通过梳理高校辅导员制度所经历的萌芽、初步形成、停滞不前、恢复到加强和快速发展的曲折发展过程，我们不难看出，高校辅导员制度不仅锻炼了一大批政治合格、思想政治素质过硬的干部，也培养和造就了成千上万个具有较高政治素质和文化知识水平的社会主义事业接班人。可以说，高校辅导员是我国高校开展大学生思想政治教育的一支非常重要的队伍，对大学生树立远大理想、培育高尚的思想品质、养成文明习惯、促进学生学业进步等方面发挥着举足轻重的作用。

献身辅导员工作就要争做一名好的思政教师。辅导员首先是一名教师，要在争做"有理想信念、有道德情操、有扎实学识、有仁爱之心"的四有好教师方面下大功夫；同时辅导员也是一名思政教师，要按照"政治要强、情怀要深、思维要新、视野要广、自律要严、人格要正"的要求严格要求自己。辅导员工作最根本的是要全面贯彻党的教育方针，解决好"培养什么人、怎样培养人、为谁培养人"这个根本问题。辅导员要教育广大青年大学生永远热爱祖国、热爱人民、热爱中国共产党，凝聚起青年大学生的力量，积极投身到实现中华民族复兴的伟大事业中。托尔斯泰说："如果教师只爱事业，那他会成为一个好教师。如果教师只像父母那样爱学生，那他会比那种通晓书本，但既不爱事业，又不爱学生的教师好。如果教师既爱事业又爱学生，那他是一个完美的教师。"因此，辅导员要树立远大理想，既要仰望星空，又要脚踏实地，坚持立德树人的方向不动摇，为培养德智体美劳全面发展的社会主义建设者和接班人贡献自己的智慧和力量。

献身辅导员工作就要做好每一件小事。辅导员工作没有什么惊天动地的大事，每天面对的是每一位学生和一件件繁琐的小事。要把这些小事干好，绝非是一件容易的事，但是干不好这些小事，就会对工作及学生教育造成很大影响。辅导员的思想教育工作出了

问题,有时是没有机会进行修正的,对学生的影响可能是终生的。因此,辅导员的思想教育工作来不得半点马虎。虽然辅导员的能力大小有别,但只要我们严格要求自己,脚踏实地,爱岗敬业,从一点一滴开始,从做好一件小事开始,深入学生的生活、深入学生的心灵,让学生了解"天下大事必作于细"的道理,让细小的工作传给学生深刻的教育,教育学生树立"做好小事才能成就大事业"的理念。辅导员做好这些细小的事才能完成育人的大事业。

献身辅导员工作就要尊重学生的差异性。学生各方面的层次不同,决定了我们必须承认学生各方面之间的差异性。特别是对于那些所谓的"差生",要尊重他们的人格,理解他们的处境,不讽刺、不挖苦、不歧视,他们只要在某一方面做出成绩,就给他们鼓励、给他们掌声,让他们时时有激励,事事有方向,天天有进步。尊重学生不难,但是尊重所谓的"差生"就很难。这些学生得到应有的重视和尊重,他们个人的特殊才能就会得到激发,他们就能够找到快乐,激发起他们奋发前行的力量!辅导员的思想教育工作也就成功了!苏霍姆林斯基说:"世界上没有才能的人是没有的。问题在于教育者要去发现每一位学生的禀赋、兴趣、爱好和特长,为他们的表现和发展提供充分的条件和正确引导。"

献身辅导员工作就要关爱和严格要求学生。职业院校的学生由于各种原因对于自己的处境和选择处于一种无奈的状态,他们对自己定位不准、分析不透,存在一种自卑心理,他们渴望被尊重、被理解,渴望得到教师的认可和赞扬。因此,对于高职院校的教师来说,在教育管理中要尊重受教育者,用爱心引发学生的自尊、自重和自省;用教师的爱心激发起学生的自觉、自修、自治。爱心是给学生知识和教育学生的起点和落脚点,既是自动性和自觉性的源头,也是教育的重要目标,要从关爱学生生命的角度去关注学生、关心学生、关爱学生,用爱心温暖学生的心灵。高职学生入学分数较低,很多学生从小就没有养成良好的卫生习惯、学习习惯和生活习惯,学生自理能力较差,很多学生遵守学校制度意识淡薄,心理承受能力较弱。针对这种情况,老师更要用爱心去尊重学生、接近学生、了解学生,让学生感受到心灵的温暖。这些学生因为应试教育的影响,一直处于被忽视的边缘,只要我们给他们一个微笑,他们就会有幸福的感觉,他们会感觉到与老师的距离如此之近,就愿意与老师沟通和交流,有了沟通和交流,就能够解决一些难以解决的问题。严师,才能出高徒。不严,何以治学?不严,怎能育才呢?我相信,没有哪位教师不希望自己的学生成才,也没有哪一位家长不希望严格要求自己的孩子。严,正是教师爱学生的表现,他们通过科学的方法和严格的手段,培养学生的良好思想品德和文明的行为习惯,同时培养学生良好的学习习惯和学习态度。正如有位优秀教师所言:"在教学和教育工作中必须要做到:严中有宽,宽中有乐,乐而不乱;严中有慈,慈中有爱,爱而不宠;严中有理,理中有道。"

辅导员只有具有强烈的敬业意识和奉献精神才能把事干好、把事干成,只有敬业才能守业、才能创业。辅导员的知识水平、言谈举止直接影响每个学生的发展,甚至是学生的一生。学生的思想道德水平也关系到他们整个家庭的前途、幸福。古语云:"道德传家,十代以上,耕读传家次之,诗书传家又次之,富贵传家,不过三代。"因此,把学生教育好,让学生拥有良好的思想道德水平是辅导员的重要职责。辅导员本身的思想道德水平会给学生留下终生难忘的印记,如何把我们自己的思想道德水平和认识传递给他们是辅导员要思考的永恒课题。

第2章　提高高校辅导员工作质量的路径①

影响辅导员工作质量的因素主要涉及三个方面:管理对象、工作方法和辅导员的自身发展。管理对象是根本,离开了管理对象,辅导员本身也没有存在的理由;工作方法是高级润滑剂,运用正确的工作方法,学生受益,辅导员的管理也游刃有余;辅导员的自身发展决定了学生思想教育工作的高度和工作质量的效度。因此要正确认识和处理三者间的关系,才能大幅度提高辅导员的工作质量,学生的思想教育工作也会有实质性的进展。

一、对"以学生为本"的深刻理解,是提高辅导员工作质量的基本点

以人为本,促进人的全面发展,是科学发展观的本质和核心;科学发展观具体在学校学生管理工作中就是"以学生为本"。以"以学生为本"为关键词,在中国学术期刊网进行搜索,总共有929条相关信息,从论文的内容来看,很多学者从不同角度和方面,对"以学生为本"进行了详细和全面的论述。以"以学生为本"和"辅导员"为关键词进行搜索,总共有15条相关信息。可以说,研究辅导员和以学生为本的论文并不多。从现有论文的观点来看,研究者从坚持"以学生为本"的价值、内涵、意义及内容方面进行了分析和论述,从辅导员的工作目标、工作理念、工作方法等方面进行了理论总结和阐释。但就辅导员的工作性质来看,辅导员更需要一些"以学生为本"的实际案例和具体做法,通过案例分析和具体做法的阐述,使辅导员深刻理解"以学生为本"的内涵和意义,给辅导员提供在实际工作中落实"以学生为本"的工作思路和方法。可以说,"以学生为本"是每位辅导员

---

① 本文获得2011年山东高校辅导员工作论坛论文评比一等奖。

都能耳熟能详的名词，面对不同的教育对象和教育环境，不同的人对它有不同的理解和不同的认识。面对当前大学生思想政治教育存在的问题和现状，笔者认为坚持"以学生为本"应该做到以下几方面：

（一）要严格管理学生，约束学生日常行为

我认为，无论什么层次的学生，坚持"以学生为本"，首要的就是要严格要求学生，严明学校纪律，狠抓学生的日常行为养成，把培养大学生基本日常行为规范作为落实"以学生为本"的落脚点和出发点。目前，大学校园里面宿舍不文明、上课不文明、餐厅不文明、男女不文明、日常行为不文明等现象比较严重，大学生的综合素质受到了越来越多人的质疑。造成这种现象的主要原因就是没有对"以学生为本"有正确和深刻的理解，没有从培养学生、发展学生的角度去管理学生。放松对学生全方位的管理，就会使学生失去了应有的约束，学生就会为所欲为，真正影响了学生的全面发展。要让学生深刻体会到，来到学校，时刻有人关注他，时刻有某种东西在束缚着他。当学生感觉到他们不敢为所欲为的时候，辅导员的管理也就见了成效，"以学生为本"的理念得到了初步的体现。

（二）要发现学生亮点，激发学生潜能

辅导员的工作不应该是街头大妈式的反复唠叨，喋喋不休；也不应该是学生的高级保姆，更不应该是不管不问的撒手掌柜；而应该是帮助他们找到发展方向，开发他们的潜能，让他们在原有的基础上得到充分发展的人生指路人。不管什么层次的学生，都有他们的缺点和不足。辅导员要通过开展形式多样的活动，发现学生的亮点，激发学生内心的热情和欲望。发现学生的亮点，并不是要把学生培养成这方面专家，而是要让学生在其中培养能力、体会生活，形成自己的价值取向。学生亮点被充分展示，学生的潜能就能够得到充分的发挥，学生就会用自己的光亮照亮自己的暗点。

（三）要相信学生，学生就会创造奇迹

辅导员面对纷繁复杂的日常工作，有时忙得不亦乐乎。有的辅导员认为，"以学生为本"就是为学生提供全方位的高质量的服务，为学生准备好所有应该准备的东西。从实际的情况来看，这样并没有收到很好的教育效果。学生不买账、辅导员苦不堪言、教育效果不佳。学生作为发展的主体，辅导员在对学生进行详细了解的基础上，应该充分相信学生，相信学生的能力、相信学生的创造性和潜能，放手让学生施展自己的聪明才智。这样，学生得到了真正的发展，辅导员得到了真正的解放，教育效果得到了最佳体现。从这几年的实际工作，我体会到，替学生做不如帮学生做，帮学生做不如教学生做，教学生做不如引导学生做。我认为，"以学生为本"其深层次的内容就是对学生主体地位的认识，对培养

什么人才的认识,为学生提供什么样服务的认识。落实"以学生为本",其中之一就是在充分了解学生的基础上要信任学生,要相信学生能行。信任学生,学生就会用百倍的努力来证明教师的判断是对的。

(四)要尊重学生,学生才能发展

学生层次的多样性决定了辅导员必须承认学生之间的差异,尊重他们的人格,理解他们的处境,不讽刺、不挖苦、不歧视,他们只要在一方面做出成绩,就给他们鼓励、给他们掌声,让他们时时有激励,事事有方向,人人有进步。尊重学生不难,但是尊重有差异的学生就很难。有差异的学生得到应有的重视和尊重,他们个人的特殊才能就会得到发展,他们也就找到了快乐!

"以学生为本"有很多内涵,而且随着时代的发展,"以学生为本"的理念还会有所变化,真正做到坚持以学生为本,实属不易。要做到以学生为本,就要有教育的眼光、教育的视角,真正做到教育学生,关注学生的终身发展,而不是简单地爱学生,为学生提供简单的服务。高尔基说:"爱孩子那是连母鸡都会做的,关键是教育他们。"可以说,只有对"以学生为本"有了深刻认识和理解,辅导员的工作就会有抓手,就会找到管理工作的切入点和落脚点,就会收到很好的教育效果。

二、运用正确的工作方法,是提高辅导员工作质量的关键点

目前,高校学生思想教育面临众多情况,需要辅导员掌握一些基本的工作技巧和方法。高校辅导员的工作方法是多方面、多层次的,具有灵活性和多样性。每一种方法的运用总是与其他方法紧密联系、相互渗透、相辅相成。有关这方面的研究也非常多,以"辅导员"和"工作方法"为关键词在知乎网搜索,总共有近200条相关信息,从这些学者的研究非常全面,几乎涵盖了所有该注意的方法。但是做好高校辅导员工作,需要一些基本的技巧和方法,把握基本原则,正确地运用这些原则和方法,才能提高工作质量。笔者这些年总结出了一些基本的方法和技巧,在实践中取得了很好的效果。

(一)合理运用"棍棒"原理

通俗地讲,运用"棍棒"原理就是所谓的"管"。管得适当就是合理,管的不适当就是不合理。在日常管理中,辅导员往往一管就死、一放就乱,其中很重要的原因就是管得不合理。辅导员始终要把"棒子"高高举起,也就是自己对学校的规章制度烂熟于心,对学生手册了如指掌,对大学生的日常行为规范一目了然,同时辅导员更要始终利用制度的利器去约束和教育学生,让学生时刻感觉到一种约束和束缚。该打"棒子"的时候要毫不手软,但是要讲究时间、地点和火候;最忌讳的是老打"棒子",不但学生接受不了,教师也会

失去耐心。因此，要学会合理运用"棍棒"原理，让它在自己手中发挥最佳效果，掌握了这个，也掌握了管理学生的基本方法。

（二）科学运用"萝卜"原理

学生教育一方面需要"管"，但是更重要的是"理"，也就是说，要科学运用"萝卜"原理。教育引导学生是做好学生工作的重要手段，只有引导，才能激发学生的热情和自觉性，才能取得较好的教育效果。教育引导有很多内容和方式，这需要在实践中不断地摸索和实践，关键是要认识到，没有引导，学生的教育效果很难见到实效。

（三）从学生的角度去教育学生

现在很多辅导员总是从社会的竞争激烈、学校条件的优越、家庭的负担等角度告诉学生要遵守校规、校纪，珍惜时间、好好学习。把学生当作灌输的器皿，一味地让学生服从和接受，殊不知，学生根本不买账，教育效果并没有多少。反之，如果从学生的角度去教育学生，效果就会很好。如：很多学生不愿意跑早操，教师就要站在学生角度来分析学生不愿意跑操的原因，让学生自己总结和分析跑操的益处和坏处，学生的主体地位得到了充分的尊重，学生就愿意与教师分享建议和意见，学生就会从被动的服从变为主动的参与。可以说，这样的教育效果才能长久，学生受益，教师也受益。

三、提升辅导员自身素质，是提高辅导员工作质量的突破点

学生教育管理工作，一方面要付出，另一方面更要讲究科学。因此，作为辅导员要不断地提高自身素质和知识水平。辅导员自身素质的提高要靠实干、奉献、创新和不断的研究才能获得。

（一）实干出成绩，增长能力

这些年的工作经验，我认识到：特别是学生教育管理工作更应该扎实做好，在"实"字上做文章，在"干"字上下功夫，下真功夫、细功夫、苦功夫，在苦干中磨砺意志、增长才干，在实干中开拓创新、成就事业。可以说，工作越多，挑战性就越大，自己的能力就会得到快速的提高。

（二）奉献出思路，增长智慧

教育管理工作很多情况都是要奉献的，教育工作没有奉献，不可能出教育成果。可以说，学生管理这些事没有现成的东西，许多东西都要摸索，反复推敲，不奉献，不可能有思路，更谈不上增长智慧。自己在奉献的同时，一定有其他收获。我认为：思路源于对工作

的责任心和使命感,智慧出自业余之外对工作的深度反思与思考。思路和智慧都要靠奉献来获得。

(三)创新出特色,提升水平

在这个信息化的时代,创新实在太难了,教育创新则更难了,但是我们不得不搜肠刮肚地去思考,不得不硬着头皮去实践。有时就会发现,创新就在我们的眼皮底下,创新就在我们的手指尖上,但是这些需要实干、需要奉献。实干和奉献是创新的基石,创新就是实干和奉献在恰当的时候生成的成果。有了创新就会有特色,也能进一步提升我们的水平。

(四)研究出成果,增长内涵

学生教育管理每天都能遇到很多问题,有的教师会就事论事,缺少思考和深度反思。所以同样的问题出现多次,也没有找到更好的解决办法。辅导员要有一种研究的思想和意识,把每一个问题都当作课题来研究,找寻事情发生的规律,寻求解决问题的办法。久而久之,自己就会对学生管理有深度的见解,也会逐渐增长解决问题的本领。在研究上就会出很多成果,而不是简单的工作业绩;在自身素质上,也会提升自己对学生管理的乐趣和认知度,从而提升自己的职业自豪感,工作就不会那么枯燥无味。

第3章　制度安排与价值取向:高校辅导员职业化、专业化的建设路径①

自 2004 年颁布《中共中央国务院关于进一步加强和改进大学生思想政治教育的意见》(中发 [2004]16 号)文件以来,辅导员队伍建设取得了阶段性成果,辅导员职业化、专业化建设在理论和实践方面也取得了可喜进展。但是,我们必须清醒地看到,我国辅导员职业化、专业化建设还存在着一些亟待解决的问题,这些问题成为制约辅导员职业化、专业化建设的瓶颈,影响辅导员队伍建设,也会影响大学生思想政治教育效果。制度安排与价值取向是实现辅导员职业化、专业化建设可持续发展的必由之路。

----

① 本文获得 2012 年山东高校辅导员工作论坛论文评比二等奖。

一、制度安排：辅导员职业化、专业化建设不可或缺的基础支持

"制度安排"（Institutional Arrangements）是在制度经济学领域被广泛引用的术语。1993 年诺贝尔经济学奖获得者、新制度经济学的代表、华盛顿大学教授诺斯认为：制度是人们从事选择活动的理由。制度给人们选择活动提供了激励。百度百科对"制度安排"做了如下解释：就是发挥人们的主观能动性，合理调节社会发展的各种机制，以达到社会各种因素的合理发挥。制度安排不管对经济领域、社会政治领域还是其他领域都有着不可言喻的重要性。在教育领域，制度安排是教育得以生存、维持和发展的不可或缺的基础支持。也可以说，制度安排是高校辅导员职业化、专业化建设的支撑、维系和架构。

（一）高校辅导员职业化、专业化建设的制度安排回顾

上海财经大学罗山鸿老师在《我国辅导员制度的发展历程及其特征分析》中指出："我国高校中逐渐建立起来的一种大学生思想政治教育体制，为维护高校和社会的稳定发挥了积极的作用。其发展过程可分为萌芽、初创、确立、低潮、恢复、发展和专业化、职业化七个阶段。"[1]华侨大学李泽楼等老师在《高校辅导员专业化发展的轨迹和可行路径》中分析了辅导员制度经历了四个阶段：政治辅导员制度；偏重学生思想政治教育的辅导员制度；专兼职相结合，以专职为主的辅导员制度以及专职辅导员制度。该文认为，经过这四个阶段，我国高校辅导员制度越来越健全，逐渐走向成熟，辅导员队伍的职业化、专业化呼声也越来越高。[2]安徽师范大学朱平老师在《高校辅导员的职业化、专业化解读》一文中详细例举了辅导员职业化、专业化制度的变迁。1961 年 9 月教育部颁布《直属高等学校暂行工作条例》；1965 年 8 月颁布《中华人民共和国高等教育政治工作条例》；1980 年 4 月 教育部、团中央颁布《关于加强高等学校学生思想政治工作的意见》；1984 年 11 月中宣部、教育部颁布《关于加强高等学校思想政治工作队伍建设的意见》；1987 年 5 月中共中央发布《关于改进和加强高等学校思想政治工作的决定》；1993 年 8 月中组部、中宣部、国家教委颁布《关于新形势下加强和改进高等学校党的建设和思想政治工作的若干意见》；2004 年 10 月，中共中央、国务院颁布《关于进一步加强和改进大学生思想政治教育的意见》；为贯彻中发 [2004]16 号文件精神，教育部接连对辅导员队伍建设颁发文件。一是教社政 [2005]2 号文《关于加强高等学校辅导员班主任队伍建设的意见》；二是 2006 年 7 月颁布的教育部第 24 号令《 普通高等学校辅导员队伍建设规定》；三是教育部办公厅教思政厅 [2006]2 号文印发《2006—2010 年普通高等学校辅导员培训计划》。

① 罗山鸿 . 我国辅导员制度的发展历程及其特征分析 . 世界教育信息 ,2008(12)。

② 李泽楼等 . 高校辅导员专业化发展的轨迹和可行路径 . 温州职业技术学院学报 ,2010(12)。

回顾、反思高校辅导员职业化、专业化建设的发展轨迹,不难发现,它经历了一个"非制度化"到"制度化"的过程。

(二)高校辅导员职业化、专业化建设的制度安排展望

高校辅导员职业化、专业化已经进入一个制度化的轨道。从职业化和专业化的角度来看,高校辅导员职业化、专业化的制度安排还需要继续深化和细化。"辅导员职业化的本质要求是辅导员工作的长期性、连续性、稳定性和广泛的社会认同性;辅导员专业化的实质是辅导员工作的科学化、专门化、专家化"。[①]辅导员职业化和专业化的本质决定了辅导员队伍的发展需要相应的制度安排。

长期以来,辅导员队伍建设处于非职业化、非专业化状态,辅导员队伍建设没有认同的职业标准、缺乏系统的知识体系、不准确的职业评价标准以及缺少明确的职业生涯发展规划,更缺乏相应详细和明确的制度安排。因此,按照辅导员职业化、专业化建设发展的思路,应该确立明确的职业化、专业化建设的制度安排,在辅导员资格准入、职业道德标准、职业技能、专业知识、学历结构、理论素养以及职业生涯发展等方面进行全方位的制度安排和创新。制度一旦形成,便会在指引辅导员职业化、专业化发展实践活动方面产生一定的效能。制度安排对辅导员职业化、专业化的基础支撑、保障和促进作用也确保了辅导员队伍建设的健康发展,高校思想政治教育效果也会如期而至。

二、价值取向:高校辅导员职业化、专业化建设不可或缺的指南针

"价值取向(Value Orientation)是价值哲学的重要范畴,它指的是一定主体基于自己的价值观在面对或处理各种矛盾、冲突、关系时所持的基本价值立场、价值态度以及所表现出来的基本价值倾向。价值取向具有实践品格,它的突出作用是决定、支配主体的价值选择,因而对主体自身、主体间关系、其他主体均有重大的影响。"[②]管理心理学把价值取向定义为"在多种工作情景中指导人们行动和决策判断的总体信念"。关于价值取向的定义,还有很多说法,不管有多少种解释,都会认同价值取向是"个体所认同并内化为人格结构中的核心部分,具有评价事物、唤起态度、指引和调节行为的定向功能"。辅导员工作本身就是育人和塑造人的工作,是影响主体自身、主体间关系以及其他主体的工作,更为明确地说,辅导员的价值取向直接影响着大学生思想政治教育效果和成效。价值取向应是高校辅导员职业化、专业化建设不可或缺的指南针。

① 朱平.《高校辅导员的职业化、专业化解读.安徽师范大学学报,2007(3)。

② http://www.hudong.com/wiki/%e4%bb%b7%e5%80%bc%e5%8f%96%e5%90%91。

（一）高校辅导员职业化、专业化建设需要价值取向做引导

高校辅导员职业化、专业化建设需要解决技术层面、方法层面以及价值层面的问题。从技术层面来看，辅导员首先要具备思想政治教育基本理论知识，掌握学生事务管理的基本内容，熟悉心理健康的基本教育与服务，指导学生就业与职业生涯规以及具备适应社会的各种知识和能力储备。从方法层面上分析，辅导员工作的对象是有一定知识层次的大学生，辅导员不能充当熟练的"教育技术工人""职业消防队员"和"职业保姆"。解决大学生的物质和精神的困难都需要一定的技巧和方法，需要把专业内容和教育有机地结合起来，利用自己的经验和知识背景，正确解决学生存在的心理、学业、就业、交友以及人生规划问题，解决学生之间存在的各种问题。掌握学生教育方法需要复合的知识背景和结构，需要一定的实践经验，更需要一定时间的锤炼。从价值层面上分析，高校辅导员的职业化、专业化有技术层面的东西做支撑，有方法层面的东西做桥梁，更需要价值层面的东西做引领。因为价值层面不仅能够解决辅导员自身价值取向的问题，更重的是，通过辅导员的价值取向来教育和影响学生，来解决学生价值层面的深层次问题。解决了学生价值层面的问题，学生的思想教育效果才能够真正得以体现。解决辅导员职业化、专业化价值层面的问题，辅导员队伍建设才能提升层次，也能够解决这些年来辅导员队伍建设存在的困局。笔者认为，辅导员职业化、专业化建设以价值取向做引领，需要从基础价值取向、核心价值取向、目标价值取向进行研究和发展。基础价值取向也就是辅导员的职业取向，要求辅导员掌握基本的基础知识，具备一定的知识层次和结构，具备基本的职业道德；核心价值取向就是辅导员得以生存、发展、提升的方法和技能，是辅导员所具备的能够影响和感染学生的人格魅力和高尚品质；目标价值取向就是要培育主体间的高尚人格。有了价值取向做引领，辅导员职业化、专业化建设就有了方向和抓手。

（二）高校辅导员职业化、专业化建设需要培育辅导员核心价值观

辅导员职业化、专业化建设需要价值取向的引领，培育辅导员核心价值观是实现价值取向引领职业化、专业化建设的重要内容。培育辅导员核心价值观应以社会主义核心价值观所包含的最基本、最本质的价值取向为基础，从辅导员的职业特点和岗位出发，通过基础价值取向、核心价值取向和目标价值取向的凝练，来培育辅导员的核心价值观。

世界各民族文化价值观念在全球信息化的相互交流和融合、不同价值观念、不同文化的矛盾与冲突并存的背景下，大学生的价值观念受到多重因素的影响。当有新的价值观出现时，有相当一部分大学生还没有形成稳定的核心价值观，价值选择会给他们带来困惑和迷茫。作为大学生的人生指导老师，在学生价值取向存在迷惑的时候，与学生接触最多、联系最广、影响力相对较大的辅导员就应该给他们指出出路和方向。辅导员通过自己的

价值理念向大学生传递和关怀特定的价值取向,才能使大学生成为社会有用的一员。可以说,辅导员在培养和教育下一代树立正确价值取向的过程就是在培育自己核心价值观的过程。

辅导员的职业化、专业化建设过程中,涌现出了很多优秀的辅导员,他们在辅导员的工作岗位淡泊名利、兢兢业业、为人师表、无私奉献、精心育人,表现出了极高的优秀品质和良好的工作作风,深受广大师生的喜爱,得到了学生、家长和社会的认可。培育辅导员的核心价值观不能停留在文字的梳理和研究上,而是要让辅导员向先进人物学习、向实践学习,深入学生学习生活中,贴近学生、贴近学生实际,做学生的朋友,解决学生切实关心的问题,解决学生的实际困难。在辅导员的工作实践中,逐渐领会、感悟核心价值观,让核心价值观内化为他们自己的行为准则和工作态度,内化为自己的人格和品质。确立辅导员核心价值观是辅导员职业化、专业化建设过程中一项长期的过程,辅导员核心价值观的确立和在实践中有效成功实施之日就是辅导员职业化、专业化建设成功之时。

制度安排和价值取向是辅导员职业化、专业化建设的一对孪生兄弟,谁也离不开谁。离开价值取向的职业化、专业化建设就会停留在低层次的发展中;离开制度安排的职业化、专业化建设就会失去基本的技术支持,不会找到发展轨迹。因此,制度安排和价值取向是高校辅导员职业化、专业化建设的两个不可或缺的重要因子。

第4章　辅导员在中国梦教育中的作用[①]

习近平总书记 2013 年 5 月 4 日在同各界优秀青年代表座谈时指出:"展望未来,我国青年一代必将大有可为,也必将大有作为。这是'长江后浪推前浪'的历史规律,也是'一代更比一代强'的青春责任。广大青年要勇敢肩负起时代赋予的重任,志存高远,脚踏实地,努力在实现中华民族伟大复兴的中国梦的生动实践中放飞青春梦想。"[②]高校大学生是祖国的未来、民族的希望,是社会发展的中坚力量,他们的发展将在实现中华民族伟大复兴的中国梦中发挥重要作用。中国梦主题教育是高校大学生思想政治教育的抓手

---

① 该文发表在《教育探索》,2014 年第 6 期。

② 《习近平同各界优秀青年代表座谈时的讲话》[EB/OL], http://cpc.people.com.cn/n/2013/0505/c64094-21367227-2.html。

和活动主题,开展好中国梦主题教育要发挥高校辅导员的作用。

一、领会内涵

"中国梦是古代中国辉煌文明的传承,也是近代中国不懈奋斗的延续,更是当代中国理想目标的升华。中国梦的提出,体现了以习近平同志为总书记的新一届中央领导集体的治国理政方略,展现了国家强盛、民族振兴、人民幸福的宏伟蓝图。"①中国梦教育是新时期高校辅导员开展思想教育的时代主题,是开展各种教育活动的抓手。辅导员在开展中国梦的主题教育中首先要领会其内涵。

1. 中国梦的内涵

2012 年 11 月 29 日,习近平同志在参观"复兴之路"展览时指出:"实现中华民族伟大复兴,就是中华民族近代以来最伟大的梦想。"②在第十二届全国人民代表大会第一次会议的闭幕会上,习近平同志再次阐述了中国梦的内涵,他指出:"实现中华民族伟大复兴的中国梦,就是要实现国家富强、民族振兴、人民幸福。"③习近平对青年一代给予了殷切希望,他指出:"中国梦是我们的,更是你们青年一代的。中华民族伟大复兴终将在广大青年的接力奋斗中变为现实。"④可以说,实现中国梦是每一代青年学子蕴藏在内心深处的永久情怀,是青年大学生施展才华、实现青春梦想的指南针,是当下青年对未来的期许和愿望的表达。

2. 实现中国梦必须走中国道路

习近平同志在第十二届全国人民代表大会第一次会议上强调:"实现中国梦必须走中国道路。这就是中国特色社会主义道路。这条道路来之不易,它是在改革开放 30 多年的伟大实践中走出来的,是在中华人民共和国成立 60 多年的持续探索中走出来的,是在对近代以来 170 多年中华民族发展历程的深刻总结中走出来的,是在对中华民族 5000 多年悠久文明的传承中走出来的,具有深厚的历史渊源和广泛的现实基础。"⑤纵观二十世

---

① 王树荫 . 中国梦的由来、意义与实践路径 [EB/OL]. http://www.zhlzw.com/qx/dj/796746.html。

②《习近平参观"复兴之路"展览:空谈误国,实干兴邦》[EB/OL], http://news.ifeng.com/mainland/detail_2012_11/29/19681955_0.shtml?_from_ralated。

③《习近平在第十二届全国人民代表大会第一次会议上的讲话》[EB/OL], http://news.xinhuanet.com/2013lh/2013-03/17/c_115055434.htm。

④《习近平同各界优秀青年代表座谈时的讲话》[EB/OL], http://cpc.people.com.cn/n/2013/0505/c64094-21367227-2.html。

⑤《习近平在第十二届全国人民代表大会第一次会议上的讲话》[EB/OL], http://news.xinhuanet.com/2013lh/2013-03/17/c_115055434.html。

纪中国发展的历程,实现中华民族的伟大复兴一直是无数青年志士顽强追求的目标,"在中国共产党的引领下,中国人民相继完成了新民主主义革命、社会主义革命和改革开放的伟大实践,对实现中国梦所必须走的道路作出探索,从根本上改变了国家和民族的前途命运,迎来了中华民族伟大复兴的光明前景。"①这条道路关系着国家的前途、民族的命运和人民的幸福,要教育广大青年,特别是大学生群体坚持走中国道路的信心和决心。习近平在同青年座谈时指出:"中国梦是全国各族人民的共同理想,也是青年一代应该牢固树立的远大理想。中国特色社会主义是我们党带领人民历经千辛万苦找到的实现中国梦的正确道路,也是广大青年应该牢固确立的人生信念。"②

3.实现中国梦的路径

青年学子在实现民族伟大复兴的中国梦征程中会大有作为,作为全球化、信息化和知识化时代的年青一代,青年学子更应准确把握实现中国梦的途径。习近平总书记的《同各界优秀青年代表座谈时的讲话》为青年学子实现中国梦指明了方向。习近平总书记勉励青年"要坚定理想信念,要练就过硬本领,要勇于创新创造,要矢志艰苦奋斗,要锤炼高尚品格"。青年学子要珍惜大学的美好时光,脚踏实地、矢志不渝、刻苦学习、艰苦奋斗、敢于创新,要练就一身本领,把自己的人生梦想同党和国家的事业结合起来,积极投身到伟大的社会实践中,在实现中华民族复兴的伟大事业中实现人生梦想。

二、明确要求

1.要以学生为本

坚持以学生为本,就是要让学生在开展中国梦主题教育活动中,自身感觉到自己的思想品格有了很大的提升,自己的行为规范有了进一步提高,感觉到对人生观、世界观和价值观有了生命般的认识。

2.要贴近学生实际

开展大学生的中国梦教育要避免简单生硬的说教和过多的理论灌输,要寻找中国梦主题教育的现实素材,通过活生生的事例告诉当代大学生进行中国梦主题教育的重要意义和实现中国梦的目标和方向。中国梦主题教育活动要充分挖掘网络功能和新兴媒体的作用,采用多种渠道、多种方式和多种模式同大学生进行网络互动和媒体交流,让学生在体悟现代化和新时尚的同时,感受中国梦教育活动的力量。

①《中国梦主题教育:青年大学生思想政治教育的时代主题》[EB/OL],http://www.zhlzw.com/qx/xxwh/796778.html。

②《习近平同各界优秀青年代表座谈时的讲话》[EB/OL],http://cpc.people.com.cn/n/2013/0505/c64094-21367227-2.html。

3. 要解决学生实际问题

开展大学生中国梦主题教育要把先进性和广泛性结合起来，要突出先进积极分子的带头作用，又要做好普通大学生的教育活动；要把解决学生的思想问题和解决学生的实际问题结合起来，要把解决关系学生切身利益的实际问题作为教育活动的突破口和立足点。只有解决了大学生的思想矛盾、生活问题和学习困难，整个教育活动才有参与的主体和广泛性。要积极探索和寻求不同的渠道来帮助和解决不同大学生群体的各种实际问题，积极帮助不同层次的学生实现各自的人生小梦想；学生实现了自己的人生小梦想就会克服和抑制目前大学生中存在的消极思想和现象，中国梦主题教育活动就会得到持续推进，也会收到良好的教育效果。

三、身体力行

在大学生中开展中国梦主题教育，高校辅导员必须身体力行，这关系到祖国未来事业接班人的素质水平，关系到能否在大学生中播种梦想、点燃梦想、实现梦想，关系到是否能用中国梦打牢大学生的共同思想基础，关系到是否能为实现中国梦增添强大的正能量。

1. 要率先垂范

高校辅导员是在大学生中开展中国梦主题教育活动的主要组织者和实施者，辅导员对这个问题的认识程度、理解程度和行为示范程度在很大程度上决定了开展中国梦主题教育活动的效果。高校辅导员要带头学习有关中国梦的内涵、时代背景、历史渊源和精神实质，要能够对中国梦这一命题进行学理方面的精确阐释，实践案例方面的高度准确把握，还要对中国梦的本质内涵所蕴含的思维方式有进一步的思考和探讨。

高校辅导员的职业是教师，因此要遵守高校教师职业道德基本规范，遵守职业操守，把握职业道德底线，真正做一个师者；高校辅导员从事的是大学生的思想教育工作，不是简单的技术活，而是一项特殊的工作，是教育人的工作，这个工作的好坏影响着一代人甚至十几代人，高校辅导员要深刻懂得"教书者必须先为人师，育人者必先行为示范"的道理。

2. 要真抓实干

学生教育管理工作来不得半点虚假，特别是当下大学生的思想政治教育工作，更应该做实做好。要在"实"字上做文章，在"干"字上下功夫。习近平指出："广大青年要牢记'空谈误国、实干兴邦'，立足本职、埋头苦干，从自身做起，从点滴做起，用勤劳的双手、一流的业绩成就属于自己的人生精彩。"[①]高校辅导员开展中国梦主题教育中所付出的的辛劳和

---

① 《习近平同各界优秀青年代表座谈时的讲话》[EB/OL], http://cpc.people.com.cn/n/2013/0505/c64094-21367227-2.html。

汗水,会成就许许多多莘莘学子,会为实现中国梦做出贡献,同时也会成就自己、实现自己的人生价值和人生梦想。

3. 要敢于创新

中国梦是实现中华民族伟大复兴的崇高理想,中国梦的实现需要一个长期的过程,不可能一蹴而就。因此必须创新教育方式、创新教育方法和创新教育载体。创新教育方式就要解放辅导员的"脑和眼"。高校辅导员要开阔视野,把开展中国梦主题教育同大学生的思想政治教育结合起来、同学生的日常管理和课外活动结合起来、同大学生的综合素质提升和专业发展结合起来、同高校大学生火热的社会实践结合起来,提高教育的效果。创新教育方法就要解放辅导员的"嘴巴和耳朵"。当代大学生学习能力强、认知程度高、有一定的思辨能力,他们对中国梦的认识有时很深刻、很到位。因此应充分发挥学生的特长,让学生说,甚至让学生讨论和辩论,辅导员可做一位"旁听者"进行点评。辅导员教育方法的改进一方面促进了活动的开展,更了解了学生的真实想法,使自己的每一步活动计划都尽在掌握中。创新教育载体就是要解放辅导员的"手和脚"。这次主题教育活动不是搞一两次就完事,而是一项长期工程,如果按照传统的方法去搞活动,辅导员的"手和脚"都会变样。在信息化时代,应该充分利用新兴媒体的作用,大力开发各种网络活动和网络教育材料,让学生在新兴媒体的作用下,潜移默化地得到教育和启迪。这符合学生的学习特点,也符合时代发展的需要,更减轻了辅导员的负担。

第二部分　高职院校学生日常管理理论研究

第 5 章　大学生矛盾纠纷现状、特点及处理机制的构建①

目前,我国社会发展进入关键时期,在经济转型、社会矛盾增多、高等教育大众化、时代网络化的背景下,高校对日益变化的网络环境和社会环境认识还不很充分,准备还不足,应对手段还不够科学,加之学生的维权意识明显增强,高校学生矛盾纠纷数量逐渐增多,由此影响了校园的和谐与稳定,也给学生管理带来了诸多困难。减少和预防学生矛盾纠纷成为高校学生管理工作的热点和难点问题,构建大学生矛盾纠纷预防机制,对于构建和谐校园有着重要的意义,对于促进社会的和谐与稳定也起到积极的推动作用。

一、大学生矛盾纠纷的现状

高校大学生矛盾纠纷一般指高校在教学和日常管理过程中出现的高校与学生之间、教师与学生之间、后勤服务企业与学生之间、学生与学生之间基于教育教学、日常管理与服务以及学生交往过程中产生的各种矛盾纠纷。以"大学生纠纷"为关键词在百度上搜索,总共有近 50 万条相关结果。从搜索的信息来看,大学生矛盾纠纷的现状是:大学生矛盾纠纷呈上升趋势而且日趋复杂;大学生矛盾纠纷调节难度大,缺少调节机制;大学生矛盾

① 该文是 2011 年山东省委高校工委辅导员专项课题"大学生矛盾纠纷案例分析及处理机制研究"（2011C026）的研究成果。

纠纷没有合理的正确解决渠道,往往一点小矛盾处理不好就会酿成大事;大学生矛盾纠纷与社会发展现状联系紧密;大学生感情纠纷占有相当大的比例,而且由此引起的后果最为严重;高校与学生之间,教师与学生之间以及后勤服务企业与学生之间的矛盾纠纷相对较少,大学生之间的矛盾特别是大学生的感情矛盾是目前影响高校和谐稳定的重要因素。

二、大学生矛盾纠纷的特点

通过网络期刊分析和网上搜索的相关信息来看,不同层次学校的学生矛盾纠纷都具有一定的共同点。

(一)大学生矛盾纠纷内容复杂性

高校办学必须坚持以学生为本,所有的工作都必须以培养学生、教育学生、服务学生、发展学生为工作的出发点。与学生有关联的地方就多少会与学生产生这样或者那样的矛盾。学生矛盾纠纷的内容涉及方方面面,主要有学生与学校行政部门的矛盾,学生与教师的矛盾,学生与学校后勤服务部门的矛盾以及学生与学生之间的矛盾。

学校的行政部门与学生打交道比较多的就是学生处、教务处、招生就业处等与学生切身利益相关的部门,这些部门与学生的矛盾纠纷往往涉及学生的切身利益。如:学生的处分是否恰当问题,学生的奖助学金评定的诉求问题,学校的日常管理与学生发生冲突问题,学生的学习成绩评定、学籍注册、转班以及调整专业问题,招生过程中出现的疏漏影响了学生的选择专业意愿问题,毕业生的就业协议签订、档案转寄、毕业派遣和毕业证问题等。所有这些问题,在不同学校都发生过不同层次的问题,有的学生还与学校对簿公堂。

学校后勤部门是服务学生日常生活、提供学习环境的主体。大学生对日常生活等方面的服务特别在意,这些问题及矛盾往往转嫁到学校的管理上。学生与学校后勤的矛盾,往往表现为对学校食堂饭菜质量不满,对学校宿舍维修效率、日常生活设施质量不满等方面。最容易引起纠纷的是学生与后勤服务人员的摩擦,有些学生对后勤服务人员不尊重、不理解,有的学生对后勤服务人员的服务工作不支持,发生口角甚至发生肢体冲突,有的学校还发生了伤亡事件。

校园本是和谐之地。教师传道授业,学生求知问学,由此形成良性互动,以其达到教学相长的目的。但近些年来,学生与教师发生矛盾纠纷的案例与日俱增,比较典型的纠纷有:教师与学生的情感纠纷、论文成果纠纷,由于教师行为、教师工作上的疏忽、过失造成与学生之间的矛盾、冲突以及伤害事件所造成的纠纷等。

学生之间的矛盾构成了大学生矛盾纠纷的主要部分。笔者在对山东省济南市10所高校的学生进行了学生矛盾纠纷问卷调查,发放问卷400份,收回有效问卷390份。问卷调研对象涵盖了本科、专科、高职还有民办高校。在大学生矛盾纠纷的调查中发现有以下

几个特点：93.68% 的大学生认为有与同学发生矛盾的经历。77.89% 的学生认为背后乱议论他人是导致学生矛盾纠纷的主要原因，70.53% 的学生认为不尊重人能够导致学生之间的矛盾纠纷。 从学生矛盾发生的时间特点来看，感情问题多发生在大三和大四，宿舍矛盾多发生在大一的下半学期和大二的上半学期，运动场所的矛盾多发生在大二和大三。从以上分析可以看出，大学生之间的矛盾主要有感情纠纷、宿舍纠纷、暴力事件纠纷以及其他矛盾纠纷。

（二）大学生矛盾纠纷行为激烈性

大学生矛盾纠纷有时没有得到及时的疏导和制止，会产生严重的后果。从大学生的心理和生理特点分析，大学生正处在青春期，对于一些事情的分析和处理缺乏冷静思考，容易冲动，有些行为不计后果。从大学生矛盾纠纷的类型来看，大学生的感情纠纷、酒后打架、运动纠纷易产生激烈行为。从矛盾纠纷的地点来看，宿舍和运动场地是矛盾纠纷的激烈行为的多发地。大学生矛盾纠纷的激烈行为，容易导致学生伤亡事件的发生，严重影响学校的和谐和校园稳定，也会影响学校正常的教学秩序。

（三）大学生矛盾纠纷规模群体性

大学生矛盾纠纷如果发展成为群体性事件就具有很强的社会危害性。群体性矛盾多是学校侵害了大部分学生的利益，引起了大部分学生的不满，而这些有矛盾的学生又没有地方进行申诉，导致学生采取群体过激行为解决问题的事件。这种事件具有酝酿时间长、爆发时间短、可控程度难度较大的特点。大学生群体事件多采用非法集会、游行示威、静坐、冲击领导办公场所、罢课、罢餐等形式，有的还采取起哄、砸酒瓶、砸窗户等群体过激行为。有的还利用现代化媒体手段，把照片和相关视频上传网络进行传播，以赢得广大网民的支持和理解。这是目前很多大学生乐于采取的一种解决问题的方式。不管学生采取哪种方式，大学生群体事件都会给学校声誉带来损失。

（四）大学生矛盾纠纷调节疑难性

大学生矛盾纠纷的类型多样性、内容复杂性、行为激烈性以及规模群体性等特点决定了大学生矛盾调解存在诸多困难。大学生之间的矛盾纠纷类型很多，发现难度大，调查取证难度也大，对于学生之间的矛盾纠纷导致的损失赔偿也没有统一标准。从学校的角度来讲，大学生之间的矛盾纠纷只能采取说服和教育的调解方法，很难保证从长远的角度来解决学生的纠纷争端，有时还会发生后续问题，导致更激烈的矛盾冲突；对于师生之间的矛盾解决难度在于学生的畏惧心理，不敢与教师发生任何纠纷，害怕自己受到不公正待遇，实际上，对于这种纠纷的解决难度在于很难发现，学校一旦发现，一般情况下都会及时公正地解决；对于学生与学校的矛盾纠纷，其主要责任者大部分在学校，生校之间的矛盾解决不好往往会导致大规模的群体事件，这种纠纷调解往往需要外力介入。

三、大学生矛盾纠纷处理机制的构建

目前，大学生矛盾纠纷处理存在着很多难点，处理成本高，公信度不够，行政色彩浓厚，缺少法律依据。根据大学生矛盾纠纷的类型和特点以及矛盾纠纷处理过程中存在的问题，笔者认为解决这些矛盾纠纷需要构建矛盾纠纷处理机制。

（一）建立矛盾纠纷处理组织机构

大学生矛盾纠纷的特点决定了学校管理部门应该专门成立矛盾纠纷组织机构。组织机构成员应包括学生代表、教师代表、保卫处代表、学生处代表、行政管理人员代表以及学校的法律顾问；工作职责包括搜集和整理学生矛盾纠纷的信息和反馈，做好大学生矛盾纠纷的教育宣传和引导工作，负责整理学生与学校发生矛盾的协调和信息上报，及时做好学校解决矛盾纠纷的信息反馈工作，负责在平等自愿的基础上，受理学校与学生、学生与教师、学生与后勤服务企业、学生与学生间的各种矛盾纠纷的调解工作，对于协调没有成果的应妥善做好工作，并上报学校相关部门。设立矛盾纠纷处理组织机构能够为学生提供解决问题的出路和路径，在解决疑难问题上能够更好的协调多方利益，确保学校校园稳定，同时也能促使相关教学、学生管理以及行政后勤管理工作的改进，也能提高学生参与学校管理的力度，真正了解学生所思、所想，真正能够为学生服好务。

（二）建立学生权益申诉中心

学生权益申诉中心应该专门建立在学生管理部门，学生管理部门应认真收集和整理学生权益受到侵害和不公正待遇方面的信息，及时记录、整理、上报以及反馈，对于学生权益受到重大侵害的情况应直接报告相关领导，以便及时化解矛盾，解决纠纷。学生权益申诉中心可以采取网络申诉、电话申诉、来信申诉以及当面申诉等多种方式，为学生提供及时可信的申诉场所。学生的矛盾纠纷有了申诉之地、解决之路，学生心理能得到很好的安慰和梳理，学生的矛盾纠纷就容易解决。

（三）建立学生安全防范教育跟踪反馈体系

大学生矛盾纠纷隐蔽性说明大学生的矛盾纠纷需要很长时间的酝酿才有可能发生，而学生矛盾纠纷的解决有时又不很彻底，留下很多隐患，因此应该建立学生矛盾纠纷事后安全防范跟踪反馈体系。这个体系应该从宿舍层面、班级层面、学院层面以及学校层面建立一套可行的防范教育跟踪反馈体系。这个系统可以对发生矛盾纠纷的学生进行跟踪教

育,防止出现矛盾反弹。定期找学生反馈情况,了解学生矛盾纠纷后续工作应是该体系的重要职责。

(四)建立师生沟通和交流平台

从学生矛盾纠纷处理的案例来看,学生解决矛盾的途径绝大多数不依赖于教师,而是等到自己无法控制之后才找教师解决。这种习惯学生从小就形成了思维定势和解决问题的模式,因此有必要建立学校各级师生交流平台,通过与学生的交流能够及早发现问题,也能够在处理学生矛盾时第一时间介入,防止事态的扩大;也能更好解决学生心理、生活以及学习各方面的问题。

对于一所大学来说,无论从何种角度来看,学生发生矛盾纠纷后进行解决所需成本要远高于预防成本,因此构建大学生矛盾纠纷预防机制非常重要。一方面能够预防很多意想不到的事情发生,另一方面,通过预防机制的建立真正落实以学生为本,为学生终身发展服务,促进学生成才,也能提升学校的人才培养水平。这能从根本上解决大学生矛盾纠纷问题,把大学生的矛盾纠纷解决在萌芽之中。

第6章 "互联网+"视域下高校辅导员谈心谈话的策略与技巧[①]

《中共中央国务院关于进一步加强和改进大学生思想政治教育的意见》指出:"要结合大学生实际,广泛深入开展谈心活动,有针对性地帮助大学生处理好学习成才、择业交友、健康生活等方面的具体问题,提高思想认识和精神境界。"

目前,高校学生思想教育工作面临着诸多困难:如何正确处理大学生的入党评优问题,如何及时解决大学生矛盾纠纷问题,如何公平对待大学生奖助学金的评定问题,如何及时疏解学生的心理问题,如何做好学生的职业发展规划问题,等等。这些问题都涉及学生的切身利益,解决不好会影响学生的身心健康和成长成才乃至学校的和谐稳定。

谈心谈话是高校辅导员思想政治教育工作的重要手段之一,是解决学生个体方面存在问题的重要和有效方法。成功、有效的谈心谈话可以提高学生对问题的正确认识和准确看

① 该文是2017年中共山东高校工委辅导员专项课题——"互联网+"视域下高校辅导员谈心谈话的策略与技巧研究(2017B045)的研究成果。

法,提高学生的思想道德素质,使学生的思想发生震动、行为发生转变,让学生树立正确的世界观、人生观和价值观,也能够把大事化小、小事化了,顺利解决各种矛盾纠纷;而不成功的谈心谈话会起到反作用,会影响学生成长成才,甚至发生不可逆转的学生事件。

根据中国互联网络信息中心(CNNIC)的调查显示,网民中最大的群体就是青年人,特别是青年大学生已成为上网的主流群体,在网络环境下学习、生活成为大学生活的新途径。每天通过微博、微信等社交网络获取信息、与朋友交流,已成为大学生的习惯和一种生活方式。

在"互联网+"时代背景下,充分利用好互联网媒介开展相关的谈心谈话也是深入开展谈心谈话活动,有针对性地帮助大学生和解决大学生问题的有效途径之一。因此,本课题深入研究大学生运用互联网的"心态""语态""形态"和"生态",通过问卷调查、实地访谈、互联网媒介问答等多种形式,对辅导员在网络时代背景下大学生思想政治教育工作中谈心谈话的策略与技巧进行了梳理和总结,形成了研究报告。

一、学生自身类型和学生问题类型研究

(一)学生自身类型

受学生家庭背景、个性特征、学校环境及社会环境出现的问题等各方面因素的影响,大学生的问题有很多表现形式,比如心理、人际关系、生活困境、学习困境、学生矛盾纠纷、感情纠纷、家庭困境等诸多问题。解决学生问题涉及心理学、社会学、管理学、思想政治教育和教育学等多门学科、多个领域,也需要有多种渠道和方法,有效的谈心谈话是解决上述问题的重要形式之一。了解和掌握学生的自身类型和问题类型对有针对性地开展谈话会起到事半功倍的效果。因此了解和分析学生自身类型和问题类型显得至关重要。

从与学生个别访谈和问卷调查的情况来看,学生的自身类型可以从学生的出生背景、家庭背景、学习成绩背景和行为习惯背景等四方面进行。针对每一类情况根据不同维度进行了不同分类。

在大量调研和数据分析的基础上,课题组得出了学生自身类型分析表,如下表所示:

学生自身类别分析表

类别	维度		
出生背景	农村	富裕	城市
		小康	
		温饱	
		贫困	

续表

类别	维度		
家庭背景	和睦	单亲	不和睦
		双亲	
		孤儿	
		与亲人生活	
学习背景	勤奋	优秀	不刻苦
		良好	
		一般	
		差	
行为习惯背景	日常行为	优秀	心理行为
		良好	
		一般	
		差	

（二）学生问题类型研究

实践证明,对于大学生个人出现的问题,通过大会和宣讲的方式很难奏效,有时还会起到相反的效果。做好学生的思想工作有很多方式,其中辅导员的谈心谈话是解决学生个体和部分学生群体问题的有效方式。做好谈话工作的主要准备工作之一是要对学生的问题类型进行细致梳理和分析,要对每一类型的问题有清晰的准备和材料整理,就像备课一样要把内容准备好,然后根据学生的具体情况进行具体分析。

从理论研究的角度来看,笔者对大学生的问题相关文献和材料进行了梳理,发现以下问题出现最多:

（1）心理问题。

大学生心理健康的研究表明,大一新生因为面临从高中生到大学生这一转变,较容易出现心理问题。张璐等人(2012)研究表明,通过《中国大学生心理健康量表》(CCSMHS)筛查,大一新生的心理问题主要表现在抑郁和焦虑情绪状态上,心理问题主要有学习不适应(63.2%),人际关系问题(43.3%),个人发展困惑(32.3%),适应环境困难(24.4%)等。[①]辛自强等(2012)认为,自大二开始,学生们的心理健康水平在改善,非大一学生心理健康

---

① 张璐,金花,符丹,窦龙 . 大一新生心理问题筛查结果与分析 . 新西部,2012 年第 2 期。

水平高于大一新生。因此应当把大一新生作为心理健康关注的重点群体,因为学生的学习环境、社会环境、发展任务等都与高中时发生了重大改变。另外,有研究表明,男生的心理健康水平高于女生,城市生源大学生心理健康水平在整体上高于农村[1]。女生和农村生源应该成为重点关注的对象。2004年发生的马加爵恶性杀人事件,由于自己来自农村,家境极度贫困,内心自卑,觉得大家瞧不起他,最终导致在宿舍内连杀四人的惨案。苏斌原等(2015)将大学生的心理行为问题划分为三个亚群体:风险组、困扰组、健康组。72.9%的大学生处于健康组,17.7%的学生处于困扰组,9.4%的学生处于风险组。风险组的学生有61.21%的风险会出现抑郁、焦虑、恐惧等心理健康症状,有25.49%的学生可能会同时出现4个及以上的心理健康症状[2]。

（2）贫困问题。

中国疾病控制中心精神卫生中心最近公布的一组调查显示,我国高校在校生中约有20%是贫困学生,其中5%～7%是特困生。在贫困大学生的问题行为中,比较突出的除了人际交往困难、学习失败以外,还有出走、旷课、偷窃、打架等。据统计,因学业不良而留级、退学、结业的学生中,贫困大学生的人数明显偏高[3]。为了摆脱经济上的困境,有些学生深陷"校园贷"泥沼,有些学生则在被骗取钱财后因为难以承受经济损失而自杀身亡。2016年,18岁女孩徐玉玉因被骗学费郁结于心,最终导致心脏骤停离世。2017年,黑龙江某大一贫困新生,为兼职补贴家用,误被学长高佣金诱惑,最终深陷传销式校园贷。笔者带过的学生中,有父母患病无劳动能力的,有家中老人需要照顾的,有弟弟妹妹需要费用上学的,像这样的学生,他们不得不拿出自己的空余时间去打工赚钱,而他们的成绩游走在及格边缘,根本无暇专心学习。贫困大学生除了经济、物质上的困难,还会产生诸如自卑、焦虑、抑郁等心理问题。作为高校学生工作者,应当关怀和帮助这些贫困家庭的学生,帮他们尽可能缓解经济困难带来的负面影响,同时采用情绪疏导、认知调整等方法帮助他们消除心理障碍,树立正确的世界观、人生观、价值观。

（3）感情纠纷问题。

感情纠纷问题是大学生群体中另一高发问题。步入大学以后,很多人都憧憬着能够谈一场校园恋爱,他们情窦初开,对于感情真情投入,却如飞蛾扑火,缺乏理智,失恋后更是异常痛苦,不知道如何承担精神上的打击。从现实大学中发生的案例来看,因失恋而导致的跳楼、自杀、伤人事件频频发生。2010年,海南大学学生罗某因感情纠纷跳楼自杀死

---

① 辛自强,张梅,何琳.《大学生心理健康变迁的横断历史研究.心理学报,2012年第5期。

② 苏斌原,张洁婷,喻承甫,等.大学生心理行为问题的识别:基于潜在剖面分析.心理发展与教育,2015年第3期。

③ 柳青.贫困大学生心理问题及教育对策.内蒙古民族大学学报,2005年第11期。

亡；2015年,哈尔滨理工大学一名大三男生因和女朋友分手,挽回无望后进入女生宿舍将女友捅死后跳楼自杀。由此可见,男女学生感情纠纷问题是高校学生工作的重点之一。根据调查研究,感情失败后,女生更容易采取自杀的方式,而男生容易迁怒于对方,出现极端的伤人甚至杀人事件。高校学生工作者应当密切关注恋爱学生群体,出现情感问题时应及时采取干预措施,及时排除和转移他们因失恋带来的不良情绪,使其尽快恢复正常的生活。

（4）宿舍矛盾问题。

除了课堂以外,大学生在宿舍花费的时间最多,宿舍成员之间的人际关系成为大学生人际交往的关键环节。然而,目前高校宿舍成员之间的人际关系并不理想。根据相关调查,有30%～60%的大学生宿舍存在不同类型的矛盾[①]。有学者（沈耀等,2018）研究发现,女生宿舍的矛盾发生率高于男生宿舍,根据本人所在学院的情况,女生宿舍的和谐度确实远低于男生。女生宿舍矛盾发生的高峰期多为大二、大三两年,因为刚开学第一年大家并不熟悉,处于相互了解阶段,即使心存不满大多也选择隐忍,但小的事情日积月累得不到疏通,就会在大二、大三两年集中爆发。女生宿舍关系大致可分为四种类型：和谐相处型、独立分派型、相对无言型和紧张对立型[②]。笔者所带的学生中,曾经出现过一个混合班级的宿舍,分为两派,互不干涉,即使面对面也可以把彼此当作空气视而不见,同处一间屋却可以长达一年不说一句话。还有的宿舍会想办法集体孤立一名学生,迫使这名学生吃饭、上课等都只能跟自己的男朋友一起。也有宿舍因为长期积累的矛盾,一点小事就闹得不可开交,动不动就到辅导员那里要求调换宿舍。相对于女生宿舍而言,虽然男生宿舍内矛盾暴露出来的较少,但是男生之间一旦发生矛盾,轻则大声吵骂,重则动手打架,更严重的甚至会危及学生生命。高校辅导员应当深入学生群体,及时把握学生动态和宿舍成员关系变化,多关注、多倾听、多交谈,掌握学生宿舍问题的根源,积极有效地解决宿舍矛盾问题。

（5）奖助学金评定问题。

高校奖助学金是国家为鼓励大学生努力学习而设置的专项基金,对大学生起着鞭策、鼓励、资助的作用。然而有时学生为了拿到奖学金会采取不正当的手段,有时候,评定奖学金的过程不够规范,评选标准把握不准等原因,导致学生对奖学金评定结果的不满,产生学生之间和师生之间的矛盾。奖助学金在这些因素干扰下影响了它的正向激励作用。比如有的学生为了拿到奖学金,不惜在考试中作弊以取得高分；有的同学家境并不困难,为了取得助学金在调查材料中弄虚作假欺骗老师,使得真正需要助学金的学生无法获得

---

① 张砚清.高校大学生宿舍矛盾的成因及解决策略.百色学院学报,2013年第26期。

② 卢垚.女大学生宿舍关系问题实例解析.科教导刊,2010年第5期。

资助,这不仅加剧了同学之间的矛盾,也容易使学生对教师产生误会,对学校失去信心。在奖学金评定过程中,学生反映较多的还有学生干部加分分值过高及加分不透明问题。奖学金发放后,经常会出现学生之间请客、攀比等现象,有时学生的奖学金还不够请大家吃一顿饭,完全失去了奖学金发放的意义和价值。除此之外,稍作统计就会发现,几乎每年奖助学金的获得者大致都是同一批人,而剩下的大部分同学却一次奖助学金都没有拿过,久而久之这些同学就会对奖学金失去兴趣,对学习也失去兴趣。高校辅导员应当积极干预,多开展一些交流谈心活动,引导大学生对奖助学金有个正确的认识,帮助学生更加有效地利用奖助学金来完成学业。

(6)师生关系问题。

近年来,高校学生伤害教师事件不断发生,严重影响了高校正常的教学和管理活动。2009年,中国政法大学学生闯进课堂,砍死教授;2014年华东政法大学法律学院一名学生因上课迟到,被老师批评后用热水泼向老师面部,造成该老师面部烫伤。师生关系是大学校园人际关系中最基本、最重要的关系,师生关系的好坏不仅直接影响到教育教学的氛围和质量,还会影响到学生的身心发展。师生关系紧张是当今高校凸显出来的一个新型问题。据研究,当前大学师生关系趋于紧张和疏远,其中大一学生由于对学校、专业的不满以及对大学学习、生活的不适应,师生关系较为突出,而大三学生由于即将面临毕业,在升学与就业的双重选择的巨大压力下,认为教师没有尽到应尽的责任,因而对老师产生敌意和不满,师生关系冲突明显[①]。高校学生工作者应当高度注意大一新生的情绪,帮助他们顺利适应大学生活,另外对于即将毕业的学生也应该格外关注,帮助他们缓解就业和升学的压力。

从课题组成员、学院班主任和辅导员开展的大调研活动来看,以上六大问题基本是大学生矛盾纠纷发生率很高的问题。

但随着新生代特别是对于互联网时代出生的学生来说,学生对自身权益的维护、对学校管理的关注度逐年提升,所以学生的自身权益问题、各项涉及学生利益的公平性问题都会成为需要关注的重点问题。

二、大学生使用互联网状态分析及谈话策略

完成了对学生自身类型和所遇到问题的类型分析,我们需要对学生使用互联网情况进行分析和梳理,通过问卷调研和实际考察,深入研究大学生运用互联网的四种状态,即"心态""语态""形态"和"生态",辅导员老师要了解学生在互联网背景下的状态。

---

① 王佳权:《大学生师生关系现状研究》.江西青年职业学院学报,2009年第2期。

（一）有关学生使用网络的调查

1. 你平均每天使用互联网的时间为：

A. 1～3 小时　　　　　　　B. 4～6 小时

C. 7～9 小时　　　　　　　D. 10 小时以上

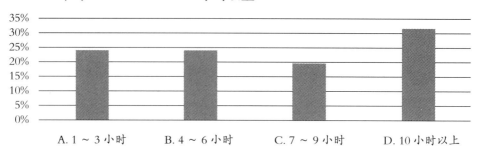

2. 你认为互联网环境安全吗？

A. 安全　　　　　B. 不安全

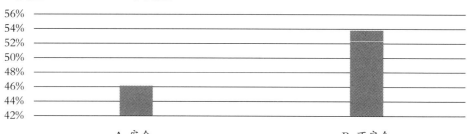

3. 你经历过互联网诈骗吗？

A. 经历过　　　　　B. 没有

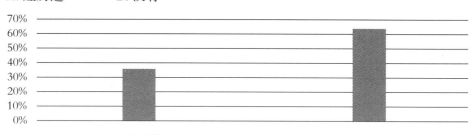

4. 互联网对于你的最大的作用表现在哪个方面？

A. 查资料，了解新闻　　　　　B. 追剧、看小说

C. 与他人聊天交流　　　　　D. 玩游戏　　　　　E. 其他

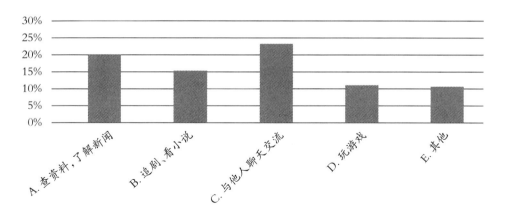

5. 上网时,你一般会做哪些事情?

A. 聊 QQ 等社交软件　　　　B. 看电影,听音乐

C. 进网站学习及查资料　　　　D. 打游戏

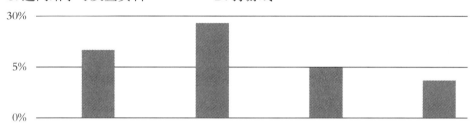

6. 你利用互联网工具来学习相关专业知识吗?

A. 从来没有　　　B. 偶尔　　　C. 经常　　　D. 没必要

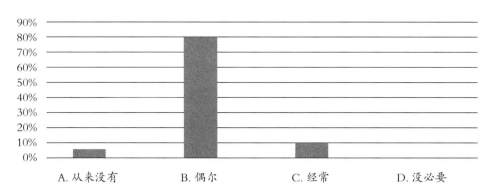

7. 你认为互联网在你的生活中有哪些消极影响?

A. 占据大部分时间,耽误学习　　　B. 网络环境复杂,信息安全性无保障

C. 不良信息及不良网站侵蚀　　　D. 其他

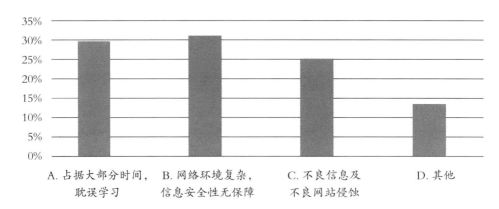

（二）有关学生与老师利用网络开展交流的调查

1.你和老师平时最常用的沟通方式是什么？

A. QQ   B. 微信   C. 手机   D. 面对面交谈

E. 邮箱   F. 其他

2.你和老师聊天的时候经常使用表情包吗？

A. 经常使用   B. 偶尔使用

C. 从不使用   D. 不敢使用

3.你和老师在哪些方面涉及互联网交流？

A. 请假   B. 学习疑问   C. 生活上的困难

D. 感情疑惑   E. 为人处世   F. 其他

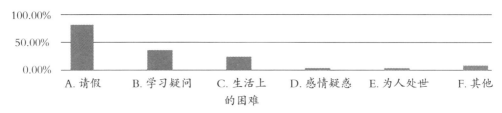

4.你的老师一般如何给班级同学下通知？

A. 召集相关人员开会   B. QQ 群消息下达

C. 微信群消息下达   D. 其他

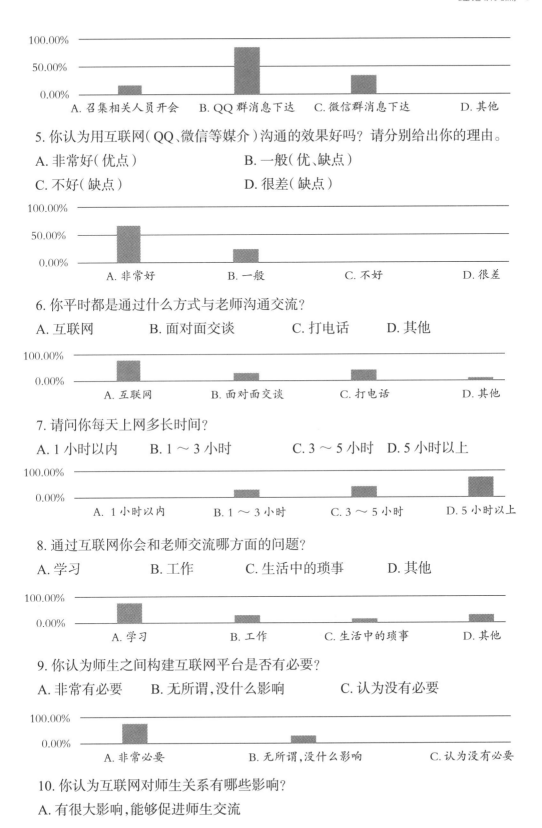

5. 你认为用互联网（QQ、微信等媒介）沟通的效果好吗？请分别给出你的理由。

A. 非常好（优点）　　　　　B. 一般（优、缺点）

C. 不好（缺点）　　　　　　D. 很差（缺点）

6. 你平时都是通过什么方式与老师沟通交流？

A. 互联网　　　B. 面对面交谈　　　C. 打电话　　　D. 其他

7. 请问你每天上网多长时间？

A. 1 小时以内　　B. 1～3 小时　　C. 3～5 小时　　D. 5 小时以上

8. 通过互联网你会和老师交流哪方面的问题？

A. 学习　　　　B. 工作　　　C. 生活中的琐事　　　D. 其他

9. 你认为师生之间构建互联网平台是否有必要？

A. 非常有必要　　B. 无所谓，没什么影响　　　C. 认为没有必要

10. 你认为互联网对师生关系有哪些影响？

A. 有很大影响，能够促进师生交流

B. 无所谓,只是一种联系方式

C. 没有影响,很少和老师交流

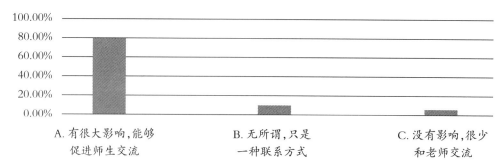

11. 你对互联网教育模式的前景有什么看法?

A. 看好,是未来教学模式的一大发展趋势

B. 一般,不会有太大作为

C. 不看好,将不会在未来出现

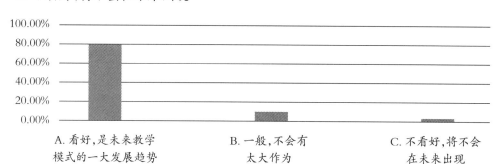

12. 你认为互联网给师生交流带来什么便利? （多选）

互联网给师生交流带来的便利	出现次数
便于联系,通信更加快捷	A
加快消息的传达	B
增加师生间的交流,促进感情	C
便于及时发现问题、解决问题	D
促进学习,共享学习资源	E
联系没有时间和空间的限制	F

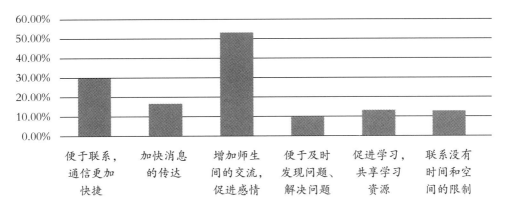

（三）辅导员谈话的基本技巧和策略

大学生在"互联网＋"时代背景下成长已成为大学生管理的新常态。在"互联网＋"背景下，大学生表现出了思想任性、语言任性、行为任性、心理任性和价值观变化不确定性等多种特征，对于这种现象，辅导员不能回避、不能拒绝，更不能压制，只能接受、接纳、介入、融入。因此，辅导员要通过"互联网＋"的思维和形式，实现主动到虚拟社会寻访大学生，深入虚拟社会听取大学生心声，积极回应虚拟社会大学生的关切。在互联网中开展谈心谈话，通过开展线上"键对键""屏对屏"的交流，实现线下"面对面"沟通，主要有以下几方面：

一"拉"。要迅速拉进与学生的距离。学生用互联网平台提出的问题，最好用相应平台回复，最好使用表情包拉近与学生的距离，这种方式要比见面更容易与学生沟通。

二"关"。要关心学生的境况。要表现出对学生的问题特别关心，能够确实迅速解决学生问题的，要立刻回复，不好回答的问题要找好资料，找到确实可靠的材料再回复。

三"听"。要对学生反映的问题耐心地倾听。通过倾听把握学生所反映问题的实质和根源所在，在学生反映问题时不要跟学生辩论，但要把问题要点记住，等学生将问题叙述完后再谈你的观点和解决思路。

四"同"。要同情学生。学生没有问题的话一般不会找老师，因此，同情学生所遇到的问题，能进一步拉近与学生的距离，有助于对问题的进一步了解，通过对问题的深入了解，才能有效解决问题。

五"谈"。要谈你的观点。根据学生反映的问题和你掌握的要点，逐条回复，哪些是错的，哪些是对的，不能判断的要等拿到确实材料后再谈。

六"结"。要得出结论。根据学生所反映的问题要给学生以清晰的结论，不要给学生模棱两可、莫衷一是的答案。如果没有清晰的答案，学生有可能还会继续通过其他渠道向上反映。

七"教"。要教育学生。要针对学生反映的问题，不失时机地开展教育，学生认同了你的观点，你的话语和思想就会深入学生的头脑，从而产生积极的教育效果。

八"联"。要常联系。告诉学生如果以后还有什么问题要及时联系老师，老师会想尽办法帮助学生，这一点让学生看到了老师的关爱之心，学生就会愿意与老师结成朋友。

以上是从实践总结出来的基本技巧和经验，当然在实际操作中还有很多问题需要解决和关注。因此，深入研究辅导员运用互联网开展谈心谈话的形式和策略，实现辅导员与大学生的真正融入还有很多工作要做。

三、课题研究的学术价值和应用价值

本课题深入研究大学生运用互联网的"心态""语态""形态"和"生态"，通过问卷调查、师生访谈、借助互联网媒介等多种形式，结合辅导员在工作中的实际案例，对辅导员在网络时代背景下谈心谈话的策略与技巧进行了梳理和总结，形成了一定的理论体系和实践模式。在研究本课题的过程中，有针对性地帮助大学生解决了相关问题，丰富了辅导员谈心谈话的策略与技巧，对做好学生思想教育工作，促进学生健康发展、成长成才和校园和谐发挥了重要作用。因此，本课题对研究学生管理和思想教育的相关理论有很大的促进作用；对高校辅导员坚持以学生为本，贴近大学生生活和学习实际，创新大学生思想政治工作方法和途径，切实解决学生实际问题，提高辅导员思想教育水平和工作能力有重要的实际应用价值；对提升教育教学质量和助力学生成长成才一定会产生积极影响。

第7章 "我的青春+"活动品牌建设
——高职大学生培育和践行社会主义核心价值观的实践路径①

《中共教育部党组 共青团中央关于在各级各类学校推动培育和践行社会主义核心价值观长效机制建设的意见》中明确指出："在学校推动培育和践行社会主义核心价值观长

① 该文是 2015 年中共山东省委高校工委、山东省教育厅思想政治教育专项课题——高职大学生培育和践行社会主义核心价值观的实践路径研究 (J15ZC21) 的研究成果。

效机制建设的主要原则是：坚持系统规划,整体推进,不断完善培育和践行社会主义核心价值观的顶层设计;坚持分类指导,重点突破,形成可示范可引领可推广的工作动力系统、激励机制和实践模式;坚持落细落小落实,形成广大师生日常行为准则,增强自觉奉行和践行能力;坚持继承创新,善于运用青少年喜闻乐见的方式,推进理念创新、方法创新,注重总结凝练基层创新的经验和智慧,增强工作针对性实效性。""要创新主题教育活动形成校园文化品牌。"把社会主义核心价值观渗透于教育教学的各个环节,积极打造学生活动品牌,是全面落实社会主义核心价值观长效机制建设的重要工作内容。本课题在积极开展社会主义核心价值观教育工作层次化、序列化、课程化的过程中,打造、凸显学生工作品牌,形成培育社会主义核心价值观的有效途径。

一、"我的青春+"品牌活动建设思路及目标

自2007年从事辅导员工作以来,我非常重视学生的读书活动,为鼓励学生养成"好读书、读好书"的良好习惯,2008年开展了第一届读书活动,通过读书主题班会、读书月、读书节等活动鼓励、引导学生形成严谨踏实、积极进取的学习态度和良好的读书习惯;2009年开展了"文化墙"建设活动,展示了学生的读书成果。经过几年的努力形成了系列读书活动品牌,在全校享有很高的品牌影响力。2014年,为积极探索培育社会主义核心价值观的路径,基于读书活动品牌的启发,构建了"我的青春+"活动品牌,通过系列活动打造一套有序、有效、有影响的培育社会主义核心价值观的活动品牌,积极探索高职院校社会主义核心价值观教育的实践路径。通过学生管理品牌的建设,不但要培养当代大学生具有良好的学识积累和专业素养,更要培养勤学、修德、明辨、笃实的能力,把社会主义核心价值观的要求变成学生日常的行为准则,融入学生的血液里,让学生内化于心、外化于行。

(一)"我的青春+"品牌活动能够全面提高学生综合素质

"我的青春+"品牌活动覆盖了学生成长的方方面面:"我的青春我读书"有助于学生养成良好的学习习惯和阅读习惯,培养健全人格;"我的青春我成长"侧重于学生各项能力的培养和提升,如人际交往能力、管理能力、工作能力等;"我的青春我奉献"着重培养学生感恩奉献、爱岗敬业等公民意识,增强学生的社会责任感;"我的青春我运动"鼓励学生参加各类运动强健体魄,同时提高拼搏、进取的运动精神;"我的青春我精彩"重点关注学生社团、学生心理健康和学生文艺活动方面,丰富学生生活,促进学生全面健康成长。品牌定期有序的各项活动保证了学生综合素质的全面均衡提高,使学生各方面能力得到培养,有助于完善学生人格、规范学生行为、增强社会竞争力。每个年级在不同的时间段都有明确的活动目的、活动要求和活动内容,学生可以清楚了解个人成长路径所需要的素

养提升内容。这个品牌活动促进了学生全面发展和学生特长的进步。

（二）"我的青春+"品牌活动能够丰富校园文化内涵

校园文化是时代精神在学校的反映,是学校办学方向和指导思想在长期发展过程中所形成的一种群体意识的体现。"我的青春+"品牌活动将各项学生活动精细化、常规化、制度化,具有整体性、历史性、丰富性的特点,每月都有不同主题的学生活动引导和鼓励学生参加,通过各项活动贯穿学生大学生活的始终,活跃校园文化生活,丰富校园文化内涵,增进校园文化底蕴。

（三）"我的青春+"品牌活动能够提高育人效果

"我的青春+"作为学院的特色活动品牌,将学生成长教育细化为思想品德教育、公民意识、人文素养、身体健康、心理健康、个人能力等各方面,针对各方面的不同特点都会定期组织学生活动,进行精细化、课程化、制度化管理。精细化、课程化的管理使学生可以在活动中有的放矢,也方便落实活动内容,从而提高育人效率和效果。如为提高学生人文素养,学院组织学生从入学到毕业一直参加"我的青春我读书"活动,要求学生撰写读书笔记并择优进行表彰,同时学院会对读书笔记进行重复率检查,杜绝抄袭现象。通过这一活动,学生增加了阅读量,锻炼了思考能力和写作能力,同时也对学生进行了诚信教育。

（四）"我的青春+"品牌活动有助于展现学生精神风貌,增强学生自信

大学生除了要积累知识、提高专业能力外,还应注重个人素质品德的提升和其他特长的表现,"我的青春+"品牌活动为同学们提供了提高自我、展示自我的平台。学生个人能力的展现不限于优秀的学习成绩,也体现在奉献精神、公民意识、文艺特长等方面的展示。对于一些学习成绩不够理想,但是在其他方面表现出众的同学来说,有利于增强他们的自信,促进学生身心的健康发展。

二、"我的青春+"品牌活动建设过程

（一）丰富活动内容形式,激发学生参与兴趣

为了增强学生参与活动兴趣,要不断丰富"我的青春+"系列活动的内容和形式。在内容上,"我的青春+"活动已经从早期的读书活动和文化墙活动扩展到学生综合素质提高的各个方面;在形式上,学院通过多种形式组织活动,增加学生参与兴趣。如"我的青春我读书"活动,通过读书汇报会、好书交流会、读书明星评选、读书论坛等形式吸引学生,培养学生读书习惯;"我的青春我精彩"通过各类型社团定期组织活动、社团评优、歌唱比

赛、演讲比赛、留学生交流晚会、元旦晚会等形式鼓励学生培养爱好特长,积极展现自我;"我的青春我成长"通过导师讲座、优秀毕业生报告、志愿服务实践、爱心支教实践、优秀志愿者报告等形式激励学生回报社会,增强社会责任感。让学生在丰富多彩的活动中养成良好的行为习惯,将外在的要求转化为内在的兴趣,从而引导学生不断完善自我。

(二)坚持活动由学生主导,培养学生自我管理能力

"我的青春+"品牌活动始终坚持以学生为主体:品牌活动 Logo 全部为学生自己设计,由全体同学投票选出,让学生充分参与到品牌的建设中来,极大地提高了学生们参与活动的积极性;每次活动由学生会相应部门负责撰写策划方案,由学生自主组织开展活动,活动结束后学生会进行反馈和总结,教师作为一个辅助者给予相应帮助。在活动的策划组织过程中,学生的沟通能力、文案撰写能力、组织协调能力、总结反思能力和集体意识、奉献意识得到充分调动和锻炼,同时学生自我组织的活动也较容易引起参与同学的兴趣和共鸣,有助于更好地达到教育的目的。以学生为主体的活动组织形式充分调动了学生参与活动的兴趣,并在活动的整个过程中锻炼学生的能力,每项活动都得到了师生的一致好评并且也收到了很好的育人效果。

(三)建立活动长效机制,形成品牌效应

根据学生的实际情况,将"我的青春+"品牌系列活动纳入到学生管理日常工作计划,为活动的实施建立了长期有效的机制。自"我的青春+"品牌活动以来,学生参与活动热情不断提高,随着活动的多样性和专业化建设,学生管理的品牌效应逐渐形成,社会主义核心价值观教育有了切实有效的抓手和实施路径。

三、"我的青春+"品牌活动主要成效

(一)"我的青春我读书"主要成效

"我的青春我读书"系列丰富的活动内容,激发了学生读书的兴趣,帮助学生养成了很好的读书习惯。通过积极开展读书活动,同学们浮躁的心静下来,变得更加稳重、更加好学。这些年的读书竞赛,学生们写出了上千篇语言优美、感情真挚、思想丰富的读书笔记。通过开展读书活动,培养了学生自主学习、独立思考、勇于创新的能力;帮助了学生拓展专业知识、提高专业素养;提高了学生的综合素质,助推学生形成良好的道德品质和健全的人格;陶冶了学生们的情操,丰富了学生的精神世界,使学生的大学生活丰富多彩、充满魅力。读书活动成为落实社会主义核心价值观教育的最有效抓手。

（二）"我的青春我成长"主要成效

"我的青春我成长"活动坚持以学生为主体，关注学生最关注的问题，帮助学生解答困惑，通过活动帮助学生在思想上不断成长。通过开展系列活动，学生的奉献意识、组织纪律性和严格要求自我意识有了明显提高，彰显了当代高职学生的热情和才华，形成了学生素质提升的重要品牌。

（三）"我的青春我奉献"主要成效

开展形式多样的活动，在多彩的服务奉献活动中，让学生感受奉献的乐趣，感受服务的收获，把服务奉献行为从外在的需要转变为内在的需求，让学生在活动中发现自己的闪光点，感受奉献的乐趣，使学生体会奉献青春、收获快乐的巨大意义，最终达到潜移默化的教育效果，让学生在奉献的过程中感受向上的力量，得到精神的启蒙，获得灵魂的滋养。

（四）"我的青春我精彩"主要成效

通过组织学生参加职业技能类、社会公益类、素质拓展类活动，帮助学生拓展知识面、找到兴趣爱好，提高了学生的交往能力，丰富了学生个人生活，展现了学生个人特长，增强了学生的自信心。

（五）"我的青春我运动"主要成效

该品牌活动激发了学生运动兴趣，养成了运动爱好和习惯，通过运动丰富了学生的精神世界，提高了学生的综合素质；通过这个品牌活动形成了"人人运动，人人爱运动"的校园氛围。

第8章 高职学生核心素养内涵研究初探①

高职学生核心素养的内涵有着自己独特的特点。本文从国内外有关学生核心素养的研究框架中吸取有益成分，对高职学生自身特点进行详细分析，对企业人才需求进行了详

---

① 该文是山东省第二批辅导员名师工作室理论研究成果。

细调查和分析,对社会未来发展的特点进行了研判,在此基础上,提出了高职学生核心素养内涵的基本框架。

一、研究背景

《教育部关于全面深化课程改革落实立德树人根本任务的意见》中指出,"教育部将组织研究提出各学段学生发展核心素养体系,明确学生应具备的适应终身发展和社会发展需要的必备品格和关键能力,突出强调个人修养、社会关爱、家国情怀,更加注重自主发展、合作参与、创新实践。"① 2012 年,联合国教科文组织发布《全民教育全球监测报告》提出了所有年轻人应具备的三类主要技能,第一类为基本技能,第二类为可转移技能,第三类为技术和职业技能。在此之前,各国和国际组织从不同角度对核心素养进行了广泛而深入的研究,提出了自己的核心素养框架。如 2002 年,美国正式启动 21 世纪核心技能研究项目,该项目重点探讨可让学生在 21 世纪获得成功的技能。2005 年,欧盟正式发布了《终身学习核心素养:欧洲参考框架》(*Key Competences for Lifelong Learning:A European Reference Framework*)的文件,该文件从知识、技能和态度三个维度描述了以终身学习为指向的核心素养框架。2001 年,俄罗斯联邦教育部发布了《普通教育内容现代化战略》,该文件的特点是将日常生活与文化休闲领域纳入核心素养发展领域。2016 年 9 月,《中国学生发展核心素养》总体框架发布,该方案从文化基础、自主发展、社会参与三个维度阐述了中国学生应具备的人文底蕴、科学精神、学会学习、健康生活、责任担当、实践创新六大核心素养。该文件已成为我国各级学校深入落实素质教育的重要指导性文件。但对于高职院校的学生来说,面对新时代的人才要求和未来的社会变化,探索符合高职学生特点、适应时代需要、满足职业需求,能够促进学生终身职业发展的核心素养已成为当务之急。

二、《中国学生核心素养发展报告》的借鉴

从《中国学生核心素养发展报告》发布以来的情况看,教育部并没有以正式文件形式下发,因为在教育部的相关网站中找不到相关文件。可以说该成果还没有成为教育部的正式文件,并没有得到官方的权威认定,该报告还是处于成果发布阶段。从报告的题目到内容来看,还有很多值得借鉴的地方。一是该报告题目指向已经包含高职学生。从报告的题目来看,该报告的核心素养研究成果应该适合中学生、高职学生、本科生、研究生和博士生,因为这些都在中国学生的含义范畴之内。二是核心素养的内容涵盖广泛。从报告

---

① 《教育部关于全面深化课程改革落实立德树人根本任务的意见》[EB/OL], http://www.moe.edu.cn/srcsite/A26/s7054/201404/t20140408_167226.html。

的内容来看,核心素养的三个维度、六大核心素养和十八个基本要点内容涵盖广泛,充分体现了作为中国学生适应终身发展和社会发展需要的必备品格和关键能力。三是该报告的核心素养体现在不同的学生阶段有各自的核心体系。虽然从发布成果的主体单位来看,该核心素养的成果报告更倾向于基础教育的中学生,但对核心素养的基本内容进行仔细研读发现,该核心素养成果报告内容可以适合各个阶段的学生。以此核心素养为基本框架内容,可以构建不同阶段学生的核心素养。

三、高职学生核心素养的相关研究

随着《中国学生核心素养发展报告》的公布,核心素养成为专家学者讨论的热门词汇。可以说,核心素养研究是继"素质"研究之后,学校对"培养什么样的人"的进一步追问,也是教育工作者对当前教育所面临的问题和时代要求的进一步回答。近20年来,我国高等职业教育一直在探索和研究高职院校学生应该达到的目标和素质要求。高等职业教育的教育目标经历了培养"德智体全面发展的新型劳动者"[1]、培养"生产、服务第一线的高素质劳动者和各类实用技术人才"[2]、培养"高素质劳动者和高技能专门人才"[3]和"高素质劳动者和技术技能人才"[4]的几个阶段,高职院校学生的培养目标从"新型劳动者""各类实用技术人才""高技能专门人才"到"技术技能人才"的不断变化,是我国经济社会发展不断提升的真实写照,也充分反映了职业教育是"教育事业中与经济社会发展联系最直接、最密切的部门"[5],也充分说明职业教育培养目标是随着经济社会发展的需求和人们对职业教育的认识逐渐充实和完善的。从高职学生培养目标的发展变迁来看,高职学生的培养目标都是围绕素质教育的核心主题进行探索和实践的,"然而,素质教育发展到今天,无论从理论还是从实践方面看,都存在着一些困惑或问题。"[6]国内专家学者对核心素养的理论研究也是首先从理论层面对素质教育存在的问题和困惑做出的进一步回答,虽然这些成果并没有在实践中取得可教、可学和可评价的实践效果。从国内外教育发展现状来看,学校教育需要更关注学生能够适应未来社会生活和个人终身发展所必备的基

①《1996年第三次全国职业教育工作会议》,职业技术教育,2006年第9期。

②《2002年第四次全国职业教育工作会议》,职业技术教育,2006年第9期。

③《2004年第五次全国职业教育工作会议》,职业技术教育,2006年第9期。

④《国务院关于加快发展现代职业教育的决定》[EB/OL],http://www.zjchina.org/mms/shtml/216/news/1481.shtml,2014-06-23/2017-10-10

⑤《2002年第四次全国职业教育工作会议》.职业技术教育,2006年第9期。

⑥ 柳夕浪:《从"素质"到"核心素养"——关于"培养什么样的人"的进一步追问》,教育科学研究,2014年第3期。

本素养,这些素养不会因经济社会发展而出现大的波动,而会成为学生应对未来经济社会发展变化的压舱石。

国内许多专家和学者对高职学生的核心素养也开始进行了研究和探讨。以"核心素养"为关键词,以"高职学生"为主题词在中国知网上进行搜索,总共有相关文章12篇。从时间跨度来看,这些成果主要集中在2017年上半年,总计有9篇相关成果。可以说明,自《中国学生核心素养发展报告》发布以后,高职学生的核心素养引起了许多专家学者的关注。从成果的研究内容来看,主要有以下几个方面:一是有关高职学生核心素养内涵和框架的研究。张访问老师的《高职学生核心素养内涵研究》一文中指出,"高职学生发展核心素养,以科学性、时代性、民族性和职业性为基本原则,以培养'全面发展的人'为核心,分为个体素养、职业素养、社会参与三个方面,十五个基本素养要点。"[①]从该核心素养与《中国学生核心素养发展报告》中的要点进行对比发现,其中有11个基本要点相同,体现高职学生核心素养特色的是职业素养所包含的四个基本要点。王艳辉老师的《高职学生核心素养框架建构及培养路径》从高职教育人才培养目标为出发点,以个体发展和社会参与两个维度,构建了"工匠精神、技术应用能力、实践创新能力、终身学习能力、信息获取能力、人际关系与团队合作能力、外语能力、职业规划发展能力等八大核心素养。"[②]张志军等老师基于职业核心素养的理念提出了"社会适应性、岗位竞争力和职业发展性"作为高职学生的核心素养基本内容。段学新等老师基于《中国学生核心素养发展报告》的内容,提出了高职学生应该具备的"公民素养、个体素养和职业素养"的核心素养内容。二是有关核心素养培养路径研究。张志军老师的《高职学生职业核心素养培育路径探究》一文提出了"基于课程体系、校企合作、校园活动三级载体实施'感、攒、看、练、验、展'六嬗变全员全过程的职业核心素养培育体系"。魏芽芽老师针对高职院校核心素养培养体系存在的问题,从"课程平台建设、学生管理、校企合作、评价体系、师资队伍建设"等方面提出了高职学生核心素养的培养路径。三是有关基于核心素养的课程体系研究。有的学者从课程体系建设出发,对核心素养与课程体系建设、课程评价体系以及课程改革等方面进行了深入研究和探讨;有的学者还基于学生核心素养,构建了360°高职课程框架模式;有的学者开展了基于核心素养的创新创业教育体系、体育课程体系以及课程改革体系的研究。

从以上有关学者的研究状况来看,高职学生核心素养的研究引起了许多学者的高度关注,研究的范围也非常广泛,并在某些方面已经取得初步的成效。但纵观现有的研究内容和成果来说,还不足以确定高职学生的核心素养内容体系。从学校的角度来看,高职院

① 《2004年第五次全国职业教育工作会议》,职业技术教育,2006年第9期。

② 王艳辉:《高职学生核心素养框架建构及培养路径》,职业技术教育,2017年第4期。

校的办学思路不同于中小学,不同于本科院校。因此,高职学生的核心素养不能是《中国学生核心素养报告》内容的简单移植。同时,高职院校之间的办学特色、学科特点、专业设置、培养方向等各方面表现出了较大的差异性,高职院校都有着自己的行业特点,不同学校对学生未来从事的职业素质要求也各不相同。可以看出,适合各类不同高职学生的统一标准的核心素养内容是很难确定的,需要根据不同高职院校的培养目标制定适合自己学校学生的核心素养。从学生的视角来看,不但学校之间的学生各方面差异较大,就是同一学校内部学生各方面之间的差异也非常大,如学生的知识背景、行为素质和个性特点等等。就高职学生个体来讲,核心素养要充分体现以学生为中心的理念,体现学生个性特长和特点。因此,如果从高职学生的实际出发,就应该帮助学生树立属于自己发展的核心素养。从以上两个方面分析来看,有关高职学生核心素养的研究还有很长的路要走,需要综合各方面因素进行深入研究。

四、高职学生核心素养的探索

高职学生核心素养研究应该坚持以学生为本,认真研究高职学生特点,关注学生自身的发展;应该关注企业的需求,认真分析企业对高职人才的需求定位;应该基于学校的行业特色,充分体现学校的办学目标;应该关注社会发展动态,符合新时代发展特点。

对于高职学生来说,有很多先天不足,但也有很多后发优势。这些特点决定了高职学生的核心素养的复杂性和独特性。以山东省2017年夏季高考为例,"2017年夏季高考共录取482 554人,本科录取265 863人,专科录取216 691人。"从录取人数来看,高职学生占了相当大的比例。从录取的分数来看,高考理科划定的本科资格线:文科是483分,理科是433分;划定的高职文理科资格线都是170分。从录取的学生来看,高职学生基本上是夏季高考成绩排名后50%的学生。录取分数差异的背后不仅表现为学生文化基础和知识结构的差异,也表现为学生某些非智力因素方面的差异,如学生的理想信念、意志力以及自制力等方面的差异。从高职院校的学生层次来看,高职院校的学生层次包括:夏季高考、春季高考,三二连读,"3+2"五年一贯制以及自主招生的学生。因此,从学生入学层次来看,高职学生求学主体的多层次性的背后也隐藏着学生智力因素与非智力因素的巨大差异,特别是"智力因素和非智力因素"的双差生也大量存在。所有这些差异,都给研究学生的核心素养带来巨大挑战。

在看到这些不足的同时,还要认真分析高职学生的优势,从这些年对高职学生的追踪、研究分析来看,他们在以下几方面体现出了很好的优势。一是情商高。高职学生虽然文化功底薄弱,但是这些学生情感丰富、乐于交际、善结人缘,富有集体荣誉感和社会同情心,乐于参加社会志愿服务。二是学生个性明显。高职学生自律性不高,自制力不强,但每个学生都很有个性,有着强烈的自我意识和表现欲望。三是学生耐挫力强。高职学生在中学阶段不但要面对来自学习方面、家长和老师以及自身因素等多重压力,而且还要面对屡次失败所带来的精神压力,特别是外部环境对他们身心造成的影响。虽然通过自己努力没有进入本科院校,但是进入高职院校后,依然对自己的前途充满希望。

从学生的角度来看,培养学生的个人素养要重点突出学生的长处,也要弥补学生的短板。在对我校不同专业近100名学生进行抽样调查问卷中,有62%的学生认为自己的优点是乐于助人;有45%的学生认为自己的心理素质较差。这两个数据是学生自身优点和缺点的最为突出的数据。在对奖学金获得者的问卷调查中,有64.5%的学生认为专业成绩好是自己获得奖学金最重要因素,认为在校首先应该把专业学好,还有57%的学生认为综合素质同样重要,应该重点提升自己的沟通交际能力。在对学生干部的问卷调查中,89%的学生认为吃苦耐劳是学生干部最重要的素质。在对实习毕业生的问卷调查中,87%的学生认为学校应该加强沟通和协调能力的培养。从学生的问卷调查来看,学生从不同视角反映了不同的核心素质要求。

在对企业问卷调查和访谈中,企业对高职学生也有自己的素质要求。笔者对近300家企业开展了问卷调查,并对20家企业老板、人事部门经理开展了访谈,从中梳理了企业对高职学生核心素养的相关信息。在"你认为高职学生应具备什么样的核心素质?"调查中,"职业素养、道德素养、心理素质、执行能力、责任心和上进心"成为企业最看重的高职学生素质。这个结果与我们设想的"专业素质"应该成为企业用人的第一要素的想法有一定差距。带着这个问题,我们对部分企业负责人进行了访谈。在访谈中,他们坦言,"高职学生三年的专业学习不会很精深,只是初步的基础知识,如果企业需要专业知识很强的岗位,企业会招聘本科生、硕士生甚至是博士生,因此对于高职学生来说,专业素质对于他们来说并不太重要,如果需要的话,我们会进行专业培训,经过培训完全能够达到企业的岗位需要。"从毕业生就业职位调查结果来看,也验证了企业对专业素质的判断。在对毕业生就业专业对口调查中,专业对口率只有37%,这说明有很大一部分学生毕业后都从事的是与本专业无关的职业。从企业对人才素质的需要来看,企业对高职学生有着清晰的岗位定位,对高职学生的非专业素养要求比较高。

从高职院校的视角来看,每个学校都有自己独特的办学特色和行业特点,因此不同高职院校的学生都印有不同学校核心素养的烙印。在对山东省十余家高职院校的学校章程进行对比发现,各个学校根据自己学校特点和办学特色都制定了自己的学生培养目标。在这些目标中,有的学校强调培养创业型人才,有的学校强调培养技术型人才,有的学校强调培养创新型人才,有的学校则强调培养面向生产性企业所需要的人才,有的则强调培养面向服务型企业的人才。很显然,这些目标就是从学校的视角来阐释学生应该具备的核心素养。

从未来社会的发展来看,这一代学生承载着实现祖国现代化和建设现代化强国的

重任。因此,要着眼于未来 20 年的社会发展趋势,培养学生适应未来社会发展的核心素养。十九大报告指出,"要推动经济发展质量变革、效率变革、动力变革,不断增强我国经济创新力和竞争力。"同时,中国社会正面临着从工业化社会向网络信息化社会转型,未来人才必须适应网络信息化时代对人才的需要。在网络信息化时代,对人才威胁最大的当属人工智能。最近,名字为"索菲亚"的表情机器人被授予沙特阿拉伯国籍引起了社会的广泛关注。从职业教育的视角来分析,学生将与机器人共同竞争工作岗位的时代已经来临。从目前发展现状来看,无论服务型、生产型还是技术型岗位的重复性常规性工作,机器人取代学生岗位的趋势不可避免。可以推断,职业院校培养的面向服务型、生产型和技术型的人才在未来社会可能面临着激烈的岗位竞争。因此,面对未来社会的发展变化,特别是人工智能时代的来临,职业院校需要培养能够与机器人竞争的核心素养。从目前的资料来看,人工智能还是只能完成一些基础性工作,未来肯定会进一步发展和提升。曾参与过 OECD 核心素养框架研究的美国著名经济学家列维(Frank Levy)和莫奈(Richard Murnane)认为,"主要由常规认知工作和常规手工劳动所构成的工作,此类劳动力的份额正日益下降,因为此类任务最容易通过编程让计算机去做。国家日益增长的劳动力比例则是那些强调专家思维或复杂交往的工作,此类任务计算机不能做。"[1]因此,从社会发展的角度来看,高职学生的就业岗位会不断更新和变化,不但要注重培养高职学生适应信息化时代的核心素养,还要培养未来可迁移的核心素养。"当重复性的常规工作被计算机所取代的时候,人类就必须从事计算机不能代劳和胜任的复杂工作,也因此必须发展计算机所不具备的复杂能力,即以专家思维和复杂交往能力为核心的'21 世纪素养'。"[2]从这个角度来看,高职院校应该更加注重培养高职学生的创新意识、创新能力和创新思维;更加注重培养高职学生的交流沟通能力、协调能力、团队协作能力;更加注重培养高职学生的反思能力和解决问题能力,更加注重培养学生的社会责任感和社会实践能力,以上这些素养是人工智能短期内无法超越的,也是高职学生能够适应未来社会发展的关键素养。

综合以上因素分析,结合《中国学生核心素养发展报告》的内容以及国外对核心素养相关的研究成果,可以把高职学生核心素养内容架构核定为以下内容,即学生与自我的互动能力、学生与职业的互动能力以及学生与社会的互动能力。每项互动能力由三个基本指标构成,每个指标由三项基本要素构成。总体框架内容如下:

---

① Levy, F. & Murnane, R. J.：《The New Division of Labor: How Computers are Creating the Next Job Market》. Princeton,NJ: Princeton University Press,2004 年版第 53—54 页。

② 张华:《论核心素养的内涵》,全球教育展望,2016 年第 4 期。

高职学生核心素养内容框架			
高职学生核心素养	学生与自我的互动能力	认识自我	身心健康
			自我管理
			自我反省
		培养自我	学习能力
			沟通表达能力
			人文精神
		发展自我	互联网思维
			数据思维
			理性思维
	学生与职业的互动能力	职业技术	技术应用能力
			专业技能
			技术特长
		职业能力	创新能力
			质疑能力
			研究能力
	学生与职业的互动能力	职业精神	吃苦精神
			团队协作精神
			工匠精神
	学生与社会的互动能力	社会融入	理想与担当
			尊重与包容
			诚信与友善
		社会参与	国家认同
			国际理解
			社会责任
		社会生存	合作共赢
			和谐共生
			美美与共

高职学生的核心素养内容会随着时代的发展、企业对人才的需求和社会的进步而不断演进的，但不管怎么演进，高职学生与自我与企业和社会的互动能力格局不会改变，改变的只是其中某项核心素养的进一步深化。

第9章 综合导师制：高职院校教学与管理一体化的实践探索①

高职院校实施综合导师制就是要加强专任教师的育人功能，把辅导员的管理方法与学生的专业特点紧密结合，提高育人的实效性。实施综合导师制有利于形成全员育人、全程育人、全方位育人的"大德育"格局，促进以就业为导向，人人关注学生专业技能的"大教学"教学模式的形成，全面提高学生的综合素质，促进学生的全面和可持续发展。

一、综合导师制的含义

综合导师制是指高职院校打破专职辅导员和专任教师分工过细、各自为政的局面，把专任教师教学工作与学生德育工作进行有效的融合，充分挖掘专任教师的育人潜能；把辅导员的德育工作与学生的学业指导进行有效的结合，调动辅导员参与专任教师的教学和对学生学业指导的积极性；把专任教师工作与辅导员工作进行有效的协调统一，变学校教育教学直线管理形式为网状管理形式。综合导师制对高职生的知识学习、能力培养和人格塑造进行全面、全方位的指导和帮助，有利于形成全员育人、全程育人、全方位育人的"大德育"格局，形成以就业为导向，人人关注学生专业技能的"大教学"教学模式，切实解决新时期高职生德育工作和教学工作互不融合的问题。

二、综合导师制的实施方案

（一）准确分析学生的思想和学业现状

随着近几年高校的大幅度扩招，高职院校学生数也在大量增加，很多高职录取分数线大幅下降。笔者所在的山东商业职业技术学院国际交流学院是中外合作办学，收费较高，

---

① 该文发表在《职业技术教育》，2008 年第 3 期。

学生的录取分数相对较低,具有一定的特殊性。一是学生整体的文化基础薄弱、差异性较大,给教学、思想政治教育、学生管理等工作带来了很大难度。二是学习态度差异大。大多数学生是想通过合作办学这个平台去国外就读或深造,而部分学生就是为了文凭,对出国或学知识不感兴趣,不愿在学习上下功夫。三是自律性差。学院绝大部分学生的家庭经济条件优越,部分学生由于从小娇生惯养,在中学阶段染上许多陋习,不愿接受制度约束,教育管理的难度大。调查显示,在 2007 级 290 名新生当中,有 34.5% 的学生有过吸烟行为;有 45.7% 的学生在中学有过迟到、早退或旷课行为;有 20.5% 的学生从未洗过衣服。四是学生的身心发展不平衡。在 290 名新生当中,有 20 多名学生患有疾病,其中已有 3 名学生因身体原因休学;在学校一年一度的心理测评当中,有 80 多人存在不同程度的心理问题,其中有 3 人患有中度抑郁症,学生的身心发展问题给学生管理工作带来了相当大的难度。

(二)准确分析教师和辅导员的思想以及专业情况

国际交流学院有 13 名专业教师,全部具有硕士以上学历,8 名教师有过出国经历,其中 5 名教师是留学归国人员,平均年龄 35.7 岁。这些教师业务强,关心学生,乐于与学生进行沟通和交流;有 3 名辅导员,一名具有硕士学历,两名具有本科学历,平均年龄 29.1 岁。这 3 名辅导员善于做学生的思想工作,熟悉本系开设的专业内容,能够协助专业教师做好学生的专业指导。通过对教师情况的分析,把教师分为:协调组(2 人),负责协调系里的各种安排;就业指导组(3 人),负责学生就业规划、就业指导以及就业咨询等工作;学业指导组(3 人),负责有关学科竞赛以及考级(证)辅导等工作;课外活动组(3 人),负责学生的社团以及学生的各种比赛活动;日常事务处理组(3 人),负责各年级的日常教学事务和学生的日常管理;管理组(2 人),负责对学生管理和教学中出现的问题进行总结,向协调组汇报情况并做好工作的布置和检查。这样分组的目的就是坚持以就业为导向,以学业为中心,通过对各种活动和日常事务的严格管理,让所有教师参与到学生管理的各个环节中去,让学生有机会与教师进行交流和沟通,通过教师的一言一行去引导和规范学生行为,拉近教师与学生的距离,让学生在增长知识、提高能力的过程中,接受思想政治教育,达到全员育人、全程育人、全方位育人、促进学生全面和可持续发展的目的。

(三)制定实施方案

制定管理制度和考评办法。针对学生存在的诸多问题和对教师现状的准确分析,分别制定了严格的学生日常管理制度和综合导师制考评办法,把依靠人管理转变成依靠制度进行管理,明确责任分工。辅导员侧重于对班级日常事务和学生的思想、心理、学习生活以及课外活动进行管理,职责重点在"理",把被动的防御型的学生管理转变为主动的预防型的学生管理；专业教师则是对学生的学习、能力、人生规划及就业进行全方位指导，职责重点在"教"，教会学生学习、学会提高能力、学会规划人生。综合导师制就是要构建专业教师与辅导员分工协作、齐抓共管的育人新机制，构建教学与管理一体化的新模式。定期进行集体协商。每周二下午全体教师针对上一周的教育和教学情况进行集体会商，通报各自在所管辖的工作中学生出现的异常情况，针对这些情况提出解决的办法和措施；集体教育和个别指导相结合。经常性地与学生开展形式多样、富有成效的教育活动，如座谈讨论、学术报告以及专题讲座等，通过这些平台与学生进行交流，了解学生的思想动态和学习生活情况，及时发现和解决他们生活、学习及思想中的问题。综合导师还可根据学生的特点和实际情况，通过谈心、短信及电子邮件与个别学生交流。根据学院的专业特点和实际情况，要求学生平常写请假条和写检查用英语，日常的检查表格和通知也尽量用英语。这样为学生创造了良好的英语氛围，促进了专业课的学习，学生在学习上的进步也能够更好地促进学生的管理。

不同阶段的学生应有不同的指导内容和侧重点。大学一年级：让学生尽快融入和适应大学的学习和生活，进行人生规划教育，帮助学生养成良好的生活和学习习惯。大学二年级：指导和帮助学生提高专业素质和专业能力，制定职业规划。大学三年级：指导学生参加社会实践和实习实训，帮助学生就业和进一步升学。

三、综合导师制的实施效果

综合导师制构建了一种在大学里既教书又育人的教育教学模式，把教学和管理有机地协调起来；专业教师直接参与学生的成长设计，增强了育人的实效性，提高了学生的专业能力；辅导员的管理与专业特点相结合构建了一个与学生进行交流的平台，避免了空谈和乏味的简单说教，提升了管理层次；更多的学生感受到了来自教师的全面关爱，对自己的前途和未来有了更准确的定位和深度思考，能够较早地从迷茫和困惑中解脱出来，愉快地度过大学生活。学院在实施综合导师制后，学生在各方面都有了明显的进步，获奖学金的学生增多，受处分的学生减少，学生思想稳定，纪律和学习风气有了明显改善。

四、综合导师制实施中所存在的问题

通过近两年的实践，发现综合导师制实施中还存在很多问题，需要加以解决。一是思想问题。综合导师制改变了以前教师的工作模式和工作方法，有些教师从自身因素考虑问题，找借口不愿意参与这项工作。他们认为把课讲好行行，其他工作全是辅导员的事；大学生已经成人，不要干涉过多，让学生自由发展；自己额外增加了工作量，承受不了。为此，学校应做好教师思想工作，统一思想认识，改变观念，对在教育教学改革表现突出者应在精神和物质方面给予奖励。二是素质问题。综合导师制要求专业教师不但要有深而博的专业知识、高尚的人格、强烈的责任感和无私的奉献精神,还要掌握必要的心理学、教育学知识和技能,善于与学生沟通交流;辅导员也要有相关的专业知识,能够切实帮助学生解决在学业方面的问题。目前,高职院校的师资还不能完全满足这方面的需要。三是评价问题。学生思想工作没有固定的衡量指标,教师的工作成效没有科学的考评依据,教师工作方法各有特色,因此如何对综合导师制进行准确和科学的评价还有待进一步探索。

第10章　高等职业院校育人体制机制建设的缺陷及重构[①]

习近平总书记在全国高校思想政治教育工作会议上指出:"要坚持把立德树人作为中心环节,把思想政治工作贯穿教育教学全过程,实现全程育人、全方位育人,努力开创我国高等教育事业发展新局面。"[②]实现全程育人和全方位育人的关键在于完善的育人体制机制作为保障。就目前高职院校育人体制机制来看,还达不到党和政府对学校提出的育人要求,还不能适应当前社会发展对人才的需要,也不能成为高职院校内涵发展和人才培养的内在动力。因此,在新的历史时期,高职院校应该重新构建高职院校育人体制机制,实现学生成才、学校发展的目的。

一、高职院校育人体制机制的缺陷

高职院校的育人体制机制的缺陷不是学校本身造成的而是高职院校发展到一定阶段内因和外因共同作用的结果。从目前高职院校育人体制机制存在的问题来看,有以下几方面值得关注。

(一)高职院校育人体制机制缺少文化的理念

这个文化的理念可以从两个方面来考量。一方面是体制机制建设本身缺少文化的理

---

① 该文获得 2017 年中国高等教育学会职业技术教育分会论文二等奖。

② 张烁:《习近平在全国高校思想政治工作会议上强调:把思想政治工作贯穿教育教学全过程开创我国高等教育事业发展新局面》,人民日报,2016 年 12 月 09 日第 1 版。

念。育人的体制机制建设与其他系统内部的体制机制建设不同，它是一项长期的建设工程，也是不断发展变化的体制机制，但不管外部环境和内部环境怎么变化，形成一种育人的制度文化最为重要，育人的制度文化体现在学校的课程建设、教学管理、学生管理等方方面面的体制机制建设，当这些外显的制度文化内化为所有成员的内隐文化时，真正的制度文化也就形成了。育人的制度文化一旦形成，一旦被教育群体和受教育群体所接受，育人体制机制就会发出内在的生命力，就会潜移默化地影响教育群体和受教育群体，这是其他外在的教育形式无法替代的。因此，要用制度文化的理念构建育人的体制机制。另一方面就是育人体制机制建设要体现文化育人特色。文化育人包含的内容很丰富，包括中华优秀传统文化、革命文化、社会主义先进文化、企业文化、校园文化等。如中华优秀传统文化进校园的体制机制，革命文化的传承的体制机制等。学校把这些文化的精髓植入育人的体制机制框架内，就能形成一种文化韵味，就能够"随风潜入夜，润物细无声"地进入学生的心灵，让学生在坚定文化自信中成长。

（二）高职院校育人体制机制缺少发展的内涵

与育人的体制机制建设相关的重要内容有育人的主体、客体和媒介。从育人主体和客体的关系来看，从近代赫尔巴特为代表的"教师中心论"到以杜威为代表的"学生中心论"再到德国哲学家胡塞尔晚年为解决"主体-客体"关系而引入的"主体间性论"来看，有关师生的关系争论就从来没有停止过。那么育人的体制机制建设究竟坚持"教师中心论""学生中心论"还是"主体间性论"，很多学者在不同时期都发表了不同看法。从目前高职院校的实际情况来看，"教师中心论"依然是学校育人体制机制的主旋律，其中很重要的原因在于高职院校发展历史较短，对于育人的体制机制建设还没有真正深入的研究。很多育人体制机制的建设无外乎管理制度、政府文件及管理办法等，这些体制机制都是从上到下体现"教师中心论"的典型做法。"教师中心论"的育人体制机制建设显然已经不符合当代教育发展的需要，不符合学生的心理和生理特点，不符合社会发展的实际。因此"学生中心论"应成为目前育人体制机制建设的主旋律。"学生中心论"的育人机制是否能够或者需要发展到"主体间性论"上来，还需要等待时机。但"学生中心论"肯定不是最终的理论终结。从育人的媒介来看，在育人内容上，从注重知识的传授到注重实践体验；在育人方法上，从填鸭式教学到师生互动学习；在育人途径来看，网络育人成为这个时代需要重点研究的课题。从以上分析来看，当下高职院校育人体制机制的建设要充分运用发展的内涵，对育人主体、客体和媒介进行定期的修正和改进，育人的体制机制建设不可能一劳永逸。

（三）高职院校育人体制机制缺少全局的视野

高职院校的育人体制机制建设基本上复制了本科院校传统的育人体系。从学校育人体系的建设来看，还没有全方位和全过程去考虑育人体系的建设，虽然有全方位、全过程的理念，但在体制机制的落实过程中，只有其一，不含其二。因此，育人体制机制的建设要有教育发展的全局、学校发展的全局、教师发展的全局、学生发展的全局，同时还要考虑课程的育人、行为的育人、活动的育人、示范的育人等学生学习生活的全过程。"不谋全局者，不足以谋一域"。没有全局的视野，就不能解决育人的深层次矛盾和问题，就会出现"头疼医头、脚疼医脚"的现象，就不会形成育人的战略思维。

（四）高职院校育人体制机制缺少工匠的精神

工匠精神，是指工匠对自己的产品精雕细琢，精益求精、更完美的精神理念。工匠们喜欢对自己产品精雕细琢，不断改善自己的工艺，他们对细节要求很高，追求完美和极致。反观学校的育人体制机制建设，几乎所有学校有相同的形式、内容和过程，很少能体现出学校的特色。伴随学校的发展过程，育人体制机制建设没有"打磨""精雕""细刻"的过程，所以不可能形成知识积累、经验积累和文化积累，也就不可能形成真正的育人体制机制精品。

二、高职院校育人体制机制的重构

高职院校经过近 20 年的发展，外延扩张式发展已成为历史，内涵式发展成为学校发展的趋势，内涵式的发展关键在于体制机制的建设。体制机制的完善是内涵式发展建设的重要保障，也是内涵式发展成功的重要标志。从育人的角度来看，育人体制机制的建设是实现高职院校人才培养目标的重要内容。在各高校认真贯彻全国高校思想政治教育会议的背景下，重构高职院校育人体制机制势在必行。

（一）"大思政"的战略思维是育人体制机制的重构理念

理念是实践的先导。在目前高职院校发展的关键阶段，在当前全球化、信息化的大背景下，在目前"90 后"学生成为大学生主体的前提下，用什么样的理念构建育人体制机制是解决育人问题的最重要抓手？我们不得不思考当下迫切的问题，学生最能接受什么样的思想政治教育？教育主体开展怎样的思想政治教育活动才能最受学生欢迎？学校通过什么途径和方式开展思想政治教育才能融入学生的灵魂？所有这些问题都指向了一个主题，就是教育的终极培养目标——学生。因此，我们不得不思考应该为学生提供什么样的育人"产品"，他们才能接受。从目前经济学中的时髦词汇"供给侧"也可以套用到教育上

来,也就是目前的思想政治教育已经从"需求侧"转向了"供给侧",学生需要更高级的教育"产品",才能满足他们的需要。在供给的内容上、方式上、环境上、途径上、主体上都有相当大的发展空间,概括起来讲,就是全方位、全过程。那么如何落实全方位、全过程育人呢？"大思政"的理念为我们育人体制机制的重构指明了方向。因此,在"大思政"的理念下,高职院校的育人体制机制要贯穿于所有学科的教学过程中,要落实到每一位教师,应当渗透到学校生活的全部领域和全部空间,实现"人人是思政人,事事是思政事"的目标。育人体制机制涉及这么多领域、这么多内容,因此,在重构育人体制机制的过程中,更要考虑体制机制发展的内涵,不但要考虑体制机制的发展,更要考虑学生和老师的发展,这些相关内容都不可少。因此,从"大思政"的视野去审视育人体制机制建设就把握住了高职院校育人体制机制的命脉,否则还会重回体制机制建设的老路。

（二）"小前端"是育人体制机制的重构路径

"小前端"一词的意思是指有线网络的最前端的播出设备。目前,该词已经在很多领域描述最前端的事务,基本不可能再分级的组织体系或事情。目前,"大思政"的理念解决了高职院校育人体制机制的缺少全局视野的问题,但任何体制机制的建立都要精准落实,见到实效。体制机制的建立要落实到育人的最前沿,育人群体的最前端、受教育群体的最前端以及育人媒介的最前端。育人可以说是天大的事,这也符合"天下大事必作于细"的道理。也就是育人的实践必须从细节入手,从育人的最前端入手。从受教育群体来看,体制机制的建立要小到学生的言谈举止,待人接物,上课准则等。要有很精细的流程或者规则,要告诉学生应该做什么,应该怎么做,如果不做会有什么样的惩罚等明细的内容;从教育群体来看,要有各方面的育人工作流程和准则,要像说明书一样清晰明确,什么时间、干什么事、应该怎么干,干到什么程度,都要有清晰、细致的说明。育人体制机制的"小前端"建设就是整个育人体系最为重要的部分,如果缺少这部分的体制机制就会使得整个育人框架缺少"血液",不可能使得整个机体健康成长。如学生上课期间行为的若干准则,如何听课、如何回答问题、如何注意教室卫生和礼仪等。可以看出,从"小前端"的路径入手,育人体制机制的重构就会有生机,就能实现精准育人,大幅度提高育人的实效性。

（三）互联网是育人体制机制重构的关键手段

互联网的大面积普及和使用改变了人们的生活状态,也改变了教育生态,也因此引发了育人理念、手段和模式的全方位变革。如果重构高职育人体制机制忽视了互联网的作用,那就会被时代所淘汰。思想政治教育工作者要让育人的理念和思想插上"网络的翅膀",让学生的各种活动变成学生媒体数据的链接,让学生成为新媒体时代的主播,学校的育人才会如虎添翼、水到渠成。运用互联网就要实现育人体制机制的立体化、动态化和多维化，把高职院校的育人工作特点和规律同信息网络时代紧密结合，形成具有互联网思维和模式的育人体制机制。这种机制要实现"线上"和"线下"的协同育人，不但实现师生的"键对键"，又要做到师生的"面对面"和"心贴心"。因此，在体制和机制建设的每一个环节都不能不考虑互联网的功能和作用，互联网是育人体制机制的关键手段。

（四）文化育人是育人体制机制重构的重要形式

文化育人是学校办学理念、办学特色和价值追求的集中体现，也反映了高职院校独特的校园文化。首先要构建制度文化育人体系。很多高职院校在外延式发展的过程中，制定了很多制度，也形成了一些具有重要作用的体制机制，但从制度文化形成的角度考虑，高职院校育人制度文化的形成还缺少以下因素。一是制度的制定缺少学生的参与。学校很多育人体制机制都是给学生制定的，但是在制度出台的过程中缺少了学生的参与。没有学生参与，听不到学生的声音，他们就对制度视而不见，就在潜意识中形成了抵触情绪，很多制度出台后还需要进行填鸭式的宣讲，学生反而不愿意接受。制度的形成没有与学生的互动，就很难形成一种互动的文化。实际上，制度就是在管理者与被管理者之间不断互动的过程，在这个过程中形成的认识的提高、思想的统一、意见的争论等都能为制度文化的形成打下了良好的外部和内部环境基础，也为制度的顺利实施奠定了心理和思想上的准备，这都是制度文化的形成过程。二是制度的制定缺少创新。学校的一些制度还不能满足学生的自我管理、自我发展的需要，很多制度不是促进了学生的发展，而是对学生形成压抑和束缚。三是缺少学校特色。学校特色的形成需要特色的体制机制来实现，没有了区别于其他学校体制机制特色，很难形成自己的学校特色，也就没有自己本校的特色制度文化。高校育人制度文化的塑造更不能急功近利，它需要学校制度建设的长期积累和沉淀。通过建立完善的育人制度文化体系，不断落实学校育人制度文化的物质层面和精神层面，学校的制度文化才能促进学校的内生性发展。因此从制度文化形成的角度来说，重构学校的育人体制机制要克服以上三个问题。

其次是要构建校园文化育人体系。文化育人具有"整体性""差异性"和"渗透性"等特性。文化育人就是以文化人、以文育人。习近平指出，"要更加注重以文化人以文育人，广泛开展文明校园创建，开展形式多样、健康向上、格调高雅的校园文化活动，广泛开展各类社会实践。"[①]高职院校校园文化育人应体现以下特点。一是职业院校特色。育人是高等学校培养人才的共同目标，但是不同类型的高校育人的目标、路径和方法有很大不同。

---

① 张烁：《习近平在全国高校思想政治工作会议上强调：把思想政治工作贯穿教育教学全过程 开创我国高等教育事业发展新局面》，人民日报，2016 年 12 月 9 日第 1 版。

职业院校的办学特色、课程设置、学生生源、管理特点、就业目标等各方面都区别于本科院校,职业院校有自己的特色和特点。因此,结合职业院校自己的实际情况,应该把自己的办学特色、培养目标、企业文化、传统文化、红色革命文化等同校园文化有机结合起来,把这些特色和文化的育人精髓融入育人体系的框架中去,从而使职业院校育人体系更具有特色。二是地方特色。多数高校是地方院校,也有的具有行业背景。因此,校园文化育人体系的构建还要考虑行业文化和地方人文特色,充分挖掘地方育人文化和行业文化的精髓,因时因事融入学院校园文化育人体系中,构建具有地方和行业特色的校园文化。三是实践性特色。校园文化育人体系不是摆设,不是花瓶,而是要让学生能够亲眼看到,亲耳听到,两手触摸到,两脚可及,心灵能够感悟。因此形式多样、健康向上、格调高雅的校园文化活动是实现上述目标的最佳选择。只有学生亲身参加了校园文化活动,它的教育意义才最为有效,因此,高职院校应构建具有实践性的校园文化活动体系。

总之,高职院校育人体制的建设还要坚持问题导向,在新的历史时期和思想政治教育大背景下,通过育人体制机制的重构实现高职院校内涵式发展,让育人体制机制固化为内涵式发展的制度成果,也为学校的发展留下一笔宝贵的精神财富和制度积累。

第三部分　高职院校中外合作办学学生管理理论研究

第11章　浅谈中外合作办学背景下高职院校的德育教育创新——以山东商业职业技术学院中外合作办学为例①

　　我国高等职业院校是社会主义的大学,其道德理念、德育目标必须为培养有理想、有道德、有文化、有纪律的社会主义德育事业的建设者和接班人服务。随着市场经济体制的建立和改革开放的不断深入,在经济全球化的国际背景下,高等教育与国际合作办学也日益增多。毋庸置疑,高职院校中外合作办学为我国高等职业教育提供了丰富、优质的教学资源,先进的教育和教学管理经验。可以说,中外合作办学是高等职业教育走向国际化的纽带,也是多元文化的交织点。学生处在这种多元文化的背景下,学生的人生观和价值观以及我国传统的德育教育模式和方法多少会受到一些影响,高职院校中外合作办学中学生的德育工作受到了前所未有的冲击和影响,德育的实际效果也得不到有效的保障。创新在此种情景下的德育教育模式势在必行。

一、中外合作办学背景下的德育教育冲突与矛盾

　　我校分别与与澳大利亚霍姆斯格林学院(Holmesaglen Institute of TAFE,简称 HIT)、

---

① 该论文是 2011 年中国高等教育学会年度专项课题——中外高等职业院校学生德育工作比较分析研究(2011GZZX070)研究成果,发表在《山东商业职业技术学院学报》,2012 年第 1 期。

英国爱丁堡史迪文森学院（Stevenson College Edinburgh 简称 SCE ）、马来西亚斯特雅国际大学学院（UCSI）开展合作办学，由于这几所办学合作伙伴对学生教育和教学有着不同的要求，也给学生的德育工作带来了很大的难度。"由于中外合作办学有其特殊性，中国的高等教育和西方先进国家的高等教育在办学体制、教育理念、教学管理等方面存在较大的差异，因而对合作办学专业的学生管理工作也提出了较高的要求，在某些方面也还面临重大的挑战。"[①]在这几年的合作办学中，我们发现存在以下的突出问题和矛盾。

（一）国外授课教师与国内授课教师的教育思想、教育理念、教学风格的差异，使得学生思想教育方法和效果产生冲突

国外授课教师与国内授课教师相比，有着不同的文化背景、风俗习惯和思维方式，教师的思维方式和"奇异"行为对学生观念产生了一定的影响。有的外籍教师讲课会坐在桌子上，或者做出各种怪异的动作等。学生会非常容易地与国内教师进行对比，不同的学生会产生不同的想法。这就对学生的价值判断产生了模糊影响。

（二）中外合作办学中外教材内容的矛盾与冲突

中外合作办学很多教材都是从国外引进的，有些还是本国的专业内容教材，这些教材也影响到学生的思想教育和价值观的形成。如澳大利亚霍姆斯格林学院教师 Ego 先生在为我院学生讲授《澳大利亚法律》课时，尖锐的提出中国的法律不如澳大利亚的法律好，并且把澳大利亚的法律和中国的法律进行了对比，指出中国法律存在的问题。课后有些学生与老师进行激烈的争辩，并给予坚决的反击。显然类似的事情在未来的教学中还会出现。如果类似的事情不进行正确的引导和教育，很有可能会影响学生的价值判断。

（三）中外合作办学学生交流活动的负面影响

中外合作办学要同合作院校或者是国外相关院校开展各种学生交流活动，学生的交流活动对学生的思想影响也不容忽视。法国 Pointy Ivy 学院连续三年来我院进行访问，每次活动都非常成功，可以说，每次活动开阔了学生视野，增长了学生的见识。但是，国外学生的行为方式和思维方式与国内的学生还是存在很大差别，这些差别就潜移默化地影响着学生。例如，法国学生可以说很自由，可以当着教师面抽烟喝酒，没有多少组织纪律观念，想去哪就去哪，集体意识淡薄；教师对学生的关心和照顾程度也不够，教师不需要管学生，认为他们能够管好自己。这些观念在国内教师和学生看来，都是不可思议的。这样接触多了，难免有些学生会模仿，甚至会产生疑问，为什么我们不能那样做呢？学生的

---

① 邵春明：《中外合作办学视角下的学生管理工作探析》，安康师专学报，2006 年第 4 期。

思想观念会发生一定的变化。这些想法与国内教育模式产生一定的冲突,对学生的思想教育产生不利影响。

(四)外籍教师与学生交流的负面影响

每年大约有十几名外教来我院讲授外方课程,还有专任外籍口语教师。可以说外籍教师的授课给我们提供了新的授课模式、教学方法和教学思路,同时也为我院学生提高口语表达及各方面的能力发挥了重要的作用。我院的很多学生在课上和课下都乐于与外教交流,特别是课下,他们经常带外籍教师出去游览、购物、参观以及参加学生的各种课外活动。学生与外籍教师的交流越多,学生的思想受到外方的影响越大。在对几名经常跟外籍教师接触的学生进行进校的前后对比和观察发现,他们的思维和行为方式都多少发生了变化,特别是在行为方式和穿着方面变化较大。

(五)国内学生与在国外学习的学生交流的负面影响

我院近两年来有五十多人分别在澳大利亚、马来西亚和英国学习。很多国内想出国和不想出国的学生都想了解他们在国外的情况,因此他们经常与在国外的学生进行沟通和交流。一方面他们可以了解出国的相关信息,另一方面国外的学生会把自己在国外的感受和思考传回国内。有时学生会带有某种偏见向国内学生传达相关信息,学生的思想受到了潜意识的影响,使得教师的德育工作受到很强的外界干扰。

二、树立德育教育新理念

杜威认为,道德不能简单地归结为"某种问答式的教学或关于道德的课程",而应该扩展到整个学校生活,学生是从他们的全部社会经验中获得道德价值的。[①]因此,学生的德育教育不只是对学生进行开展各种德育讲座和德育课程,而是要把搞好学生的各种活动同德育教育内容有机地结合起来,形成一个有机的整体。学生活动要坚持一切以学生为中心,以社会主义核心价值观为核心,以民族精神、民族文化为根,任何活动都要从增长知识、培养能力、塑造人格等方面进行全方位的设计,要以学生是否受教育,学生是否能够学到知识、开阔视野,学生的综合素质是否有提高为评价标准,把爱党、爱国、爱社会主义、爱人民的教育贯彻活动始终。学生活动"要注意贴近实际,贴近生活,贴近学生,把体现社会性要求的思想道德规范与大学生的日常学习生活密切联系起来,使之成为他们由衷需要、喜闻乐见和卓有成效的具体教育内容系列,尤其要注重现代道德精神教育"[②]。通

---

① 戚万学:《冲突与整合——20 世纪西方道德教育理论》,济南:山东教育出版社,1995 年版第 8 页。

② 郭维平:《中西方道德教育观的比较与高校德育创新》,教育探索,2009 年第 4 期。

过学生参与活动,潜移默化地影响学生的思想、行为和价值观。

三、寻求德育教育新方法

针对中外合作办学过程中出现的各种问题,采用传统的教育方法和模式不能适应当前学生的思想发展状况和现实要求。结合这几年中外合作办学的实践经验,在寻求德育教育新方法和新模式上下功夫,以此解决学生德育教育中存在的问题。

(一)坚持把国内的德育教育方法与国外的教育方法相结合

"总的来看,中国更侧重于正面的、直接的、正规的教育方法,亦即灌输与认知的教育方法;而西方国家则较多倾向于间接的、多渠道的、广泛的教育方法,亦即渗透与潜隐的教育方法。"[1]在借鉴我院的中外合作伙伴国家的教学管理体系的同时,也深入研究了对方的德育教育模式,特别是对方的潜隐的和渗透的教育方法进行了实地调研和考察。通过学习,我们也认识到,我国的正规的、直接的教育方法不能丢,而且要在教育内容和形式上有所创新和加强。因此,我们结合国家和世界发生的重点和热点问题进行报告讲座,回顾国家几十年来发生的巨大变化。我院每年出国学习考察的教师回来都要做关于国外情况的讲座,通过教师的亲身讲解,让学生了解国外的真实情况,也让学生体会到国家的巨大进步,让学生产生自豪感和优越感,倍加珍惜国内的和平环境和得来不易的发展成果。通过学院文化氛围建设,增加德育教育的渗透作用。我院有固定的学院"文化墙",定期出版和更新,这些作品来自学生,有很强的引导和激励作用,让学生每次走过学院走廊时都能体会和感到学院浓厚的文化氛围。办公室和学生自习室有各种名言警句和学院的发展愿景等。

(二)坚持把德育教育方法和专业教育相结合

根据中外合作办学的专业特点和实际情况,英语水平是学生专业学习以及未来发展的重要砝码。如果过分强调学生的德育正面教育,耽误学生的学业,学生有时会产生逆反心理。因此,在日常教育管理中,不但要教育学生,还要强化学生的英语口语、强化学生的英语能力和学习英语的意识,提高学生的学业水平,也使得学生的德育教育更生动。如平常的日常请假用英语说,用英语写请假条,学生犯了错误用英语写检查并用英语复述。学生的各种大型活动和会议全部采用双语主持,开展英语感恩短信和暑期社会实践英语报告等活动,通过这些活动为学生创造良好的英语学习氛围。英语水平的提高有助于学生专业的学习、有助于学生未来的发展,学生在学习上的进步也能够更好地促进学生的德育教育。

---

① 龚志宏:《西方高校渗透式道德教育及其启示》,探索,2006 年第 4 期。

（三）坚持把辅导员管理和班主任管理相结合

我院的"教导合一"制把专任教师教学工作与学生的德育工作进行有效的融合，充分挖掘专任教师的育人潜能；把辅导员的德育工作与学生的学业指导进行有效的结合，调动辅导员参与专任教师的教学和对学生的学业指导的积极性；把专任教师的工作与辅导员的工作进行有效的协调统一，变学院的教育教学直线管理形式为网状管理形式。对在校大学生的知识学习、能力培养和人格塑造进行全面的、全方位的指导和帮助，真正形成全员育人、全程育人、全方位育人的"大德育"教育模式，实现以就业为导向，人人关注学生专业技能的"大教学"的教学模式，切实解决新时期大学生德育工作和教学工作互不融合的现象。我院的辅导员侧重于对班级日常事务和学生的思想、心理、宿舍生活以及课外活动进行管理，职责重点在"理"，把被动的防御型的学生管理转变为主动的预防型的学生管理；专业教师则是对学生的学习方法、能力提高、心理素质、人生规划及就业进行全方位指导，职责重点在"学"，教会学生学习、学会提高能力、学会规划人生。教导合一制构建了专业教师与辅导员分工协作、齐抓共管的育人新机制，开拓了学生综合素质提高的新途径。我院每周二下午全体教师针对上一周的教育和教学情况进行集体会商，通报各自在所管辖的工作中学生出现的异常情况，针对这些情况提出解决问题的办法和措施。辅导员定期要向班主任汇报学生出现的新情况，提出需要班主任帮助解决的问题。班主任开班会主题并结合学生反应的情况，及时与辅导员进行沟通和交流。沟通和交流成为班主任与学生、辅导员与学生、班主任与辅导员之间了解和合作的桥梁与纽带，成为做好学生工作的重要方法。

四、探索德育教育新模式

中外合作办学的学生有以下特点：学习上，大部分学生就是想通过努力去国外就读或深造，而部分学生就是为了混文凭，对出国或学知识不感兴趣，不愿在学习上下功夫，学习态度存在较大差异。生活上，部分学生的家里条件比较优越，部分学生由于从小娇生惯养，自立和自理能力较差，缺乏生活的基本常识和安全意识，而且学生的日常消费高，勤俭节约意识不够。日常行为上，部分学生日常行为散漫，强调以自我为中心，好胜心强，不能吃亏，合作意识较差，有的在中学阶段染上不少陋习，不愿接受制度约束，教育管理的难度大。心理上，部分学生依赖性较强，承受挫折能力和自我约束能力较差，一旦因为学业和人际交往等方面受到挫折，会因此带来严重的心理问题。但是学校对合作办学提出了较高的要求，家长也对此给予了很高的期望。因此，需要用较高的标准来加强学生管理工作。

（一）探索一个工作模式

在实践工作中我们提出了"一出三进"的工作模式。它的具体内容是："一出"是指走出办公室。它有二层含义：一是辅导员老师不要只是在办公室布置工作，还要深入学生中间对学生活动进行监督、检查、指导和反馈。二是辅导员老师不要沉迷于网络交流，要体验学生的真实生活，与学生面对面的交流和沟通。"三进"的含义："一进"是指走进学生日常（宿舍、早操、晚自习、日常活动）管理工作，深入分析中外合作办学学生管理工作的特点，做好日常教育管理工作，从做教育的高度去管理学生，把学生出现的问题当作课题来研究。"二进"是指走进学生，对学生进行深入细致的了解，做学生生活的关怀者。"三进"是指走进学生的心灵深处，了解学生的思想动态，做学生精神的关怀者。该模式今年被立为校级思想政治教育课题。

（二）每年开展一个"主题活动年"，每月开展一个"主题教育月"

在我院成功开展了"三个主题教育"活动（"自尊、自信、自立、自强"的励志主题教育活动；"安全、文明、和谐、上进"的大学生活主题教育活动；"学会感恩、学会吃苦、学会吃亏"的人生观主题教育活动）后，又开展了"文明修养工程活动年"活动，每月确定一个活动主题。文明修养活动年具体计划包括：1月为"迎新活动月"，2月为"寒假实践活动月"，3月为"爱心活动月"，4月为"读书活动月"，5月为"英语竞赛活动月"，6月为"诚信教育活动月"，7月、8月为"暑假社会实践活动月"，9月为"尊师重教活动月"，10月为"安全教育活动月"，11月为"感恩活动月"，12月为"文明宿舍活动月"。以"工作模式"为抓手，以"主题教育"为主线，深入细致地开展各种德育活动，提高德育教育的时效性。"要重视道德实践活动，在开展道德规范教育的同时，进行体验教育、磨炼教育、实践教育和志愿者服务，让学生去直接感悟生活的价值性，以实现道德个体对于价值真理和道德原则的真正理解。"[①]

近几年，我国高等职业教育得到了迅猛发展，院校数量增多，学校规模扩大，办学特点鲜明，办学模式多样，国内许多高职院校德育工作面临许多问题；中外高职院校的道德教育由于文化背景、教育思想的迥异以及各国历史、文化和社会形态的不同，表现出很强的差异性。我国高等职业院校的德育教育不能盲目照搬国外的理念、方式和方法。通过中外高职院校的德育比较分析，吸收国外先进的德育教育模式、方式和方法，寻求我国高职院校的德育特色之路，本研究对高职院校德育教育理论具有很强的学术借鉴价值。

---

① 郭维平：《中西方道德教育观的比较与高校德育创新》，教育探索，2009年第4期。

第 12 章　高职院校中外合作办学学生管理特点及应对策略

——以山东商业职业技术学院合作办学为例①

我校分别与澳大利亚霍姆斯格林学院(Holmesaglen Institute of TAFE, 简称 HIT)、英国爱丁堡史迪文森学院(Stevenson College Edinburgh 简称 SCE)、马来西亚思特雅国际大学(UCSI)开展合作办学,由于这几所办学合作伙伴对学生入学和教学有不同的要求,也给学生管理工作带来了很大的难度。但是我们坚持以服务学生为中心、以严格要求为手段、以服务教学为宗旨来管理学生,经过认真分析学生的特点和相应合作伙伴的教学要求,提出了学生管理的应对策略:突出学院文化特色——抓好做人教育;突出管理特色——把管理方法与专业特点相结合;突出育人特色——全员参与;突出国际化特色——引进国外先进的学生管理理念和方法。

一、中外合作办学学生管理工作特点分析

(一)学生特点分析

随着这几年高校的大幅度扩招,高职院校学生也在大量增加,但我校的录取分数依然保持很高的水平,录取分数平均在 480 分以上,而我院是中外合作办学,具有一定的特殊性:一是学生整体的文化基础薄弱、差异性较大。学生文化基础知识之所以差,一定有差的原因,这些原因就是给教学、学生管理等工作带来了很大难度的重要因素。二是学习态度差异大。大部分学生就是想通过努力去国外就读或深造,而部分学生就是为了混文凭,对出国或学知识不感兴趣,不愿在学习上下功夫。三是自律性差。我院部分学生的家里条件比较优越,部分学生由于从小娇生惯养,有的在中学阶段染上不少陋习,不愿接受制

---

① 该文发表于《山东商业职业技术学院学报》,2009 年第 12 期。

度约束,教育管理的难度大。四是学生的身心发展不平衡。学生的分数与学生的身心发展有着密切关系。

(二)学生工作特点分析

一是合作学院之间的教育体制和教学模式差异以及与国内高等教育模式的差异,给学生工作带来很大的挑战。澳大利亚霍姆斯格林学院要求学生要进行一年的英语学习,然后参加对方的入学英语测试,达到对方入学标准,才能进入澳方课程的学习。所以,澳方项目的学生一年有两次入学测试,入学测试之后要做大量的细致工作,如进行分班、调整班干部、对学生进行心里疏导等。经过一阶段形成的稳定的班级文化和宿舍文化在测试之后荡然无存,所有的管理工作还需要重新开始。与英国爱丁堡史蒂文森学院合作开办国际商务专业,学生在我院学习三年后,可获得我院大专毕业证书,然后可以无障碍地进入史迪文森学院学习一年,再继续在英国龙比亚大学学习一年获取我国政府认可的学士学位。与马来西亚斯特雅国际大学合作开办工商管理专业和计算机信息管理专业。引进对方本科阶段前两年的部分课程。学生在我院学习三年后,除可获得我院大专毕业证书外,还可到斯特雅国际大学学院学习一年,即可获得斯特雅国际大学的学士学位。这两所学校对学生英语水平没有具体的硬性要求,但是对英语的要求非常高,学生学习英语压力也不小。同时,学生要出国获得国外文凭必须参加雅思考试,而且要达到一定的要求。部分学生和家长长期形成的对国内高等教育的认识(我国高等教育存在很低的淘汰率,只要跨入大学门槛,就意味着拿到了大学文凭)导致对中外合作办学认识不足,总是认为只要交足了学费,进入了合作办学的课程学习,或者出了国就能拿到文凭。事实上并非如此,我院有的学生拿到了澳方的入学资格,由于自己不努力,三年之后没有拿到澳方文凭。有的学生出国了,不刻苦努力,也没有拿到相应的更高一级的国外文凭。如何引导学生刻苦学习国外课程,通晓国际教育规则也是学生管理工作的重要内容。二是中外合作办学的专业高要求与学生英语低水平的矛盾,形成了学生管理的特殊性。中外合作办学大部分都是全英语授课,考试模式也与国内不同,专业课全部是用英语答卷。因此学生存在着英语学习与专业学习的双重压力,学生的学习强度和压力远远高于其他院系的学生。但是部分学生长期养成的学习习惯跟不上课程的节奏,学生的英语能力也很难适应教学的要求。学生在学习上遇到的挫折和困难,势必造成学生思想和行为的不稳定,这就给学生管理工作带来诸多不和谐因素。三是学生生源层次多样化与毕业需求的不确定性,使学生管理工作任务繁重。从中外合作学生的特点可以看出,对不同的学生需要进行不同的教育和引导,学生的思想工作和心理咨询工作任务繁重。中外合作办学坚持以学生出国为导向,培养国际人才,但有些学生对自己的前途和未来考虑不周,在是否就业还是出国的问题上,想法漂泊不定,这就给学生日常的思想教育、职业规划教育带来极大的困难和挑战。

二、中外合作办学学生管理的应对策略

根据我校合作办学的学生特点和学生工作特点,制定了相应的应对策略。

(一)抓好做人教育

一是实施过程化管理,规范学生的日常行为。在早操方面,详细记录缺勤、迟到的学生和跑步不合格的班级,每天公布各班级的分数,每周汇总一次,每学期评比一次,把班级的考核分数与班长和体育委员的综合素质学分联系起来,调动学生的积极性。对迟到和缺勤学生发放违纪通知书,并进行及时的教育和引导。早操质量大幅度的提高,有助于班级凝聚力的增强,有助于学生集体荣誉感的提升,更有助于学生不良习惯的改变。在晚自习方面,要求学生一律按学号一人一个座位,严格考勤制度,对无故不上晚自习的学生及时与家长进行沟通和联系。每周公布一次晚自习分数,一学期进行一次评比,并评选优秀班级和文明班级。同时,结合我院的实际和专业特点,每天开展五分钟英语演讲和背课文活动,并要求每个班级每天在黑板上写五个英语短句,并进行领读和背诵,对优秀班级和学生进行表扬。在宿舍内务方面,一方面,我们制定了严格的管理制度和惩罚措施;对违章用电的学生坚决按学生手册的要求去执行,对学校卫生检查不合格的宿舍,取消一切评优资格;另一方面,我们加大检查力度和评比力度,对优秀宿舍奖励综合素质学分,并给予物质奖励。辅导员老师定期深入学生宿舍,了解学生所思、所想,定期召开学生宿舍专题会议,了解学生在宿舍方面存在的各种问题并及时解决。在日常上课方面,学生上课实行课课签到、天天汇报制度,专业教师每堂课要签字,辅导员老师每天要检查,全面了解学生的上课和学习情况。在实施管理的过程中,我们注重制度约束与心里疏导相结合;注重积极引导与自我管理相结合的原则,对管理过程的制度化、数量化、公开化、精细化、个性化和系统化进行深入的研究和探索。二是开展各种主题教育活动,塑造学生的心灵。开展以"感恩父母、感恩他人、共享和谐"为主题教育活动,组织学生参加感恩父母短信、感恩教师短信评比以及感恩原创诗歌比赛等活动。通过举办这些活动,对全体学生实施全方位的"感恩教育",培养学生的感恩意识。结合各种节日和各种活动,深入开展"自尊、自信、自立、自强"的励志教育,开展"安全、文明、和谐、进取"的大学生活教育,开展"学会吃苦、乐于吃亏"的人生观教育。以这些主题教育活动为切入点对学生进行全方位的心灵塑造,全面提高学生的综合素质。三是开展各种实践活动,让学生体验真实生活。利用寒暑假和节假日开展各种实践活动,让学生深入企业、深入乡村开展各种调查和实践,利用青年志愿者协会的平台,让更多的人参与志愿者活动,通过实践活动,把做人的教育理念更深入地印在学生的心里。

（二）把学生管理方法与专业特点紧密结合

根据我院的专业特点和实际情况,英语水平是学生专业学习以及未来发展的重要砝码。因此,在日常管理中,强化学生的英语口语、强化学生的英语能力和学英语的意识。如用英文写请假条和写检查,日常的检查表格和通知也尽量用英文等。学生的各种大型活动和会议全部采用双语主持,定期开展英语社团活动,开展英语演讲比赛、英语文化节、英语征文、英语小品诗歌朗诵等活动,通过这些活动为学生创造良好的英语学习氛围。英语水平的提高有助于学生专业的学习、有助于学生未来的发展,学生在学习上的进步也能够更好地促进学生管理。

（三）全员育人

为了"把学校教育要坚持育人为本、德育为先,把人才培养作为根本任务,把思想政治教育摆在首要位置"的精神落到实处。我院打破了专职辅导员和专任教师分工过细、各自为政的局面,把专任教师教学工作与学生的德育工作进行有效的融合,充分挖掘专任教师的育人潜能;把辅导员的德育工作与学生的学业指导进行有效的结合,调动辅导员参与专任教师的教学和对学生的学业指导的积极性;把专任教师的工作与辅导员的工作进行有效的协调统一,变学院的教育教学直线管理形式为网状管理形式。对在校大学生的知识学习、能力培养和人格塑造进行全面的、全方位的指导和帮助,真正形成全员育人、全程育人、全方位育人的"大德育"教育模式,实现以就业为导向、人人关注学生专业技能的"大教学"的教学模式,切实解决新时期大学生德育工作和教学工作互不融合的现象。我院所有的专职教师都是班主任,班主任和辅导员老师通过与学生建立相互沟通的平台,把思想教育融入学生交流的话题中,融入学生的各种活动和教学中,通过与学生交流和参与学生的各种活动,让正确的人生观和价值观走进学生的视野、走进学生的内心深处;让学生在潜移默化中受到教育、增长专业知识、塑造完美人格。

（四）引进国外先进的学生管理理念和方法

中外合作办学一方面吸收国外优秀的教学模式、教学理念和优质教材,另一方面也能学到许多先进的学生管理理念和方法。今年我院领导在澳大利亚学习期间,认真学习了对方的学生管理模式,把"互助小组"（Duty of Care）引入我院的学生管理当中,它的主要内容是教学关注责任和学生互助制度。它的形式是每个班级的学生都自愿组成至少3人的互助小组,互助小组成员都相互知道电话号码,如果哪个（或两个）学生缺席,由任课教师询问该生所在小组其他成员该学生的缺席原因及安全问题,然后由教师上报给学校管理机构,该组其他成员也负责为缺席学生领取有关教学资料和上交作业。这就保证了学校对学生去向的了解,并在很大程度上消除了安全隐患。我院现已全面实施互助小组制并在管理内容上有所创新。

学生的特点以及合作院校的不同文化和教育模式决定了中外合作办学学生管理工作的复杂性,但是只要抓住共同点,处理好不同点,通过管理要声誉、通过管理要生源、通过管理要效益,合作办学之路就会越走越宽。

第 13 章　澳大利亚霍姆斯格林学院学生教育管理的特点及启示

霍姆斯格林学院成立于 1982 年,是澳大利亚最大的职业技术教育学院之一。它是一所现代化的、充满活力的高等教育机构,致力于为学生提供高质量的语言培训及快捷的攻读大学课程和获得职业证书的教育,有着良好的国际声誉,它是澳大利亚获得 ISO9001 认证的首家教育机构(这是对该校质量和学术卓越性承诺的证明)。

目前,霍姆斯格林学院共有 55 000 多名学生,其中 11 000 多名国际学生,开设了 400 多种课程,从高中课程、文凭课程到学位课程都有。霍姆斯格林学院语言中心的教育质量名列前茅,并在各专业都设立国内外都承认的课程,作为为国际学生提供语言培训的教育机构及国际发展项目的积极参与者,霍姆斯格林学院在国际上拥有盛誉。学术和福利支持是该校教育理念的核心。

霍姆斯格林学院的主校区坐落在 Chadstone 的东南部郊区,离市商业中心大约 25 分钟的路程。校园全周开放。霍姆斯格林学院的其他校区坐落在 Waverly 和 Moorabbin 的郊外。这三个校区交通便利,而且离购物中心、健身场所、饭店及娱乐场所都非常近。

一、霍姆斯格林学院的学生教育管理体系及特点

(一)霍姆斯格林学院的学生教育管理体系

该校的学生教育管理及服务体系主要体现在以下三个方面:学生教育管理系统、学生教育服务系统、学生自我管理与教育系统。这三个系统构成了该校的主要学生教育管理与服务体系。

1. 学生教育管理系统

该校的学校教育管理系统职能与中国大学的教务处职能类似，在学生管理方面主要负责新生入学的注册、课程表的安排、考试和学生档案管理等。

2. 学生教育服务系统

学校设立学生服务部和国际学生服务处，分别负责国内学生和国外学生的服务工作，各学院则相应设立学生办公室，负责组织协调本学院的学生服务工作。学生服务部机构比较完善，队伍整体素质较高，力量充实。国际学生服务处为学生们提供娱乐、社会活动、课程信息、就业机会、适应学校生活、私人生活和就业指南等方面充足的信息和服务。

3. 学生自我管理和教育系统

该校设立了学生联合会和社团组织等。学生联合会和社团组织有着自己独立的运营资金和设备。学生联合会在每年开学初选举一次，自愿参加，这个组织代表学生的利益，反映学生的需要，它的主要目的是通过学生联合会为学生争取更多的福利。社团组织是该校学生自我教育和管理的重要组成部分，如国际学生俱乐部，该部门会给澳大利亚学生和留学生提供交流集会的机会，定期举办聚会，并会安排野餐及看电影等。

（二）霍姆斯格林学院的学生教育管理的特点

1. 学生管理以学生为中心，突出为学生服务意识

在与该校的教师和领导交流时，明显地感到学校在管理学生时，以学生的所需为中心，凸显为学生服务的意识。新生一入校，就为学生发放三本小册子，分别是：墨尔本的生活与霍姆斯格林的学习（Living Melbourne and Studying Holmesgolen）、学生日志（Student Diary）、娱乐与社团活动（Recreation and Activities）。这些小册子内容丰富，信息详实，图文并茂，基本上囊括了该校所有学生教育服务系统的内容。归纳起来主要有以下几点：

（1）住宿服务（Accommodation）。住宿可安排在学院附近的大学的现代化公寓内，也可安排在旅馆或家庭寄宿中。学院还可协助不满18岁的学生安排监护人，还帮助国外愿意在家庭寄宿的学生联系住宿地方，还提供一些租房信息。

（2）交通服务（Traffic）。详细介绍了旅游交通、州际交通和学校附近的火车、公共汽车的地点和车次情况。霍姆斯格林学院火车站就在查得斯通校区旁边。两个校区都有主要的公交线路通过。学生只需购买 Zone1 的车票即可到达。

（3）健康和咨询服务（Health and Counseling）。校园内有医疗中心。咨询人员可协助学生解决私人生活和学习上的问题，并提供教育和就业的咨询。福利官员会协助解决住宿，续签证，介绍学生参加墨尔本的体育、宗教等其他活动。

（4）助残服务（Disability Support）。每个校区的学生服务中心都有学生助残联络办公室（Disability Liaison Office）。它的主要职能是帮助学生解决一些特殊的困难。如果你因生理或心理疾病处在一种非常不利的境地或者是残疾，该服务处会给你提供特殊的帮助和支持，还可提供必要的设备。学校提供的服务包括在校内提供住宿（联邦法律规定），特殊的仪器设备和器械等。例如，为盲人学生提供盲文学习设备和图书、休息室以及专门的考试条件，对于肢体残疾的学生则免费提供器械。随着信息技术的发展，学校为听力有障碍等残疾的学生免费提供电脑设备，以使学生掌握各种信息。

（5）财务帮助服务（Financial Assistance）。如果学生需要资金方面的帮助，你可以提前预约学生服务部的顾问，他们会给学生最基本的帮助和指导。这些服务包括学校的助学贷款和勤工俭学，勤工俭学主要帮助在籍学生寻找临时工或钟点工工作，学生既可以在学习期间，也可以在假期和节假日去工作。如餐饮服务和家政服务等。

（6）学习深造服务（Further Study）。学生服务中心的专业教师会为那些想继续深造的学生提供一些咨询和帮助。这些咨询包括学习方法和技巧、学术论文的阅读和写作、口头表达考试技巧。特别为大学一年级的海外学生提供适应大学学习的研讨和咨询服务，每当考试来临的时候，就会有大量的学生来咨询和寻求帮助。

可以看出，整个学生的教育管理和服务体系都是围绕为学生服务这一宗旨建立的，突出了以学生为中心。学生在学习和生活中遇到的各种困难和困惑都能够找到相应的服务支持，这些服务帮助学生解决了前进当中的各种问题，为学生搭建了一个通向成功的平台。

2. 学生管理的理念突出"理"而不是"管"

该学院的学生管理理念强调的是理顺各种服务层级关系、理顺各种服务对象关系、理顺各种服务主体的关系，体现学生管理体系的服务意识和引导作用。学校学生管理的服务部门层级清晰、各部门职能明确、服务主体素质和业务过硬、职业素养较高，这些条件决定了该校的学生管理理念不是去强硬管学生而是服务和引导。学校的各部门都把学生当作自己的客户，为学生提供周到、满意的服务。有些部门虽然有着很强的管理功能，但从运作的实际效果来看，都是从为学生服务的角度出发的，从而体现了服务就是管理的理念。该校把教育、管理和服务有机地联系在一起，服务中有管理，在服务中体现对学生的教育。

3. 注重发挥学生会和社团在学生管理当中的重要作用

该校十分注重学生的自我管理、自我设计和自我教育的作用。该校有各层次的学生会组织和40多个社团组织及协会，这些学生会和社团由学生自己设计、组织和运营，拥有自己独立的经费来源、独立的活动场地和设施。学生通过加入这些组织一方面接受这些组织的管理和约束，另一方面提高了学生的沟通能力、相互协作的团队精神，发展了自己的特长和潜能,开阔了自己的事业,增长了社会实践知识。

二、几点启示

我国高等职业教育正处于大发展时期,特别是对中外合作办学来说,不但要向国外输送学生,更重要的任务是吸收合作院校先进的学生管理理念和做法,为我所用。借鉴发达国家的经验,对提高我国高等职业教育学生事务管理水平具有现实意义。

（一）转变学生管理理念

目前,高等职业院校学生管理机构一般叫作"学工部",也就是做学生工作的部门；也有的叫作"学生处"。从这些部门的称呼和近些年高职院校学生管理工作的实际情况来看,我国高等职业教育的学生工作注重管理、忽视服务的理念依然根深蒂固,在一些高校的班主任教师和辅导员的理念中,学生只是被管理的对象而不是服务的对象,只要把学生管住不出事,一切就都成功了。缺少服务意识的学生管理工作必然是被动的,很多学生急需解决的问题解决不了,很多潜在的隐患问题发现不了,很多学生的思想教育工作做不了。因此,要转变强硬管理学生的观念,提升服务意识,把学生的教育工作渗透到为学生服务的过程中,更要牢固树立以学生为中心,一切为学生的学习、成长和成才服务的理念。

（二）提升学生教育管理和服务体系

从近些年我国高职院校学生教育管理的情况来看,学生教育管理和服务体系已初步建立,但我们的管理模式和服务体系还很不到位,很多工作质量不高、创新力度不够。如有的高职院校心理咨询教师很少,不能满足学生心理咨询的要求,心理健康教育还不能全面展开；有的高职院校缺少就业指导和职业生涯规划方面的指导和服务,学生进了大学不能很快定位,不能很快找准发展目标,学生对就业前景和就业岗位认识不透,很多学生出现"茫然期""困惑期"等心理障碍；有的高职院校还不能对特殊学生(残疾学生)提供学习上和物质上的支持与服务,有的院校根本就不录取这类学生。高职院校正处于快速发展期,建立一套行之有效的、完善的学生管理服务体系,一定会促进高职院校的快速发展。

（三）强化学生会和社团组织的自我管理、自我设计能力

每年,霍姆斯格林学院都会为学生安排各种旅行和活动,包括澳大利亚中部游、滑雪、与海豚游泳以及各种体育比赛活动等,这些活动都是由学生会和各种社团来组织。相比之下,我国高职院校的学生会和社团管理工作多数体现的是教师和学校的主观意识,主要是去执行教师交给的各项任务,学生会和社团自我管理和自我设计能力较差。很多社团

不是按照学生的意愿组织,而是按照教师的要求去办,很多社团活动还没有开展几次,学生就所剩无几。职业院校应该发挥自身的专业特点和办学优势,把社团活动和专业特点相结合、和学生的兴趣、爱好相结合,赋予学生更大的自主管理权,学生会和社团的活动就会生机勃勃、充满活力。学生会和社团组织自我管理能力、自我设计能力的提高,势必潜移默化地提高学生的自我教育能力,势必会在学校的学生教育管理当中发挥重要的作用。

第14章 马来西亚思特雅国际大学"把实习带入学习"的特点及启示

当前,受多种因素影响,我国高校就业形势十分严峻,高校毕业生就业压力加大。面对新的就业压力,各高校也采取了开设就业指导课以及顶岗实习等多种模式,可以说这些措施对学生的就业起到了积极的促进作用,但是还有许多方面需要改进和完善。马来西亚思特雅国际大学是我院中外合作办学的合作伙伴。该校的实习与就业有着先进的理念和做法,通过合作办学,对该校的就业和实习教育进行了深入的学习和了解,从中得到了很多启发。

一、思特雅国际大学"把实习带入学习"的理念

思特雅国际大学(University College Sedaya International,简称 UCSI),成立于1986年,是马来西亚教育部批准成立的、中国教育部及全球承认的可以授予大学本科及硕士文凭的海外普通高等院校。2004 年 3 月,思特雅国际大学成为马来西亚第一家受教育部批准开办"把实习带入学习"创新教学理念的大学。"把实习带入学习"就是为了让学生更好地将所学的东西应用到工作中去,真正完美有效地做到学有所用,从而让学生在毕业后能够很快地适应工作环境。思特雅国际大学"把学习带入实习"以布鲁姆的教学目标分类理论为基础。不同的年级、不同专业有不同的实习内容和实习目标。每个专业在不同年级段对学生需要通过实习达到的能力都有详细要求。如学生在校学习到的专业能力;在校没有达到的专业能力,企业的期望和要求学生达到的能力。

二、思特雅大学"把实习带入学习"的做法

（一）学校有专门的实施部门

实习教育和就业服务部（Cooperative Education and Career Services）是思特雅国际大学专门负责学生实习教育和就业的部门，是"把学习带入实习"理念的具体实施部门。该部门是学生和企业联系的纽带，要为双方提供周到、细致的服务。如为企业提供人才信息发布平台，为企业提供方便的面试服务，帮助企业完成招聘工作；负责为学生联系实习企业，安排学生实习的企业招聘会、企业专家讲座，为学生提供各种企业的人才信息和联系方式，为学生介绍"把实习带入学习"的理念和参加这个项目的内容、条件以及学生的注册程序和要求。

（二）学校有专门的实施项目

校企合作实习训练项目（The Cooperative Internship Training Programme）是思特雅国际大学和它的企业合作伙伴共同为学生设计，有助于提高学生实践经验的一项措施，是学校"把实习带入学习"理念的具体实施。这个项目的实施能够把工作和学习有机地结合起来，为学生创造非常好的经验学习环境。实习训练项目的每一个单元，学生都置身于真实的生活情景中，这样能够更好地将学生所学到的东西应用到工作中去，学生在实际工作中遇到的问题又促使学生在课堂上认真学习。

（三）学校有固定的项目实施合作企业

UCSI 集团是领先的多产业财团，业务范围涵盖各种不同领域，旗下包括旗舰教育机构 UCSI 大学。集团由 17 个附属公司组成，涉及多元化的商业领域，其中包括教育、酒店、保健、建筑、资讯工艺、企业咨询、广告、活动管理及餐饮服务，其中又以教育及企业咨询业为主。UCSI 集团涉及的多元化产业领域为学校实施"把实习带入学习"的教育理念和项目提供了独特条件。UCSI 大学还为学生联系了马来西亚近 600 家大中型企业。这些企业是该校实施校企合作实习训练项目的重要合作伙伴。通过这个项目的实施，深化了校企合作的广度和深度，达到了企业与学校共同发展的目的。UCSI 大学还与世界较大的跨国公司有着密切的合作关系，学生大学毕业后，可获得该校提供的为期一年的海外工作实习机会。实习期间，学生可以亲身了解和感受世界著名跨国企业的商业模式、管理模式和企业文化，增强了现代企业工作的适应能力，为就业奠定良好基础。

（四）学校有规范的评价体系

学生在校期间要完成 3 个实习学分。学生如果不参加学校安排的实习，就不能获得

相应的学分,没有修完学分自然也就不能毕业。这些公司根据学校的实习协议认真对学生的实习情况进行考核和评价,并出具实习成绩。学校根据企业提供的学生实习成绩和评价,为学生核定实习学分。对于实习合格的学生,要为学生毕业找工作出具相应的证明材料,这份证明材料对学生找工作起着相当关键的作用。

三、几点启示

当前,我国高校的就业压力依然很大,高校学生的就业工作需要政府、社会和高校的通力合作,高校在其中扮演着重要角色。借鉴国外高等院校学生就业与实习教育对促进我国高校学生就业具有重要的现实意义。

(一)提升实习与就业教育的教育理念

"面对严峻的高校毕业生就业问题,大学生就业指导工作引起了高校的普遍重视,并且成立了相应机构,在人员、经费等方面也给予了一定保障,但真正意义上的就业指导工作尚处于起步和摸索阶段。"[1]国内大部分高校的就业教育没有一定的教育理论作基础,不把就业教育看作学校教育教学不可缺少的一部分。学校的就业教育还是停留在上就业指导课、就业讲座、帮助毕业生联系就业单位、搞几次招聘会上。就业指导课大部分是选修课,缺少教学大纲,内容不全面也不系统,任课教师缺乏职业指导方面的背景,很多教师缺少心理学、教育学和管理学等相关学科知识。很重要的问题是学生的就业教育与学生的学习相脱离,"更没有把就业指导工作和其他工作很好地结合起来,形成系统的、一体化的就业知识教育和正确的指导工作体系。"[2]

高校普遍关注的是教学实习,对专业实习和毕业实习重视程度不够,虽然存在各种客观因素,但是在专业实习和毕业实习与学生的学习和就业的联系方面没有进行很深的理论研究,致使在工作中有很多专业实习和毕业实习走过场、疏于管理、流于形式,学生没有在实习过程中学到更多书本学不到的东西,学生也不会有很强的就业能力。

(二)提升与企业合作的深度和广度

高校是企业和学生联系的纽带。高校要通过各种形式为企业服好务,为学生铺好路,实现企业、高校、学生"三赢"的局面。校企合作应是整个高校发展的一个趋势。思特雅国际大学"把实习带入学习"的教育理念,让学生真正把所学和所用有机地结合起来,学生的创造力得到了进一步的开发、潜力得到了进一步的释放。高校可以利用学校的科研实力为企业提供服务,利用企业作为实践基地,为教学和学生能力的提高服务,实现企业

---

[1][2] 易文君、李娜:《高校就业指导与大学生就业》,武汉工程大学学报,2010 年第 2 期。

与高校的良性互动,人才培养和市场需求的有效对接,产学研的有效结合。高校还应在进一步加大校内外实习基地建设上做文章,转变过度集中、单一的实习模式,实现实习模式的多样化。思特雅国际大学把学生大学期间就业实习教育的时间分在不同年级进行,每年都有不同实习内容,针对性非常强,实习效果好。

高校可以和企业进行深度合作,鼓励企业参与对学生实习的评价和成绩的确定,一方面能够对学生进行有效的管理,促进学校的教育教学和人才培养质量,也会促进校企合作育人机制的形成。

(三)提升为学生服务的广度

当前高校的实习与就业的服务体系逐渐完善,但是形成全面的、系统的实习与就业服务体系还需时日。面对当前如此严峻的就业形势,"怎么才能避免毕业即失业的悲剧"成为相当一部分大学生一踏进大学校门就思考的问题,于是,寒暑假自然而然成为他们积累社会经验、提高专业技能的最佳时期。有的学生参加社会实践服务团,但社会实践服务的实践效果受到许多专家的质疑,出现了许多"怪现象"。有的学生想到企业和单位实践,可是能找到专业对口的企业和单位非常难,学生想实践但是没有门路。很多找到对口实习的学生都感到收获较大,有专家也指出:"现在的大学生最大的问题是眼高手低,脱离实际,而假期充电恰是弥补这个缺陷的好时期。"[①]作为高校要考虑学生所想,为学生实践提供更多的服务和智力支持。如为社会实践服务队配备素质高、能力强、经验丰富的实习带队教师;为学生暑期实践提供联系一些企业或单位;是否为学生考虑寒暑假实习也能有学分和成绩等。通过各种渠道为学生的实习打开门路,为学生提升就业能力提供较好的平台和空间。

思特雅国际大学主动联系企业,了解企业用人信息和要求,为企业提供人才信息、智力支持和各种服务便利,创新实习与就业教育,该校的就业率连续几年都在96%以上,校企合作效果显著。高校可以根据学科特点、专业特色有针对性地联系企业,为学生联系企业实习单位,为企业提供各种智力支持,促进企业健康发展。企业发展了,进而也能为高校提供各种便利和支持。企业发展,社会进步,高校发展才有广阔的前景和旺盛的生命力,才能正真解决毕业生的就业问题。

---

① 郑晋鸣,韩灵丽:《繁忙暑假折射高校教育缺失,高教改革是硬道理》,光明日报,2010年8月4日第4版。

第四部分　共青团与青年组织的理论研究

第15章　高职院校共青团引领青年方式的探索——基于社会参与的视角①

近些年来,高职院校共青团组织不断积极探索凝聚青年、服务青年、引领青年的工作机制、方法和路径,但总的思路还是高校共青团的工作模式,没有体现高职院校的办学特色、专业特色和学生特点,没有考虑到高职院校未来发展的趋势和方向。高职院校与本科院校最大区别在于高职院校的办学与社会和企业实践活动融合紧密。因此,高职院校共青团要敢于突破目前引领青年的困境,紧密结合青年的现实需要和实际特点,积极引领青年开展各种形式的社会参与活动,实现青年引领方式的转变,以此增强高职院校学生的素质培养,促进学校培养人才目标的实现。

一、高职院校共青团的现实困境

高职院校共青团是引领高职院校青年学生发展最为重要的青年组织。目前,高职院校已经实现外延式扩张向内涵式发展的转变,但对于共青团组织来说,还没有找到引领青年发展的新思路和新途径,特别是还没找到与专业、企业和社会结合来引领青年学生发展的契合点。因此,高职院校在创新引领青年方式方面还存在诸多困境。

---

① 该文是共青团山东省团委2015年青少年规划重点课题——青年组织参与社会治理的模式、途径研究（SDYSA150210）的研究成果,发表于《山东商业职业技术学院学报》2017年第8期。

高职院校共青团活动的自娱自乐困境。高职院校共青团的工作基础比较扎实，能够认真贯彻上级共青团的精神和学校党委的工作部署，能够把思想政治教育放在第一位，开展各种各样的相关学生活动。从活动的内容来看，这些活动很大一部分是上级共青团布置下来的任务，如暑期社会实践、志愿服务、团支部相关活动等，但缺乏自己本校的相关特色活动；从参与的主体来看，多数活动的参与者都是一些班干部或者团干部，普通学生团员和青年学生的参与率较低；从活动的效果来看，活动的组织者没有用科学的评价手段来评价活动效果，活动的参与者也很难对此进行正确的评价。因此，学生活动效果是共青团遇到的最大难点之一，对共青团组织来说，都能按部就班完成各项活动，就完成了任务。但从目前高职院校共青团组织开展的活动实际情况来看，高职院校的学生团员意识淡漠，学生活动的创新性和覆盖面不够，共青团组织的凝聚力和吸引力严重不足，很多工作和活动都是简单重复。共青团组织活动没有坚持以学生为本，没有真正了解学生所需，许多活动不符合青年的现实需求，即使在这种情况下，高职院校共青团活动也不愿意从自我娱乐中解脱出来，遇到了一种发展困境。

　　高职院校共青团发展平台困境。由于高职院校发展时间较短，在理论上还没有具有影响力的理论成果，在实践上，没有相关领军人物或者知名品牌，没有相关专门的组织平台，而本科院校的共青团组织活动与高职院校不在一个层次，很难找到对话的主题。因此，高职院校共青团组织工作在理论上和实践上都缺少展示和研究的平台。

　　高职院校共青团体制机制创新困境。高职院校共青团根据社会需求要开展各种志愿服务活动，如"三下乡"、保护母亲河等；根据学生需要开展了"创青春"竞赛和创业实习等活动。这些活动得到了广大学生的积极相应，取得了很好的社会效果。但是高职院校缺少进一步与企业以及社会机构开展深度合作的体制机制，在组织机构设置、活动内容和人才培养方面没有突破原来的框架和结构，因此高职院校学生很难进一步通过企业实践、社会活动得到锻炼和提高。

二、高职院校青年学生的现实特点

　　据统计，"到2015年，全国独立设置的高职院校达1 341所，招生数348万，毕业生数322万，在校生数1 048万，占到高等教育的41.2%。"[①]但是还必须看到，高职院校的生源质量与本科院校的学生存在明显差别。

　　从生源来看，目前高职院校生源有三种途径，第一种类型是夏季高考。这些考生基本都在三本或者二本分数以下，平均分在300分左右。"以江苏省为例，根据今年高招高职（专科）文理类投档线，10多所热门院校分数超过300分，有的甚至接近本二省控线，主要

---

① 高靓：《高职教育已成高等教育半壁江山》，中国教育报，2016年6月29日，第11版。

集中在铁道、医药、师范类院校。"①有的学校甚至达到了 180 分,有的学校还存在投档率不够的现象。"在陕西参加招生的文史类有 541 所院校,其中 150 所院校在该省遭遇'零投档';理工类 584 所院校中,'零投档'院校多达 106 所。"②第二种类型是春季高考。春节高考的主要生源是中职生,而普高学生报告春季高考人数逐年下降。以青岛为例,"特别近两年,岛城报考春考的普高生数量下降很大。2015 年的普高生考试人数还有 2 149 人,2016 年降至 1 701 人,今年报名人数只有 1 062 人。"③从这些年各省的春季高考来看,整体生源质量并没有多大提升。因此,从学生的生源情况来分析,底子薄、基础弱、学习积极性不足是高职学生存在的普遍特征。

从学生的行为特点来看,高职学生的生源特点决定了他们不能进入本科院校学习,也决定了他们不可能走学术性的研究道路。但这不能断定他们在未来的职业发展中就逊色于本科院校的学生,因为他们在学习上不如本科院校的学生,但是在其他素质方面有自己的优势。一是兴趣广泛,动手能力强。"高职学生虽然理论基础很差,抽象思维、逻辑思维能力较欠缺,但形象思维与动手能力较强。不少人在文学、艺术、技艺、操作上各有自己的爱好与特长。学校各种文体活动只要能扬长避短,他们便会有所成就。"④二是善于沟通、思想活跃。高职学生乐于助人,思维活跃,善于与人交流,有社会同情心。三是社会适应能力强。高职学生受挫能力较强,能够对自己有着清晰的定位,能够正确评价自己。"只要有机会,哪怕起点低,他们也会踏踏实实地认真去做;只要能发展,他们会不失时机地锻炼自己、提升自己,取得成就也是他们的素质优势。"⑤

因此,高职院校共青团的工作不能盲人摸象,要对高职学生有全面、准确、科学的分析,把握当代学生的特点,有针对性地开展思想引领工作。

三、高职院校共青团引领青年方式的转变

基于高职院校共青团的发展困境和学生的现实特点,高职院校共青团应该不断改革创新,把高职院校的办学特色和学生的特点有机结合起来,突出高职院校社会参与的优势,让学生在社会参与中实现共青团引领学生方式的转变。

深化与企业共青团的合作,实现在企业实践中引领学生成长。校企合作、工学结合是高职院校独特的办学模式,高职院校共青团应该在与企业合作方面发挥自己的优势,扩大

① 叶雨婷:《高职生源短缺"窟窿"为何继续扩大 》,中国青年报,2016 年 9 月 12 日,第 5 版。

② 叶雨婷:《高职生源短缺"窟窿"为何继续扩大》,中国青年报,2016 年 9 月 12,第 5 版。

③ 魏海洋:《春季高考今年青岛报名人数 9 498 人如何考出"春天"》,半岛都市报,2017 年 3 月 7 日第 2 版。

④ 强琛:《高职院校生源状况分析》,石家庄职业技术学院学报,2016 年第 3 期。

⑤ 周蕾:《高职院校的生源结构和特点》,太原城市职业技术学院学报,2004 年第 4 期。

学校青年与企业青年的沟通和交流，探索拓宽服务大学生、解决大学生就业困难、创业就业培训、心理困难、适应社会问题的多种方式，在解决切身利益和能力提升方面下功夫，在引领学生成长中真正体现学生利益的实现。高职院校在探索实践育人方面应积极与企业共青团开展合作，探索校企共青团协同育人内容、活动方式。学校共青团应积极拓宽学生育人渠道，打破常规的校内开展活动方式，将工作模式拓宽到企业，积极参与企业的培训，让学生深入企业实践锻炼，感受企业文化，让学生在实践中践行社会主义核心价值观。

深化与社区合作，实现在志愿服务中引领学生成长。大学生社会实践志愿服务是培养和锻炼学生的最好实践平台，通过社会实践，让学生在社会志愿服中了解国情、增长才干、锻炼能力、塑造品格。因此，高校共青团要深化与社区的合作，在合作内容、方式和途径方面形成制度化成果，让志愿服务意识成为高职院学生的必备素质。

深化与社会机构合作，实现在素质提升中引领学生成长。高职院校共青团要拓宽社会资源，积极与社会机构开展深度合作，充分调动学生的积极性，让学生全面参与素质提升计划的规划与设计，在人才素质培养方面开展课程设置、培养模式、项目开发等方面进行系统的合作。认真开展"第二课堂成绩单"制度，在培养学生综合素质中实现对学生的思想引领。

总之，在新的历史时期和时代背景下，高职院校共青团需要不断开拓新的青年引领方式，让青年学生受益、能力提升，切实解决学生的困难，满足学生的需求，把引领青年学生成长落小、落细、落实。

第16章　高职院校校企共青团合作模式研究①

一、文献综述

中共中央、国务院《关于加强和改进新形势下高校思想政治工作的意见》指出，"要推进高校思想政治工作改革创新。要强化社会实践育人，提高实践教学比重，组织师生参加社会实践活动，完善科教融合、校企联合等协同育人模式，加强实践教学基地建设。"国务院办公厅《关于深化产教融合的若干意见》（国办发[2017]95号）指出，"推进产教协同育

---

① 该文是共青团中央课题2017年立项课题——高职院校校企共青团合作模式研究（2017LX245）的研究成果。

人。坚持职业教育校企合作、工学结合的办学制度,推进职业学校和企业联盟与行业联合、同园区联结。大力发展校企双制、工学一体的技工教育。深化全日制职业学校办学体制改革,在技术性、实践性较强的专业,全面推行现代学徒制和企业新型学徒制,推动学校招生与企业招工相衔接,校企育人'双重主体',学生学徒'双重身份',学校、企业和学生三方权利义务关系明晰。"

2015 年 1 月,清华大学经管学院发布了《全球创业观察报告 2014》,该次发布报告的主题是中国青年创业报告。该报告从青年创业的年龄阶段、教育程度、创业动机、资金来源、创业收入、创业满意度、创业质量等诸多方面进行了详细分析。该报告显示:青年成为创业的主力军。而"80 后"是青年创业者的主体,创业活动最为活跃。"80 后"创业者的早期创业活动指数为 21.34%,"90 后"创业者的早期创业活动指数为 14.32%。[①]

"共青团组织从青年最关心、最直接、最现实的就业创业问题入手,为促进青年就业创业提供切实有效的服务,从青年就业创业的不同需求出发,全面推进青年就业创业行动、青年就业促进计划、青年创业国际计划、大学生就业见习行动、'工岗'快递行动、'千校百万'进城务工青年培训计划、进城务工青年发展计划、青年成长社区计划,推出了一批青年创业小额贷款项目,新建了一批青年创业见习基地和青年创业孵化基地,从培训、融资、技术和经营等方面为青年就业创业提供支持。同时还加强城市青年就业创业服务中心建设,为青年就业提供阵地支持。"[②]因此,从共青团组织的经济参与角度来看,高职院校学校共青团和企业共青团在某些方面有共同的价值追求,两个组织的有效合作也为双方拓展空间、实现多渠道凝聚青年的路径具有重要意义。

高职院校校企共青团合作模式是一项新的研究课题,也是一种崭新的合作模式。《共青团中央改革方案》指出,"要着力推进组织创新和工作创新"。高职院校校企共青团合作是共青团改革背景下一种新的尝试。"校企合作、工学结合"是高职院校独特的办学模式,高职院校共青团应该在与企业合作方面发挥自己的优势;企业在与学校合作的过程中,应该加强企业共青团和学校共青团的合作,借此拓宽企业知名度、扩大企业青年与学校青年的沟通和交流,为企业共青团引领青年、凝聚青年提供新的模式。

从理论研究的视角来看,有关高职院校共青团的研究文献不少,有关校企合作的研究文献也不少,但是研究高职院校和企业共青团合作的研究文献还不多。以"高职共青团"为关键词,在中国知网上进行搜索,总共有 135 篇相关文献,从这些文献的研究主题来看,主要是有关于高职院校共青团的工作创新、工作模式、实践育人、组织建设、网络建设、平台建设、创新创业教育、实践育人等方面的研究;有的学者还认真分析了高职院校共青团

① 清华大学经管学院中国创业研究中心:全球创业观察报告 2014[J].《致富时代》,2015(3)。

② 安国启主编:当代城市共青团工作研究报告 [M]. 北京:中国社会出版社,2009:47.

工作存在的问题。如服务大学生创业就业问题、基层组织机构创新问题、参与学校校园文化建设问题，等等。从以上这些文献来看，很多学者高度关注高职院校共青团工作，针对高职院校共青团的特殊性提出了一些很好的建议和对策，但几乎没有学者对校企共青团合作开展研究。

以"校企合作"和"共青团"为关键词，在中国知网上进行搜索，总共有3篇相关文献。秦玉学教师的硕士论文《"校企合作、工学结合"背景下的高职院校共青团工作创新研究》全面分析了在"校企合作、工学结合"背景下，高职院校共青团创新工作的思路和路径。陈淼老师的《校企合作背景下高校共青团工作现状及路径探索》指出，"高校共青团组织应以人才培养质量为中心，以提升大学生的综合素质和职业能力为目标，搭建多方联动协同育人的体制机制平台、校企育人资源共享平台和大学生成长服务平台，建立共青团工作校企合作模式。"金曼老师的《基于校企合作培养模式下的高职院校共青团工作创新研究》一文也对在校企合作培养模式下创新高职院校共青团工作提出了一些建议。

总体来看，有关校企共青团合作模式研究的文献较少，有一些成果是对高职院校共青团工作提出了一些创新举措，特别是要在校企合作中发挥共青团的作用，但对校企共青团合作模式的研究基本没有。随着共青团改革的不断深入，特别是非公有制经济企业团建工作的开展，校企共青团合作模式应成为未来研究的重点。

本课题研究基于关于加强和改进新形势下高校思想政治工作的意见《国家中长期教育改革和发展规划纲要（2010—2020年）》和《高校共青团改革方案》文件为依据，以与我校开展合作的企业为研究因子，学校共青团和二级学院基层团组织积极开展与企业共青团合作，在搜集整理与企业开展真实合作案例的基础上，进行理论提升和模式构建，最终形成校企共青团合作的理论体系和合作模式。

二、校企共青团培养创新创业人才模式

《国家中长期教育改革和发展规划纲要（2010—2020年）》指出，要实行工学结合、校企合作、顶岗实习的人才培养模式。"大众创业、万众创新"已成为这个时代创业的主旋律，无论高职院校还是企业都渴望在此背景下探索出自己的发展道路。在此时代背景下，高职院校共青团在学校深入开展工学结合、校企合作、顶岗实习和创新创业等人才培养模式中，还没有找到与学校人才培养模式相结合的组织定位和发展方向，没有找到与企业合作的方向和模式，没有找到双方共同在创新创业方面的合作内容。因此，高职院校共青团应从学生创新创业能力的提升、学校创新创业人才的培养模式和共青团在创新创业大背景下的活动创新的角度，深入开展与企业共青团的合作。通过校企共青团搭建创新创业活动平台，共同研究创新创业人才培养模式，实现学校学生与企业员工结对子，助力学生与企业员工共同成长，也为高职院校和企业共青团在"大众创业、万众创新"的背景下创

新自己的发展模式提供思路。

（一）校企共青团创新创业人才培养模式的构建

从以上对有关学生综合素养、企业对人才的需求以及教师和学生关于创新创业人才培养的调查分析来看,高职院校培养创新创业人才必须与企业密切开展合作,必须得到企业的大力支持,必须让学生得到实践锻炼。因此,对于高职院校和企业共青团来说,要在引导青年创新创业方面有所成效,必须把学生的人才培养与企业的岗位能力要求紧密结合,通过共青团的平台开展多种形式的合作。课题组在实践探索中,总结出了"三融合"的创新创业人才培养模式。

1. 企业岗前培训与学校就业创业教育相融合

每个企业都有自己的岗前培训体系,从企业岗前培训体系来看,岗前培训的内容包括新员工的职业生涯规划,企业经营理念、制度安排、价值观念、行为方式以及员工的素质要求等;从学校的就业创业教育内容来看,与企业岗前培训内容切合度非常大,因此,我院与海尔、海信、联想等大企业的合作,把企业岗前培训内容前置到学校教育,与就业创业教育有机融合,把海尔、海信和联想的有关培训内容在冠名班中进行全面、系统的讲解,一方面充实了就业创业教育内容,使就业创业知识体系更生动,另一方面完成了企业岗前培训的大部分工作,促进了学生对企业的深度了解。

以我院与海信智动精工的合作为例,从融合的内容来看,经过与海信智动精工反复调研讨论,在此方面形成一些共识。就业创业教育与岗前培训的内容要以提高学生就业能力为基本出发点,根据岗位需求,注重基础,坚持全面发展,着重提高学生整体素质。主要包含以下几个方面:

（1）基础能力。在具体培训员工素质方面,包括员工的价值观、人生观、文化素质、思想素质、创新素质、道德水平、沟通能力、行为规范、团队精神、心理素质等方面。

（2）求职技巧。包括招聘信息的获取、选择与利用,求职材料的准备,笔试、面试技巧等。

（3）企业文化。包括企业的历史、宗旨、目标等基本概况以及生产经营状况、质量管理知识、公司的有关规章制度等。

（4）岗位流程、岗位技能。公司产品特点,生产、经营、销售、管理流程,所任岗位职责、任务,胜任岗位所必须的各项技能等。从完成融合内容的方式来看,由企业和学校共同制定培训方案和内容,然后分工负责,学校与企业共同完成对员工的岗前培训。对于学校能完成的培训内容由学校完成,对于一些与岗位特别密切的技能培训则由企业派专人来校进行培训。这种方式充分利用学校教学设备齐全、师资充足、学生容易集中等优点,减少了企业在培训过程中对于设备的增加,也减少了毕业生食宿差旅费。

2. 企业岗位技术能力要求与学校专业课程建设相融合

结合企业岗位技术能力标准和专业办学特色，对接专业课程内容与岗位技术能力职业标准，以职业为导向，以实际项目为载体，以开发多元融合课程为思路，从课程结构、课程内容等进行全方位多层次的建设。协调理论课与实践课、校内实训与企业实践，重构校企"无缝衔接"的课程结构。如学院与海信开展的产教融合协同育人项目，在每学年第三学期安排对应企业行业岗位需求的实训课程，并派企业名师直接进入课堂讲授现场情景化教学项目。形成了从单纯的理论教学向产教融合直接过渡的形式，在夯实理论基础的前提下，培养了学生的实践能力。在与联想的合作中，引入新理念、新技术、新工艺，根据行业发展最新动向和企业实际需求，革新课程内容，建设"领先性与实效性兼济"的教学资源，保证课程内容具有一定的先行性特征，也保证使学生的理论知识和实践能力都能符合企业的生产要求。以与海信智动精工合作开发课程为例：按照技术主管岗位的要求，在学院课程的基础上与海信集团开发校企合作课程。由海信派教师在学校执行，采用讲座、案例教学、项目教学和角色扮演等教学方法，主要课程有：组装工艺基础、程序管理、工艺管理、工艺技术、工艺工具、工艺核心知识、海信质量管理。

3. 企业岗位核心素养与学校学生综合素质培养相融合

2012 年，联合国教科文组织发布《全民教育全球监测报告》提出了所有年轻人应具备的三类主要技能，第一类为基本技能，第二类为可转移技能，第三类为技术和职业技能。不同的企业对岗位的核心素养有着清晰的框架体系，如海信智动精工有限公司的岗位能力要求体现在"吃苦耐劳、精益求精、行动力"等方面，山东临工岗位核心素养在"勤奋、敬业、真诚、奉献"等方面，因此对于高职院校来说，要主动适应企业对人才的需求，就必须培养出能够适应企业工作需要和市场需求的人才。除了基本的专业素养外，学校需要通过学生核心素养的探索来制定相应的活动课程体系、教学方案和考核评价体系，从而能够有针对性地开展教育活动。在深入研究企业岗位核心素养的基础上，提出了具有与企业相结合的核心素养体系架构，并实现了有效的实施，取得了积极成效。

（二）校企共青团协同育人模式的构建

高职教育与本科教育不同，更注重社会实践与专业技能，高职院校在探索实践育人方面应积极与企业共青团开展合作，探索校企共青团协同育人的内容和活动方式。学校共青团应积极拓宽学生育人渠道，打破常规的校内开展活动方式，将工作模式拓宽到企业，积极参与企业的培训，让学生深入企业实践锻炼，感受企业文化，探索校企协同育人的新途径。

本课题通过学校与企业的协同育人体系的实践，落实校企"管理协同、校企制度协同、校企研发协同、校企文化协同"为基本内容的"四协同"育人模式。校企共同构建了开放的教学体系，专业群与岗位群对接、专业课程内容与岗位职业标准对接、教师与技师对接、教室与车间对接、校园文化与企业文化对接。校企共同实施人才培养方案,企业专家进课堂,引入企业新技术、新工艺及企业培训课程,校企合作共同开发专业课程和教学资源;根据教学需要,共同开发特色教材,突出人才培养的针对性、职业性和开放性。课程实施由校企双方师资分工协作进行,技能训练整合校企资源,实现共享。学生专业素养培养模式实施"一专一企一机构":一个专业要和一个企业密切合作,同时要共同开发一个研究机构。学生综合素养培养模式实施"三抓三导三平台","三抓"是指抓细、抓小、抓严,"三导"是指思想引导、行为引导和心理引导,"三平台"是指"我的青春 +"平台、"互联网 +"平台、"实践 +"平台。在此基础上构建了校企合作育人的模式架构。

(三)校企共青团干部培养模式的构建

《高校共青团改革方案》指出,"支持和鼓励高校团委按照思想引领、素质拓展、权益服务、组织提升等主要任务,根据工作实际合理设置和调整工作机构。"校企共青团可以探索高校和企业新的组织设置模式,学校可以通过聘请"企业高管、人力资源经理、公司团委、精英工程师"等形式充实高校共青团兼职干部队伍;企业可以通过聘用学校优秀教师进行员工培训和理论指导,担任企业共青团兼职干部队伍。通过校企共青团组织合作的新模式实现学校和企业对青年思想引领、行为引领的新模式。

从校企共青团合作的实际情况来看,学校聘请"企业高管、人力资源经理、公司团委、精英工程师"等担任学校兼职团干部,定期来校开展各种讲座,这种形式开展得不错,但是让学校的共青团干部到企业很难,特别是在业务上很难融合,因此本课题在这项研究上还存在很多不可能实现的问题,从理论上可以行得通,但实际操作较难,涉及方方面面的很多问题。这也是本课题研究遇到的最大问题。

第 17 章 共青团改革的历史经验及启示
——基于组织功能的视角①

共青团是青年组织的一种特殊形式。研究共青团的改革历史需要追溯其组织功能发

---

① 本文收录在《纪念中国共青团成立 95 周年理论研讨会论文集——政治组织的结构性联动》,北京:新华出版社,2017 年版,第 80 页。

展源头。从组织功能的维度来看,共青团组织的形成源于当时青年组织运动和其组织政治性功能的需要。从共青团组织的发展历程来看,共青团组织是由政党推动形成的,使其发挥政治性功能的组织。纵观共青团组织发展经历的各个时期,可以说,共青团组织通过组织功能的不断变迁实现了共青团组织的不断变革,通过组织功能的不断变革达到适应组织自身内生性发展和满足政党要求和青年需要的目的。

一、共青团组织功能的内涵

不同的学科对组织功能定义的阐述都不一样。传媒学领域认为,"媒介组织所具有的能力和作用或应该完成的任务,包括告知功能、表达功能、解释功能和指导功能。"[1]组织管理学认为,"一是它能够组成一种新的合力,也就是人们通过组织把许多孤立的个人结合成一个能动的团体时产生的力量必然超过同样数量的单个人的力量的简单叠加;二是能够提高效率,尽快完成组织的预定目标。三是能够满足组织成员的心理需要。"[2]在社会学领域,美国社会学家帕森斯认为,"社会系统为了保证其本身的存在、持续以及有效性,必须满足一定的功能要求。在一般意义上,有4种必要功能:适应、目标达成、整合和潜在模式维系。为了充分满足这些功能,社会系统在组织上产生功能分化,由经济系统、政治系统、社会共同体系统和文化意义上的模式托管系统分别执行适应、目标达成、整合与潜在模式维系这4种功能。"[3]在系统科学、教育学和心理学等不同学科中也有不同的相关表述。由此看来,从青年学的角度来分析,青年组织的功能要体现自己的青年属性。"青年组织的功能比一般社会组织的功能具有更为具体的组织能力和功效,它较其他组织更具有特殊性和具体性,有其自身特定的存在和发展规律。"[4]这种规律性、具体性就是青年属性特征。共青团组织是青年组织的一种特殊形式,因此,共青团组织应具有社会学意义上组织功能的一般性,还具有青年学和共青团组织本身政治性方面体现出的特殊性。

从社会学的视角来分析,共青团组织要实现"组织青年、引导青年、服务青年、代表和维护青年权益"的基本职能,就必须充分发挥共青团组织在政治、经济、文化、社会管理和国际交流方面的功能,带领青年开展政治参与、经济参与、文化参与、社会参与和国际参与方面的活动。共青团组织只有作为社会组织的一般形式开展相关的参与活动,其组织成员才能信任和跟随组织的发展,对于组织自身来说,才能实现自身变革和内生性发展。因

① 卢平,梁均贵:《重视学术思想对新闻报道的价值》,《新闻前哨》,2000年第1期。

② 李建设:《组织管理学》,杭州:浙江教育出版社,1987年版,第9页。

③ 宁德安:《社会整合初论》,博士学位论文,中共中央党校,2013年。

④ 石国亮:《青年国际政治研究的新范式:意识形态视野中的青年和青年组织》,北京:人民出版社,2007年版,第70页。

此,作为一般意义上的社会组织,共青团组织本身必须融入社会的发展,充分发挥自己的功能优势,带领青年积极开展政治参与、经济参与、文化参与、社会参与和国际参与。

从青年学的视角来看,共青团组织成员的构成凸显了青年群体的特性,而青年群体在人的自然性、实践性和社会性方面有着自己的突出特点。"急剧变化的自然属性是反应青年整体存在的自然特征,逐步完善的实践性是反应青年由社会客体向社会主体转变的能动性,而日趋成熟的社会性是解释青年本质最直接的特征。"①从社会发展的现状来看,青年群体已由边缘地带逐步向中心地带转移,特别是随着互联网时代的到来,部分青年群体已步入社会发展的核心地带。由此可以预测,共青团组织必须成为核心地带的核心组织,才能担当起党的助手和后备军的重任。因此,共青团组织要全面参与社会的发展进程,在带领青年群体开展政治参与、经济参与、文化参与、社会参与和国际参与的活动中,实现组织本身的社会价值和组织价值。

从共青团组织本身的性质来看,政治性是共青团组织的核心要义。"共青团自成立以来始终以党的政治纲领为奋斗目标、以党的指导思想为行动指南、以党的中心任务为神圣使命。历史和实践证明,自觉坚持党的领导,始终与党同心同向,按照党的要求做好青年群众工作,是中国青年运动和共青团事业沿着正确方向蓬勃发展的根本保证。"②特别是在全球化、信息化和多元化的时代,青年群体面对世情、国情、党情的深刻变化,面对利益、价值、观念日趋多元的今天,青年的流动范围逐步扩大、层次需求逐渐增多、思想不稳定和多样性凸显,很多青年游离于团组织之外,共青团引领和凝聚青年工作面临着新的挑战。因此,共青团组织应该拓展自己的政治属性功能,不断开展经济、文化、社会和国际交流等方面的参与活动,以此满足不同青年群体的需要,通过其他功能的拓展来实现凝聚青年、服务青年、引领青年的目的。因此,共青团组织的政治属性要通过组织其他功能的有效发挥得以体现,同时,共青团的组织功能要实现"一心多圆"的目标,也就是经济、文化、社会和国际参与功能的发挥和实现都不能脱离和违背政治功能的核心。从这个角度来看,作为特殊的青年组织形式,其组织功能达成的目的都是把青年紧密团结在中国共产党的周围,实现中国共产党的执政目的。因此,共青团的组织功能更具有明确指向,具有清晰的发展路径。

从以上三方面分析来看,共青团的组织功能具有一般意义上的社会属性,也就是要全面进行政治参与、经济参与、文化参与、社会参与和国际参与;也具有青年学意义上的属性,也就是共青团的组织功能必须考虑青年的需要,满足青年的自然心理和社会心理;同

---

① 姜涌:《青年学》,济南:山东大学出版社,1996年版,第60页。

② 中国青年报特约评论员:《切实保持和增强共青团的政治性先进性群众性》,中国青年报,2015年7月21日第1版。

时更具有组织本身的政治特性,否则组织就没有存在的价值。但从目前共青团组织功能发展的现实境况来看,政治参与功能的核心地位要通过发挥经济参与、文化参与、社会参与和国际参与来体现,但这几种功能的拓展与发挥绝不能背离组织政治核心的原则。

二、共青团改革与组织功能变迁的内在逻辑

自共青团成立之日起,有关共青团组织的改革就从来没有停止过。共青团是中国共产党领导下的青年组织,其改革必须符合中国共产党的执政要求,也必须促进组织自身发展,这也是共青团改革必须遵循的逻辑关系。但从组织功能的视角来透视共青团改革,我们发现,共青团改革的历史进程与其组织功能变迁有着内在的紧密联系。

（一）新民主主义革命时期共青团改革及其组织功能的逻辑

"大部分青年组织的兴起,都有直接的政治斗争原因,大部分青年组织的活动,都是直接服务于政治运动的需要。青年组织因政治而产生,为政治服务,接受某种政治领导,这几方面是相互联系和相互作用的,并集中地表现为青年组织政治性能强的特点。"[1]早期青年组织的政治性活动促进了青年组织的发展,也为五四青年运动创造了条件。早期的"兴中会""青年会""广东独立协会""共爱会""华兴会""科学补习所"和"光复会"等都是由先进青年组成的具有政治性功能的青年组织,这些青年组织具有明确的政治指向,充分显示了青年先进群体在政治思想的进步。"中国青年知识分子在政治上的进一步觉醒和组织程度的提高,为五四爱国运动的爆发奠定了重要的基础。"[2]五四运动的爆发和青年组织的进一步发展,特别是青年群体的政治倾向的明确和组织政治功能的增强,共青团（中国社会主义青年团）作为一支重要的政治性青年组织走上历史舞台。这是共青团组织发展的第一次高潮。

为了更好地团结全国各族青年参加抗日斗争,中国共产党领导的社会主义青年团实现了组织的形式转型,这不是组织政治功能的转化,而是组织政治性功能的增强的另一种形式。组织形式的转型符合当时青年的政治需求,因为"谁也不像中国青年那样深刻而敏锐地体验到帝国主义的压迫,谁也不像中国青年那样尖锐而痛苦地感觉到必须和这种压迫作斗争"[3],这也符合了组织发展的需要,因为这种组织形式的转型是作为解决民族矛盾而存在的而不是解决社会问题而存在的。为了适应全国青年一致抗日的需要和组织需要,中共中央,决定改造共青团及其组织形式,"使团变为广大群众的非党的群众组织,

---

① 包志勤:《现代青年组织学》,北京:中国青年出版社,1991 年版,第 60-61 页。

② 郭贵儒著:《青年运动史话》,北京:社会科学文献出版社 2011 年版,第 23 页。

③《斯大林全集》(第 8 卷),北京:人民出版社,1956 年版,第 333 页。

把广大青年吸收到参加抗日救国的民族统一战线来,把建立为发扬文化与争取民主自由的广大青年运动,当作自己为民主共和国而斗争的最中心任务"[1]。根据青年团组织形式转变的要求,中共中央决定,"国民党区域内所有青年团团员都应该依照各地具体的环境和需要,去参加一切现有青年群众的合法的与公开的组织,利用一切公开与半公开的可能去建立包括不仅青年工人,而且包括广大青年农民、学生及失业青年的民族解放性质的群众组织,在青年群众各种需要和要求的基础上,创立各种各样工人的、农民的、学生的、妇女的、文化的、教育的、体育的与军事的青年群众组织;苏区与红军中的青年团,必须把训练教育青年作为自己的基本任务,使全苏区的青年成为全中国广大青年的模范。青年团的组织必须全部改造以适合于这一任务,使之成为全苏区的各种文化、教育、体育、军事等团体的联合组织。"[2]"青年救国会"成为社会主义青年团改造后的组织形式,该组织适应了当时抗日救亡运动的新形势,满足了中国青年群体的政治需求,为团结广大爱国青年积极投身到抗日救亡运动发挥了重要的作用。"七七事变"爆发后,在中国共产党的领导下,"青年抗日先锋队""西北青年救国会""青年抗日先锋队""青年救国团""青年抗敌决死队""青年抗日救国会"等许多青年抗日组织纷纷建立起来,形成了具有广泛统一战线形式的青年抗日组织,成为推动全国青年参加抗日救亡运动的重要力量。这也成为共青团改变组织形式后,组织发展的第二次高潮。

抗日战争胜利后,中国青年有了新的政治需求,中国青年组织也面临着新的历史形式和任务,时代呼唤一个新的青年组织继续引领中国青年的发展,满足青年的政治需求。"抗日战争胜利后,原有的青年组织已经完成相应的历史使命,有的没有及时适应新的形势变化,日渐涣散,尤其不能满足已经涌现出的大量先进青年的政治进步的需求。"[3]为适应新的国内形势和满足青年的政治需要,中国共产党开始了试建新民主主义青年团的工作。经过近3年的准备,在1949年4月,中国新民主主义青年团在北平正式成立,"中国新民主主义青年团的成立,是中国共产党从思路上、政治上,对中国青年长期教育和培养的结果。它是'五四'以来青年运动光荣传统的继承者。它的建立,使中国青年运动有了自己的核心,标志着中国青年运动进入了一个新的历史时期"[4]。这是新民主主义革命时期共青团组织变革的第三次高潮。

综合共青团组织发展的这三次高潮,可以看出,共青团组织的每次变革都适应了社会发展的需要,满足了青年的需求,实现了青年的愿望,促进了组织的发展。从组织功能的

---

① 中央档案馆编:《中共中央文件选集11》,北京:中共中央党校出版社,1987年版,第732页。

② 中央档案馆编:《中共中央文件选集11》,北京:中共中央党校出版社,1987年版,第732页。

③ 秦云:《共青团历次全国代表大会简介》,《历史教学》,1964年第6期。

④ 秦云:《共青团历次全国代表大会简介》,《历史教学》,1964年第6期。

视角来看,共青团组织的每次变革都与其组织功能的不同目的相连,而实现组织不同时期的政治功能始终是这三次变革的核心任务。围绕这三次核心任务,共青团组织文化参与和国际参与也发挥了重要作用。从文化参与来看,共青团组织的建立本身就是青年组织传播先进文化和革命思想的必然结果,组织本身孕育了文化参与的基因。共青团的"一大"和"二大"分别通过了《关于教育运动的决议案》和《教育及宣传决议案》,这两项决议案都详细阐述了社会教育、政治教育和学校的重要内容,特别是把青年工人、农民和学生作为青年团重要的教育任务。"在抗日战争中,以青年学生为主体的青年组织,以挽救民族危亡为己任,在全国高校广泛建立了青年统一战线的学生组织,传播党的政策和革命理论,开展爱国主义和抗日活动的宣传,鼓励青年群众踊跃参加各类青年抗日组织,成为全国抗战文化和党的理论、方针政策宣传的核心和骨干力量。"①在解放战争中,以青年学生为主体的青年运动充分发挥了"第二条战线"的作用,成为传播先进文化和先进革命思想的中坚力量。"学生运动的舆论宣传作用,促进了中国人民的觉醒,冲击了中外反动势力的统治,顺应了历史发展的潮流,喊出了时代的呼声,对中国革命的发展起了积极的推动作用。"②从国际参与来看,共青团组织积极与青年共产国际开展合作,还积极参加"世界青年维护和平大会"等活动,邀请国外青年学生代表来延安访问,所有这些活动都有利促进了青年政治运动的开展。

总之,新民主主义革命时期,共青团组织的诞生有其特定的社会政治背景、青年群体的特殊政治需求和青年组织发展的政治性基础。因此,从共青团的诞生之日起,其组织的政治性必将成为发展的核心功能。"大部分青年组织的兴起,都有直接的政治斗争原因,大部分青年组织的活动,都是直接服务于政治运动的需要。青年组织因政治而产生,为政治服务,接受某种政治领导,这几方面是相互联系和相互作用的,并集中地表现为青年组织政治性能强的特点。"③

(二)社会主义革命和建设时期共青团改革及其组织功能的逻辑

中国新民主主义青年团第一次全国代表大会的胜利召开标志着中国青年有了自己的新的核心组织,青年组织有了自己的核心力量,共青团的发展进入了新的历史时期。巩固政权和发展经济是社会主义革命和建设时期的两大任务。在巩固政权方面,共青团组织积极动员青年参加抗美援朝,积极组织青年参加土地改革、镇压反革命、"三反"、"五反"等社会运动,并取得了积极成效。"为了使工会、农会、青年团成为新社会改革可以依靠的

---

① 龚爱国:《改革开放以来我国青年社会组织功能及其实现研究》,《山东大学》2016年12月。

② 卢粉艳:《新民主主义革命时期学生运动的作用》,《渭南师范学院学报》,2001年第3期。

③ 包志勤:《现代青年组织学》,中国青年出版社,1991年版,第60—61页。

组织,各级党委必须十分注意加强这些团体的工作,特别是青年团应该成为党的最亲密的、最可靠的助手,应该加强它的工作。"①在发展经济方面,共青团积极领导建立各种青年突击队和农村青年合作社参与祖国的经济建设。这些新兴的青年组织为祖国的经济发展做出了重要贡献。"在党中央的关怀下,在全国各地党政工团组织的直接领导下,青年突击队得到了迅猛发展。在第一个五年计划期间,仅各地基建工地的青年突击队就有7 500 个,参加人数达 13.5 万人。"②共青团积极参与经济建设并取得重要进展,从第一次青年团的代表会议上的主题就可见端倪。毛泽东主席给会议的题词是:"同各界青年一起,领导他们,加强学习,发展生产。"③朱德为大会的题词指出,"由于人民解放战争即将在全国范围内取得完全胜利,领导青年群众积极参加恢复和发展工业与农业生产,已日益成为新民主主义青年团的头等重要的任务。"④以此为标志,共青团的经济参与功能得到正式确认。

(三)改革开放以来共青团改革及其组织功能逻辑

共产主义青年团召开的第十次全国代表大会是时隔 14 年之后共青团组织召开的一次具有转折意义的会议。特别是共青团十一届三中全会通过的《关于在经济体制改革中充分发挥共青团作用的决定》,从文件上正式确认了共青团组织参与经济建设的重要地位。自此,共青团组织积极带领青年参与国家的经济建设,开展了许多参与经济建设的品牌活动。如"一团两户"⑤活动、"两户一体"⑥活动、脱贫致富"小开发"⑦活动、"青年星火带头人"活动、"青工技术大赛"等。同时还举办了相关经济实体,开展相关经济活动。"这些实体的出现促使共青团组织直接进入经济建设主战场,使一批有才华的青年脱颖而出,同时也增强了共青团的经济实力。"⑧改革开放以来,共青团共青团组织践行了"党有号召,团有行动"的宗旨,积极贯彻党中央坚持以经济建设为中心的决策部署,带领全体青年全面参与经济建设,充分发挥了自己的经济参与功能。

---

① 团史纵览: http://cpc.people.com.cn/GB/64093/67507/6118983.html。

② 李玉琦主编:《中国共青团史话》,辽宁人民出版社,1992 年 4 月版,第 139 页。

③ 秦云:《共青团历次全国代表大会简介》,《历史教学》,1964 年第 6 期。

④ 秦云:《共青团历次全国代表大会简介》,《历史教学》,1964 年第 6 期。

⑤ "一团两户"是指勤劳致富报告团和发展青年专业户、科技示范户。

⑥ "两户一体"是指青年专业户、青年科技示范户、青年经济联合体。

⑦ "小开发"是指:办小农场、小牧场、小林场、小果园、小渔场、小加工厂、小运输业、小建筑业、小服务业、小矿业。

⑧ 团史纵览: http://cpc.people.com.cn/GB/64093/67507/6118984.html。

党的十六届四中全会提出了"建立健全党委领导、政府负责、社会协同、公众参与的社会管理格局"的相关理论。党的十七大报告提出了经济、政治、文化、社会建设"四位一体"新的治国理念,加快推进以民生为重点的社会建设。党的十八大报告指出,"改进政府提供公共服务方式,加强基层社会管理和服务体系建设,增强城乡社区服务功能,强化企事业单位、人民团体在社会管理和服务中的职责,引导社会组织健康有序发展,充分发挥群众参与社会管理的基础作用。"①因此,积极参与社会治理成为新时期共青团组织必须认真面对的时代课题。近些年来,共青团组织积极探索多种的社会参与形式,并形成了很多社会参与品牌。如大中专学生"三下乡""希望工程""寻找乡村好青年"等品牌活动,收到了很好的社会效果。这也是共青团组织不断进行组织创新和活动创新所取得成绩。

总起来看,共青团组织在不同的历史时期都进行着不同层次的改革,这些改革都伴随着其组织功能的变迁、拓展和创新,都符合社会发展的规律,适应了组织发展内在需求,达到了党和政府的要求。因此,共青团的改革有其与政党要求的逻辑,也蕴含着其组织功能不断变迁的发展逻辑。

三、几点启示

在新的历史时期,共青团组织又开始了一次新的改革进程,这次改革进程要满足中国共产党执政和国内青年发展的需要,同样离不开组织功能的拓展和创新,也必须适应社会信息化、经济全球化、文化多元化的现实境况。因此,共青团组织功能在内容和形式上的拓展都应该有所创新。

(一)共青团网络参与需要进一步强化

"《中国互联网络发展状况统计报告》显示,截至2016年6月,中国网民规模达7.10亿,互联网普及率达到51.7%,超过全球平均水平3.1个百分点。"②这些网民中很大一部分是青年群体。网络已成为青年群体每天的生活方式、聚集方式、沟通方式,他们通过网络开展政治、经济、文化、社会参与和国际交流,与世界各地青年开展合作。青年群体通过网络组织各种各样的网络青年自组织,开展相关活动。所有这些活动都是通过网络进行,使得共青团已经游离于青年群体之外,共青团的手臂延伸不到青年群体内部中,很多青年群体信赖网络组织远胜过共青团组织。共青团应该充分认识到网络给共青团的凝聚力、吸引力和青年服务能力带来的挑战。因此,共青团应该进一步研究通过网络凝聚青年、吸引青年和服务青年的路径,主动融入社会网络的发展中,想青年之所想,急青年之所急,为青年

---

① 《胡锦涛在中国共产党第十八次全国代表大会上的报告》,《人民日报》,2012年11月18日第1版。

② http://mt.sohu.com/20160806/n462855504.shtml。

提供各方面的网络服务,引领青年通过网络开展各种活动,让网络共青团成为青年的领路人。把青年的政治参与融入到网络之中,融入到网络经济参与、社会参与、文化参与和国际交流活动中,在潜移默化中实现凝聚青年、引领青年的目的。因此,在信息化时代,共青团应该顺应时代潮流和青年的需要,加快网络参与功能的快速推进,通过技术创新提升共青团组织的活力。

(二)共青团政治参与的形式需要创新

政治性永远是共青团的核心功能,但在新的历史条件下,如何保持共青团的政治性已成为共青团面临的时代课题。互联网的大面积普及加剧了共青团政治性功能核心地位的危机,互联网时代成长下来的青年群体的精神诉求、生活诉求和政治诉求使得共青团组织凝聚青年的路径在缩小,联系青年、服务青年的途径在减少。在国际上,青年群体利用互联网煽动青年群体推翻政府的有不少先例,叙利亚、埃及以及深受颜色革命之害的国家都是前车之鉴。因此,共青团不但要管好互联网,更重要的是要让青年群体在互联中感受到团组织的存在,树立团员意识,承担团员责任,真正来一次互联网的供给侧改革,为青年群体打造线上和线下为一体的"互联网 + 政治参与"模式,在青年群体的权益得到充分尊重,青年群体的利益的到充分满足的情况下,青年群体就会感受到共青团的存在,共青团的政治性就会得到充分彰显。

(三)共青团文化参与的特色需要加强

"在一个法制健全的民主化的社会中,青年的参与方式应该是多种多样的,既有政治上的参与,也应有经济上的参与,文化上的参与。而且不同的参与方式解决不同的问题。"[1]在文化多元化背景下,多元文化对青年群体的精神生活、物质生活产生了既定的影响,这种影响有可能产生积极效应也可能产生消极作用。作为党联系青年制度性安排,共青团引领青年文化参与政党主流意识形态的传播成为必然选择。因此,共青团必须通过开展特色的文化参与形式吸引青年,这种形式属于中国的也必须属于青年的。"共青团如果能够通过整合青年文化而实现对青年的价值引领的话,那么青年就有可能更加认同共青团,从而为新的历史时期共青团权力的有效实现奠定基础。"[2]

---

[1] 田科武:《中国青年参与:历史与现实》,《青年研究》,1994 年第 1 期。

[2] 郑长忠:《在整合多元中实现对青年的价值引领》,《中国青年政治学院学报》,2012 年第 4 期。

第五部分　高职院校校企协同育人理论研究

第18章　高职院校产教融合校企"双元"育人的三维视角[①]

国务院办公厅发布的《关于深化产教融合的若干意见》中指出，"深化全日制职业学校办学体制改革，在技术性、实践性较强的专业，全面推行现代学徒制和企业新型学徒制，推动学校招生与企业招工相衔接，校企育人'双重主体'，学生学徒'双重身份'，学校、企业和学生三方权利义务关系明晰。"[②] 保障学校、企业和学生三方的权利，实现他们各自的"利益点"是产教融合、校企协同育人取得实效的重要基础。

一、学校要关注企业实现效益的增长点

企业是实行自主经营、自负盈亏、独立核算的具有法人资格的社会经济组织。盈利是企业生存的根本保障，承担相应的社会责任也是企业应尽的基本义务，产教融合、校企合作是企业实现自己经济效益和社会效益的一种形式。从企业追求的目标来看，实现企业效益的增长点是企业参与合作的根本内生动力，也是与学校构建长效合作机制的基础。作

---

① 该文是2019年度中国高等教育学会职业技术教育分会课题"高职院校校企协同育人体系建设研究（GZPYB2019007）"的研究成果。

② 国务院办公厅《关于深化产教融合的若干意见》国办发〔2017〕95号[EB/OL].(2017-12-19)[2020-3-12].http://www.gov.cn/zhengce/content/。

为校企协同育人的主要参与主体,学校应该积极帮助企业在校企合作中实现效益的增长。

(一)学校要充分利用好国家的相关优惠政策

国家在企业参与办学、引企入教、开展生产性实训、推进协同创新和成果转化、购买学校培训服务等方面都有相应的优惠政策。国务院办公厅《关于深化产教融合的若干意见》中指出,"鼓励有条件的地区探索推进职业学校股份制、混合所有制改革,允许企业以资本、技术、管理等要素依法参与办学并享有相应权利。"《国家职业教育改革实施方案》中指出,"在开展国家产教融合建设试点基础上,建立产教融合型企业认证制度,对进入目录的产教融合型企业给予'金融 + 财政 + 土地 + 信用'的组合式激励,并按规定落实相关税收政策。"教育部等六部门关于印发《职业学校校企合作促进办法》的通知中,对税收、用地及人员经费等方面的优惠政策作了进一步的明确规定和说明。可以看出,国家高度重视企业参与产教融合、校企合作,并给予了最大限度的政策优惠。因此,学校要积极研究这些政策,帮助企业充分利用这些优惠政策,让这些优惠政策转化为企业在合作中实现的效益。

(二)学校要充分支持企业深度参与办学

深化产教融合就是要逐步提高企业参与办学深度,健全多元化办学体制。企业在参与学校办学的过程中,把企业的转型升级和学科专业建设紧密结合,建立紧密对接产业链、创新链的学科专业体系。企业可以把资本、技术、管理等要素参与到教育链的实施和人才链的培养中来,从而能够依法获得相应的办学效益。国务院办公厅《关于深化产教融合的若干意见》中指出,"各级财政、税务部门要把深化产教融合作为落实结构性减税政策,推进降成本、补短板的重要举措,落实社会力量举办教育有关财税政策,积极支持职业教育发展和企业参与办学。"《国家职业教育改革实施方案》中也强调,"试点企业兴办职业教育的投资符合条件的,可按投资额一定比例抵免该企业当年应缴教育费附加和地方教育附加。"

(三)学校要充分发挥企业在协同创新和成果转化方面的优势

高职院校要充分发挥企业技术创新主体作用和人才优势,突出企业需求和市场导向,搭建产学研用一体化平台,构建校企协同创新体制机制,挖掘中小微企业创新潜力,为企业提供全方位的服务和支持。国务院办公厅《关于深化产教融合的若干意见》中指出,"支持企业、学校、科研院所围绕产业关键技术、核心工艺和共性问题开展协同创新,加快基础研究成果向产业技术转化。"

（四）学校要充分调动企业人员参与教学的积极性

具备学校相应岗位资格的企业高级管理人才、专业技术人员和高级技能人才可以到学校担任兼职教师，积极参与学校专业规划、教材开发、教学设计、课程设置、实习实训等。一方面能够解决目前学校"双师型"教师短缺问题，提升学校师资水平和教学质量，另一方面为企业人员提供了发展空间，增加了收入，扩大了企业知名度，为企业赢得了经济效益和社会效益。

（五）学校要充分发挥企业在协同育人中的功能

产教融合协同育人能够提升学校人才培养质量，能够为企业培养所需要的人才，也是解决人才供给与产业需求重大结构性矛盾问题的基本路径。从企业用人来讲，员工的管理成本、培训成本和内生性发展动力都是影响企业效益的因素。企业通过和学校开展深入的产教融合协同育人，可以把企业对岗位技术能力、岗位素养和企业文化认知等方面的要求提前在学校进行培训，让学生进入企业前实现技术过硬、素养合格、企业文化和管理制度的高度认同，这样高素质的员工能够大幅降低企业的管理成本和培训成本。同时，高素质的企业员工能够潜在提升企业运行效率，激发整个企业员工的内生性发展动力。可以说，通过与学校开展深度校企协同育人，能够实现企业管理的"两降一升"（降低管理成本和培训成本，提升员工内生性动力），这是企业实现校企合作效益增长点的最重要方式，更体现了企业社会责任的价值所在。"支持公益事业，比如慈善事业或其他非营利组织，将有助于提升公司商誉和最终的销售。因此，企业将一些资源投入到这些非经济目标上是值得的，这与提高收益和利润的目标并不矛盾。"[1]

二、企业要关注学校主体实现办学的价值点

《国家职业教育改革实施方案》明确指出，职业教育与普通教育是两种不同教育类型，具有同等重要地位。可以说，高职院校同样承担着人才培养、科学研究、社会服务、文化传承与创新和国际交流的使命，其中人才培养是高职院校的基本使命。因此，从合作企业的角度来看，要为学校提供各种平台、资源和条件，帮助学校完成相应的大学使命。

（一）企业要积极为学校人才培养创造条件

人才培养质量不但是学校的生命线也是企业实现效益的重要增长点，企业在学校人才培养方面同样发挥着重要作用。首先，能够为学校提高"双师型"教师水平提供支持。企业中的"大国工匠"、技术能手和创新人才能够帮助学校教师提高实践教学水平，带动学

---

① 王春香，张志强译：《管理经济学》，北京：中国人民大学出版社，2015年第7版第23页。

校"双师型"教师的成长。同时,他们可以成为学生职业生涯的引路人,成为学生产生职业自豪感的启蒙者。其次,企业能够为校企工学结合提供优质资源。在校企开展工学结合的过程中,根据企业对员工技能的需求,企业可以把技能的标准与学校的专业规划、教材开发、课程设置和实习实训相融合,双方"共同研究制定人才培养方案,及时将新技术、新工艺、新规范纳入教学标准和教学内容,强化学生实习实训"。在学生参与工学结合的整个教育体系中,学生对专业知识有了新认识、对劳动教育有了新体会、对职业发展有了新定位、对社会沟通有了新提升、对人生规划有了新想法,这些新变化,是在学校单一主体的教育中所不能获得的。第三,企业能够帮助学校提升实习实训水平。学校实训设备投资大、周期长,由于技术迭代更新,加快了实习实训设备的淘汰,导致学校实习实训设备利用率不高,浪费严重,影响了实习实训水平,也给学校造成了巨大的财务压力。因此,企业可以与学校共同建立共享型实训基地,不但能够满足企业员工、社会人员的培训,也能够满足企业实习实训的需要。企业优质实训资源的注入,让学生真正感受到企业真实工作场景,接触到企业最新技术和工艺,为学生更快地融入企业提供充足的技术和知识储备。

(二)企业要积极为学校开展科学研究提供智力支持

高职院校的科研实力无论从硬件和软件实力来看,都与企业存在着巨大差距,这也是高职院校从"高原"向"高峰"跨越的短板。产教融合、校企合作为高职院校深入开展科学研究提供了平台和弥补短板的机会。合作企业要支持学校把科学研究的重点领域放在当地或者周边地区的产业上,通过与当地企业共同开展横向课题研究,为企业提供咨询或者管理服务,帮助企业解决技术、管理等方面的难题。《职业学校校企合作促进办法》指出,"职业学校及教师、学生拥有知识产权的技术开发、产品设计等成果,可依法依规在企业作价入股。职业学校和企业对合作开发的专利及产品,根据双方协议,享有使用、处置和收益管理的自主权。"这个办法对于促进企业和职业院校开展深度科研合作具有重要意义。

(三)企业要为学校增强社会服务能力提供资源

社会服务能力也是高职院校的一个短板,高职院校需要借助产教融合、校企合作的平台,实现高职院校在社会培训、服务地方社会事业等方面的最优化和最大化。在社会培训以及各种职业资格证书培训认证方面,学校可以聘请企业高级技术人员担任社会培训的讲师,企业讲师能够把行业发展最先进的知识传授给学员,学校还可以充分利用企业的实际工作场景,把学校技能培训部分搬进企业,让学员在理论学习的基础上,实现操作技能的提升。在服务地方社会事业方面,学校只有依托企业的重要资源才能实现社会服务水平的整体跨越。

（四）企业要与学校共同做好文化传承与创新工作

文化传承与创新是高职院校重要的价值使命。产教融合、校企合作不仅体现在人才培养等诸多方面，在文化传承与创新方面同样具有重要的合作价值，也是高职院校实现文化传承与创新的重要路径。一是高职院校特有的校园文化与企业文化的融合互通。高职院校的行业属性决定了不同的学校所倡导的校园文化是不同的。如商科学校倡导"商文化"、技术学校倡导"工匠文化"、建筑学校倡导"鲁班文化"等；同样，不同的行业企业所倡导的企业文化也是不同的。不管是学校还是企业所倡导的文化，其文化的内涵里都包含了中国传统文化的经典部分。因此，学校可以通过对企业文化的前置培育，让学生对企业文化有个宽泛和概念化的认识，企业可以让学生在企业实习实训的后期实践中，对学校倡导的文化进行深入体验和理解。这样，学校文化和企业文化就会真正融为一体，校企双方的优秀文化基因就会在人才培养中得到传承和创新。二是校企双方文化专业与文化产业的融合。校企双方在文化专业与文化产业方面的融合对于文化传承和创新具有天然优势。文化企业在学校设置相关文化专业或课程，把有实践经验的演艺名家、文化大师请到学校讲学，可以培养企业所需的技术技能人才，也能提升教学质量。特别是在非物质文化遗产、民族和民间技艺等方面，只有校企双方共同努力，才能为文化传承和创新做出贡献。

（五）企业要为学校开展国际交流拓展路径

目前，高职院校主要在出国考察、合作办学、师资培训、外籍教师来华授课等方面开展国际交流方面的合作。在产教融合、校企合作方面，高职院校也可以借助企业在海外业务方面的平台开展深入合作，以此提升高职院校国际交流水平。一是借助企业海外资源平台与当地学校开展合作办学，实施走出去战略。高职院校要充分利用与企业的海外资源，把校企合作模式搬到国外。紧密结合企业的海外业务和员工需求，与当地学校开展联合办学，输出专业课程标准、人才培养模式，为企业海外人才需求提供服务，为办好国际一流的职业院校探索经验。二是借助企业海外资源，鼓励海外学生来华留学，实施请进来战略。利用企业在当地的影响力，让更多海外学生来合作的学校学习或学历进修，在中国企业开展实习实训，学习合格后回到海外企业就业。这种方式能够极大提升海外企业用工水平，也能为高职院校深入开展国际交流提供模式借鉴。

三、学生需要校企双方关注的成长点

产教融合、校企合作的最终成果是培养高素质的技术技能人才、实现学生全面可持续发展，以适应社会经济发展对人才的需要。企业实践是校企合作人才培养的最重要环节，是学生特别关注能否实现自己成长的重要平台，也是学校、企业和学生三方容易发生矛盾和冲突的关键节点。因此,校企双方必须坚持以学生为中心,突出学生的主体地位,确保校企合作人才培养取得成效。

(一)要保证学生实习岗位的合理性

校企双方制定的学生企业实践方案首先要保证学生实习岗位的合理性,也就是企业岗位业务要求要与学生在校所学专业相吻合。企业实践是学生把在校学习的理论课程运用到实践中去,进行理论的再认识和再学习,这对于学生提升技术技能水平具有决定性作用。同时也必须认识到,从这些年学生到企业实习的实际情况来看,企业在衡量正常生产经营与为学生提供充分的专业对口实习岗位之间存在困境。因此,企业要把提供岗位的合理性与学校人才培养的目标达到多维度契合,如企业非专业岗位可以和学校的劳动教育、沟通能力、服务意识、职业认知等综合素养培养相融合,以此实现学生不同岗位都能够培养学生成长的目的。

(二)要保证学生实习内容的技术含量

学生在企业岗位的实习内容不仅要合理,也要具有技术含量。校企双方要根据双方制定的培养方案,落实好现代学徒制的内容,配好企业师傅,把企业实习内容与学校理论学习内容有机结合,逐步在实习内容上提升学生的实践技术含量,让学生在企业实训中切实感受到实习实训的意义和价值。

(三)要保证学生实习过程的严谨性

校企双方不能放松学生的实习要求,要严格管理实习过程,双方要在实习目标、要求、内容等方面进行认真的考核,严谨评价,落实企业的员工要求和学校的实习要求,确保实习质量。

(四)要保证实习目标的层次性

不同学生的理论程度等各方面都存在不同的差别,因此校企双方要针对不同的学生制定不同的岗位安排和实习内容,让每位学生都能在实习中有所得、有所进步。

校企协同育人是一项综合的系统工程,国家为企业和学校提供了良好的政策支撑。学校为能够培养出符合社会需要的人才,急切需要企业的合作,企业参与学校办学和人才培养的愿望同样迫切,学生也盼望着自己能够快速成长,尽快适应企业的要求。因此,只要协同育人三方把握好对方的利益点,就能够做好产教融合和校企合作的大文章,这对新形势下全面提高教育质量、扩大就业创业、推进经济转型升级、培育经济发展新动能都具有重要意义。

第19章 高职院校与产教融合型企业：合作方式、价值取向及目标达成
——基于人才培养的视角①

　　2019 年 1 月，《国家职业教育改革实施方案》提出："鼓励有条件的企业举办高质量职业教育，到 2022 年，企业参与职业教育的积极性有较大提升，培育数以万计的产教融合型企业。"2019 年 3 月，《建设产教融合型企业实施办法（试行）》正式颁布实施。该办法对产教融合型企业进行了明确的规定，其中明确了按照政府引导、企业自愿、平等择优、先建后认、动态实施的基本原则来确定产教融合型企业，同时还明确了产教融合型企业的培育条件、认证标准和评价办法。产教融合型企业的相关制度安排为企业与高职院校深入开展合作铺平了道路，产教融合型企业将会在人才培养、开展协同育人等方面会发挥重要的主体作用。教育部等六部门印发的《职业院校校企合作促进办法》指出，"开展校企合作应当坚持育人为本，贯彻国家教育方针，致力培养高素质劳动者和技术技能人才。"高职院校要与企业共同完成人才培养任务，实现双方共赢，一方面要与企业构建紧密的人才培养合作体系，另一方面要把握好人才培养过程中校企协同育人价值取向的内在逻辑。

一、高职院校与产教融合型企业的合作体系

　　高职院校与产教融合型企业在人才供给和人才需求方面有着天然的紧密联系，人才培养是双方实现共赢的基本契入点。学校希望通过与企业在招生、人才培养等方面的合作提升人才培养质量；企业希望通过与学校开展人才培养的合作，能够招到高质量的员工。构建校企双方人才培养体系是实现双方利益诉求的根本路径，因而双方人才培养合作体系的构建要紧紧围绕企业用工需求、学校人才培养目标为基本出发点。综合目前高

———————————
① 该文是 2019 年度山东省社科规划研究项目——高职院校产教融合协同育人体系建设研究(19CPYJ40)的研究成果。

职院校人才培养的困境与企业人才需求的基本点来看,这个合作体系要形成从联合招生、联合培养到联合就业的完整闭环,实现企业对人才完整的需求链和学校人才培养供应链的有机衔接。

(一)构建校企联合招生体系

联合招生是高职院校与产教融合型企业开展深度合作的起点。因此,双方要构建从招生宣传、选拔到录取的招生体系。近年来,高职招生宣传手段层出不穷,从报纸、网络到其他多媒体手段的宣传效果来看,学生更关注学校网站的宣传,因为家长和学生通过网站的内容可以窥见学校整个管理过程和办学效果。所以,无论学校网站还是企业网站都要大力进行招生宣传。同时,结合学校和企业的实际情况,校企双方可以开展线下实地考察模式,让学生和家长亲临企业和学校参观。一方面能够让考生切实感受到企业和学校的真实情况,提升家长和考生的认同感,另一方面也能够大力宣传企业和学校的文化及品牌,提升企业品牌推广力度和学校知名度。从招生选拔来看,校企双方要根据企业的岗位标准及学校人才培养要求制定相应的考核方式、内容和评价标准,形成一套科学的选拔评价体系。对于考生来说,录取成为学校的大学生和企业的准员工是一件大事,实现了人生的新跨越。因此,要从形式和内容上做好录取通知书发放和报到录取工作,通知书要体现校企双方合作办学的文化内涵,报到工作要向家长和学生展示校企合作办学的成果、理念以及课程建设等。从学生拿到通知书到来校报到,都要让学生感受到强烈的校企文化熏陶,有一种努力学习、忠诚于企业的冲动。校企合作品牌就是在不忽视每一个细节中不断积累和铸就的,校企招生合作体系是第一步。

(二)构建校企联合培养体系

联合培养是高职院校与产教融合型企业开展深度合作的核心点。这一部分直接关系到企业岗位素质需求是否能够在学校得到落实,也关系到学校人才培养质量是否能够得到企业认可。因此,联合培养体系可以从学校的专业课程建设与企业岗位专业技术能力标准以及学校综合素养培养与企业岗位综合素养要求两方面来构建。

构建学校专业课程建设合作体系与企业岗位技术能力标准。要结合学院专业特色和企业岗位技术能力标准,以职业能力标准为导向,以实际项目为载体,以开发多元融合课程为主线,从课程结构、内容、设置等方面进行全方位、多层次建设,形成理论课与实践课、校内实训与企业实践的校企"无缝衔接"的课程结构。下面以我院与海信智动精工有限公司合作开发的"技术主管岗位"职业能力标准课程为例,在学院相关专业课程的基础上,与海信制动精工有限公司合作开发校企合作课程,主要有组装工艺基础、程序管理、工艺管理、工艺技术、工艺工具、工艺核心知识、海信质量管理等(见下表)。

课程名称	主要内容	开设学期
组装工艺基础	表面组装工艺基础；表面组装设备基础	第4学期
程序管理	公司质量手册；文件控制程序；供方认定管理程序；责任制管理办法	第4学期
工艺管理	新品试制管理规定；作业指导书管理办法；质量异常和停线标准	第5学期
工艺技术	贴片物料管理规定；湿度敏感器件管理规定；产品周转和防护规范；手工焊接作业规范	第5学期
工艺工具	Cam350；MES；SAP系统；PLM系统；	第6学期
工艺核心知识	SMT工艺条件和工艺流程；PCB可制造性设计；印刷工艺；贴片胶工艺；贴片工艺	第6学期
海信质量管理	质量概述；全面质量管理；质量管理过程方法简介；质量管理体系和实施；质量管理发展阶段和做法	第6学期

该课程体系是在学生完成学院相关专业课程的基础上，由海信派技术人员到学校进行授课，以讲座、案例教学、项目教学、角色扮演和实际操作等教学方法为主。在完成课程学习后，学生到企业实践，使得校内实训转变为企业实践，极大地培养了学生的实践能力。这一合作体系实现了学校理论课程与企业岗位标准能力要求的完美对接，实现了学生理论学习与实践操作的有机统一。

构建学校学生综合素养培养与企业岗位综合素养标准合作体系。高职学生除了要具有专业技术外，"高素养"是对高职学生综合素养的另一种必备要求。从国内企业对员工综合素养的要求来看，不同企业对岗位的综合素养有着清晰的框架体系，如海信智动精工有限公司的岗位素养要求体现在"吃苦耐劳、精益求精、行动力"等方面，山东临工工程机械有限公司的岗位综合素养体现在"勤奋、敬业、真诚、奉献"等方面。可以看出，企业对员工的综合素养要求与学校对学生综合素养的培养有着必然的紧密联系。

对于高职院校来说，要主动适应企业对人才素养的基本要求，把企业的岗位综合素养标准与学校学生综合素养培养相融合，充分借鉴不同企业的职业素养标准，结合学校的行业特色、专业特点，把企业对员工综合素养要求落实到日常教学、学生活动及日常管理中，充分利用企业文化资源、大国工匠等技术人才的精神资源、现代化设备的物质资源，共建相应的学生活动课程体系、教育活动体系，开展师资互换、活动场地互补、教材和培训内容互融等方面的合作，形成高职院校与产教融合型企业人才素养培养的合作体系。

（三）构建校企联合就业体系

联合就业是校企双方完成人才培养的最后一环，也是体现双方合作成果的关键步骤。

对于产教融合型企业来说要做好岗前培训教育,对于学校来说要做好学生的就业教育。因此,产教融合型企业可以把企业岗前培训内容植入到学校就业教育中,实现企业岗前培训与学校就业教育在实践与理论方面的有机融合。这种融合一方面能够缩短企业员工培训时间以及培训成本,另一方面也能够提升学校的就业课质量。从企业岗前培训的主要内容来看,主要包括以下几方面:一是职业素养基础能力。包括员工的价值观、人生观、文化素质、思想素质、创新素质、道德水平、沟通能力、行为规范、团队精神以及心理素质等方面。二是企业文化。包括企业的基本概况、生产经营状况、质量管理知识以及公司的有关规章制度等。三是岗位流程。包括公司的生产、经营、销售、管理流程。四是岗位技能。包括员工所任岗位职责和任务,对完成这个岗位所必须的各项技能等。学校的就业教育除了要学习企业培训员工方面的知识外,还要给学生讲授求职技巧以及就业程序的办理等内容。因此,企业可以把职业素养基础能力、企业文化等方面的理论知识植入学校的就业课的理论学习中,企业可以派培训讲师到学校以专题讲座等形式完成理论讲座的内容;在就业课中需要完成的岗位流程、岗位技能等实践性内容,可以通过学生到企业参观、实训的形式完成实践操作部分;就业课中的有关求职技巧和招聘环节可以聘请企业人员来校开展实战模拟以及求职问答的形式来完成。就业课与企业员工岗位培训的有机融合,丰富了就业课授课形式,极大缩短了学生适应企业的时间,提升了学校人才培养质量,降低了企业的培训时间和培训成本,提升了企业用人质量,实现了从人才输出到人才引进的无缝衔接。

二、高职院校与产教融合型企业协同育人的价值取向

2019 年 1 月,《国家职业教育改革实施方案》提出:"落实好立德树人根本任务,健全德技并修、工学结合的育人机制,完善评价机制,规范人才培养过程。"国务院办公厅《关于深化产教融合的若干意见》(国办发 [2017]95 号)指出,"推进产教协同育人。坚持职业教育校企合作、工学结合的办学制度,推进职业学校和企业联盟、与行业联合、同园区联结。深化全日制职业学校办学体制改革,在技术性、实践性较强的专业,全面推行现代学徒制和企业新型学徒制,推动学校招生与企业招工相衔接,校企育人'双重主体',学生学徒'双重身份',学校、企业和学生三方权利义务关系明晰。"高职院校与产教融合型企业共同承担着协同育人的任务,从实施育人主体和对象的角度来看,校企双方要把握好校企育人"双重主体"之间、学生学徒"双重身份"之间以及校企"双重主体"与学生学徒"双重身份"之间的关系,这也是校企双方协同育人必须明晰的基本价值取向。

(一)高职院校与产教融合型企业协同育人"双重主体"之间的关系

从办学的角度来看,虽然学校和产教融合型企业都是协同育人的重要核心参与主体,

但由于各自从事的主业和关注的核心利益不同,这两者主体之间在协同育人上需要解决问题的主次方面还是存在差异的。"学校无疑是矛盾的主要方面,企业虽然重要,但它本质上是经营主体,主业并非育人,因而在合作过程中是矛盾的次要方面。"[1]认识到学校与产教融合型企业的主体间的层次关系,学校就要充分发挥育人工作的主动权,承担起作为育人主体的职责和使命。作为协同育人的主动筹划者,要把维护和实现企业最大利益放在第一位,通过协同育人路径的落实,激发企业承担协同育人主体的内生性动力。对产教融合型企业而言,落实立德树人根本任务,要把实现学校人才培养的最大价值放在第一位,通过拓展学校育人的实践渠道,为学校提供思想政治教育的新平台。中共中央、国务院《关于加强和改进新形势下高校是思想政治工作的意见》指出,"要推进高校思想政治工作改革创新。要强化社会实践育人,提高实践教学比重,组织师生参加社会实践活动,完善科教融合、校企联合等协同育人模式,加强实践教学基地建设。"学校和产教融合型企业协同育人的主体关系是双赢、共生关系,要把实现学校和企业共同利益作为落实协同育人工作的出发点和切入点。

(二)高职院校与产教融合型企业协同育人学生学徒"双重身份"的关系

作为协同育人的对象,学生学徒是一元主体,但是要担任两种身份,一个角色是学生,另一个角色是学徒。什么时候承担学生的角色、什么时候承担学徒的角色,都取决于学校和企业协同育人的总体设计和规划。总起来看有这么几种可能,一是先到企业实践,实践完之后再回到学校学习,这种形式就是学徒、学生身份的角色转换;二是先在学校学习,然后到企业实践,实践完之后直接就业,这种形式就是学生、学徒身份的角色转换;三是先在学校学习一阶段,根据校企双方的安排,到企业实践一阶段,实践完之后再回到学校完成学业,这种形式就是学生、学徒、学生身份之间的角色转换;四是先到企业实践,然后回到学校学习,学习一阶段后再到企业实践,这种形式就是学徒、学生、学徒身份之间的转换。从目前校企合作的实际成效和数据跟踪分析来看,学生、学徒和学生的身份模式的教育效果最为显著。从这个身份逻辑转换来看,学生根据学到的理论与企业中的实践相比之后发现了自己理论的不足,回到学校后还有进一步改进的机会,提升了学生对理论的进一步认识。通过在企业真实场景的体验,学生自己在职业生涯、社会融入以及人生规划等方面都有了新的认识。因此,学生从企业回到学校,自己身份从学徒转变成为学生身份,这次转变对于学生来说已经不是以前的"学生",而是具有职业人的某种特征的学生,他们对新的学生角色的认识上升到了一个新的层次。但还必须看到,学生学徒"双重身份"转换和育人目标的达成不但取决于学生身份转换的效果,还取决于校企育人"双重主体"

---

① 张健:《深化产教融合、校企合作三题》,当代职业教育,2019 年第 1 期。

功能的实现。

（三）高职院校与产教融合型企业协同育人校企"双重主体"与学生学徒"双重身份"的关系

"双重主体"与"双重身份"的对应关系就是教师对应着学生,师傅对应着学徒。如果要落实好校企协同育人,就必须实现教师、师傅和学生之间互相对应,实现三个主体之间的有效协同,而这三个主体的协同需要通过企业和学校的顶层设计和规划来实现。

一是校企的文化协同育人。高职院校的行业属性决定了不同的学校所倡导的校园文化是不同的。如商科型学校倡导"商文化"、技术型学校倡导"工匠文化"、建筑型学校倡导"鲁班文化"等等;同样,不同的行业企业所倡导的企业文化也是不同的。不管是学校还是企业所倡导的文化,其文化的内涵里都包含了中国传统文化的经典部分。因此,学校可以通过对企业文化的前置培育,让学生对企业文化有个粗浅和概念化的认识,企业可以让学生在企业实习实训的实践中,对学校倡导的文化进行深入体验和理解。通过校企的深入合作,学校文化和企业文化就会真正融入一体,深入到学生的内心,体现在学生、学徒的日常行为中,校企双方的优秀文化基因在学生培养中会得到传承和创新。

二是校企制度协同育人。除了要充分发挥校企双方在课程、实践等方面的育人功能之外,还要把企业的相关制度与学校的相关制度进行深入融合,让学生在深度学习企业制度的基础上,深刻认识学校制度的内在逻辑体系,提升学校制度的执行效果。通过学校制度的严格落实,也会提升学生对企业制度的适应性,从而有助于教师、师傅和学生、学徒达成制度认识的一致性。

三是校企管理协同育人。在校企的深度合作中,共同管理好学生和学徒是双方合作成效的关键,特别是学生在企业的实践中,双方要在工作任务布置、安排、考核、评价和要求等方面达成一致,让学生(学徒)听到同样的口令,同一声音,避免出现管理上的不协调。教师要把学校对学生的核心素养要求落实到具体工作中,企业也要像要求自己的员工一样严格要求学生,不但要传授职业技能和专业知识,更要把专业精神、职业精神、工匠精神传递给学生,让学生在心理上实现从学生向学徒的快速转变,感受到学徒的"味道"。

三、高职院校与产教融合型企业的目标达成

产教融合、校企合作是高职院校办学的基本路径,高职院校只有深入探索在实习实训、学科专业、教学课程建设和技术研发等方面与企业深入合作的模式和长效机制,才能实现职业院校的教育链与人才链的有机衔接,才能全面提高人才培养质量,更好地服务国家战略和区域经济发展。因此,高职院校与产教融合型企业深度合作的愿望非常迫切。

根据《建设产教融合型企业实施办法》的相关要求，按照政府引导、企业自愿、平等择优、先建后认、动态实施的基本原则来建设产教融合型企业。从产教融合型企业的建设培育条件、认证标准和评价办法来看，与高职院校开展实质性的深度合作是完成企业建设任务的根本出路。因此，产教融合型企业与高职院校的深度合作的愿望同样迫切。高职院校与产教融合性企业的深度合作能够实现校企双方共赢。

模式构建篇

学生管理模式及核心素养培养模式

第 20 章　高职院校中外合作办学学生管理模式："一二三四五"学生管理体系的构建

一、管理体系构建背景

中外合作办学的学生管理与普通学生管理存在很多不同：一是学生生源质量较差，分数差别较大，学生家庭背景差异大，专业层次较多。这些差异导致学生的日常行为、人生观和价值观以及学生的思想认识差异大，他们的思想波动大，行为变化较快，不确定因素较多。二是学生的行为习惯、世界观、人生观和价值观已经初步形成。经过访谈和在线问卷调查中发现，有 45% 的学生从小学就没有养成很好的学习和生活习惯，有 20% 的学生是初中发生了问题，5% 的学生是高二的时候放弃了学业。在调查中发现，导致学生出现问题的最主要原因是学生的家庭教育问题，很多情况是家庭忙于挣钱而忽略了孩子的成长，没有及时关注孩子，更没有注意到孩子所出现的问题。因此，当我们找家长给予相应配合来教育学生的时候，很多家长都无能为力。家长把最后的希望放在了我们教师身上。三是学生基础知识薄弱与教学要求较高的矛盾突出。中外合作办学的国外教学要求较高，特别是合作办学的双语授课，加大了学生学习的难度，英语过关考试和专业外方测试加大了学生的心理压力和承受能力，学生的心理变化导致学生的行为和大学生发展目标时刻摇摆不定。四是学生的家庭教育与学校教育吻合程度不够。绝大部分学生是好的，大部分家庭非常支持学校的管理，也配合学校的教育，但是也有部分学生的家长把孩子送到学校就是为了学校能够看好孩子，不要惹是生非就可以了，至于其他的都是次要的，有的家长要听学生的，学生让干什么家长就干什么，这一部分学生的行为对其他学生产生了较坏的影响。五是学生不学习的后果和代价不大。学生学习的动力很多是来自外部因素，

没有严格的考评制度不可能促进学生有效的学习。学生考试不及格既没有精神上的损失，也没有经济上的损失，更不怕没有毕业证。他们不及格、不学习的后果没有任何代价。而国外的不及格学生要交重修费，还有拿不到毕业证的风险。六是社会大环境的影响。当前的社会大环境的影响也是学生教育越发难管的重要因素。网络环境、媒体导向等外部因素使得学生教育的不可控因素越来越多。

二、管理体系内容

　　"一二三四五"管理体系："一"是指探索实施一个工作模式，即"一出三进"的学生工作模式。它的具体内容是："一出"是指走出办公室。"三进"是指走进学生日常管理工作（宿舍、早操、晚自习、日常活动），深入分析学院学生管理工作的特点，做好日常的管理者；走进学生。对学生进行深入细致的了解，做学生生活的关怀者，走进学生的心灵深处，了解学生的思想动态，做学生精神的引领者。"二"是指实现两大工作目标：第一个工作目标是学生教育管理工作要为教学服务、为教师服务、为学生的可持续和长远发展服务。第二个工作目标是通过学生教育管理提高学院的生源质量。"三"是指开展三个主题教育活动，即"自尊、自信、自立、自强"的大学生自我发展主题教育活动、"安全、文明、和谐、上进"的大学生活主题教育活动、"学会感恩、学会吃苦、学会吃亏"的大学生人生观主题教育活动。"四"是指做好四方面学生教育管理工作。一是制度建设；二是教育引导；三是文化塑造；四是活动激励。"五"是指做好五个结合：坚持国内的管理方法与国外的管理方法相结合；注重管理方法与专业特点相结合；注重制度约束与心理疏导相结合；注重积极引导与自我管理相结合；过程控制与目标管理相结合。

三、管理体系的成效

　　一是提升了辅导员的管理能力和水平。通过构建学生管理体系，辅导员转变了管理理念，丰富了管理方法和技巧，能够用系统的思维开展学生管理的研究和教育学生。

　　二是提升了育人效果。"90后"所处的家庭环境、社会环境、网络环境使得学生的思想、行为、价值观和人生观有自己的特点。特别是他们希望得到关心、得到重视、得到尊重的意愿格外强烈，最不希望的就是外界的干预和强制管理。通过构建学生管理体系，从制定学生管理制度入手，开展有效的教育引导、文化塑造、活动激励。促进学生良好日常行为的养成，培养了学生良好的学习习惯、生活习惯，教会了学生做人、做事，促进了学生的可持续和长远发展。

　　三是提升了学生管理的科学化水平。通过系统的构建学生管理体系，辅导员对学生的管理有了理论支撑、实践模式和基本方法，构建了全方位、全时段、无缝对接的教育管理网络，大大提高了学生管理的科学化水平。

第21章 "三全育人"之全员育人模式：细、严、实、新

"三全育人"的核心是全员育人，只有充分调动育人主体的积极性和创造性，严格要求育人主体，"三全育人"工作才能落地生根。全员育人需要协调统一思想，需要构建相应的体制机制，更需要长久持续不停的抓，抓好育人主体、管理对象和育人媒介；不断创新育人方法和策略，把每项工作抓紧，落小、落细、落实，才有可能取得成效。全员育人工作不能搞运动、搞花架子，育人工作需要实事求是，潜移默化，润物细无声，驰而不息，久久为功。育人主体的示范作用胜过千言万语，是全员育人的核心。

近年来，学院一直坚持以全员育人为切入点，从"细"处着手，从"严"处管理，从"实"处着想，从"新"处落实，探索出了一条全员育人的路径。

一、工作目标与思路

坚持以学生为本，以围绕提高学生的综合素质为核心，认真落实"细、严、实、新"的全员育人新模式，采取了从细节着手、严格管理、狠抓落实、创新方法和策略，开展了有针对性的各项活动，实现了学生行为习惯的改善、思想观念的提升、综合素质的全面提高；实现了育人主体、育人能力和水平的全面提升。

二、实施方法与过程

（一）全员育人从"细"处着手

"天下大事必做于细。"育人工作是教师和学院的大事。因此落实全员育人工作必须从细节入手。

制度细化。制定详细的管理制度，从教师课堂考勤、教室卫生、早操、宿舍、晚自习、会议活动等落实育人主体责任，制定了严格的育人制度。

职责细化。坚持"权责清晰、职责明确、信息共享、育人无界"的全员育人工作思路，

细化职责分工,明确教师、辅导员、班主任、学院干部的职责分工,每项育人工作都能够找到具体责任人。

流程细化。学生育人工作千头万绪。为了改进工作,提高工作效率,把各相关工作都制定了工作流程。育人主体可根据育人工作流程开展相关工作,工作流程实现了育人经验的积累、育人工作的诊改和创新。

考评细化。根据制定的管理制度,学生的各项活动,学院教师的各相关工作都要进行细化考核,考核到具体责任人。每周都要定期公布日常工作考核结果,每次活动必须公布活动开展情况。细化考评激发了学生自我管理的能力,鼓励教师不断改善工作方法。

(二)全员育人从"严"处管理

"严字当头,爱在其中。"育人工作要学会严中有爱,育人主体要有担当,育人对象要被关爱,育人过程也必须真严。

严格要求育人主体。做好学生的教育工作最重要的就是教师。因此严格要求教师的日常教学、教室卫生、上课出勤、主题班会和各种活动,做到周周有检查、有反馈;严格考核辅导员的日常活动和班主任的主题班会;严格落实行政人员的育人职责,落实主体育人效果。

对学生要严中有爱。根据学生的学习和生活状况,要严格要求学生的日常行为,如不能在教室吃早餐,上课不能迟到、旷课,大型活动不能缺席等,对于违反纪律的一定要认真教育并认真落实清楚,做好学生的心灵关怀;严格要求学生的言行,从学生见教师要问好到网络语言和日常礼仪都要有要求,对于学生的问题要做好人文关怀。通过严格管理,让学生在不断纠偏中实现能力的提高,思想认识的改变和行为的改善。

严格落实育人工作。全员育人关键是落实在具体工作中。首先,从上课考勤、教室卫生入手,狠抓学生和老师的课堂育人工作;其次,从宿舍、早操、晚自习入手,狠抓学生的行为习惯养成;第三,从考试纪律关键环节入手,强化对学生的严格管理,让学生树立遵纪守规意识;第四,从学生品牌活动建设入手,激发学生向上、向善的正能量;第五,从奖助学金获得者、优秀学生和学生干部的"关键少数"入手,激发学生自我约束意识,树立学院良好的风气;第六,从名师讲座入手,做好学生的思想引领工作;第七,从特殊学生入手,做好特殊学生的跟踪教育工作;第八,从工作纪律入手,严格要求师生的工作纪律,按程序办事;第九,从工作内容入手,要求师生工作精益求精,没有最好,只有更好;第十,从工作目标入手,要求教师立德树人,严于律己。

(三)全员育人从"实"处着想

育人工作必须坚持实事求是,一切从实际出发,因材施教,不能有半点虚假。工作内容符合实情。学院存在学生知识层次差别大、行为习惯差别大、专业差别大、学生家庭背景差别大、班级男女比例差别大等问题。因此,学院的各项育人工作内容既要统筹安排,又要实事求是。不搞花架子,不搞短期轰动效应。所有育人工作都要求做到符合学生实际、符合专业发展实际、班级实际。如学生分数低,读书少,学院长期开展读书活动,取得了很好效果;根据学生家庭情况,学院长期举办"感动中国人物"学习活动,培养学生的感恩意识、奉献意识等;根据班级的差异,同样的体育活动要符合班级实际,国际商务系女生多,班级之间就搞跳绳活动;中外合作系男生多,班级之间就搞拔河活动,等等。

工作方法出实招。学院育人工作狠抓落实,一方面,对教师、辅导员和班主任月月有考评,月月有考核,对学生周周有通报、有反馈、有跟踪;另一方面,对学生活动要求周密计划、严密组织、严格考核,对各项活动有落实、有反馈、不走形式、不图虚名。同时还定期召开不同类型学生的座谈会、调研会和反馈会,对于学生的细节狠抓不放松,一点点地抓,一点点去教育。如学院要求学生上完课后必须把凳子放在桌子底下,带走垃圾,这些事虽小,但经过近几年的实践,取得了很好的教育效果。

(四)全员育人从"新"处落实

不断创新是育人工作的灵魂,只有创新才能适应学生的发展、时代的变化。育人体系有创新。经过近几年的实践和摸索,学院形成了完整的全员育人体系,创新了育人方式、评价内容和考核办法。在育人方式上,引进爱班级App考勤,运用爱班级进行学生各项学习和活动内容的汇总和评价,充分发挥主题班会、主题讲座的作用,从细处着手,从小事落实;在评价内容上,注重全员育人过程管理,注重运用结果评价;在考核办法上,采取数据定量分析、定性分析评议相结合,确保评仪过程的公平、公正。

育人活动形式有创新。学生活动是实施全员育人的载体,学院创立了"我的青春+"学生品牌活动,其中包括"我的青春我读书、我运动、我奉献、我创业、我守纪、我感恩、我成长、我能行",通过品牌建设,育人工作有了新的生机。如"我的青春我读书"已形成学院文化品牌,在学校校园文化品牌的评选中,获得第一名的好成绩。"我的青春我奉献"活动,成立暑期志愿服务团,在今年的暑期支教服务团获得省级暑期社会实践优秀服务团称号。"我的青春我精彩"活动展示了学生的风采,提升了学生的综合素质。本学年举办了中外文化交流晚会,新生大合唱,元旦文艺汇演,学生辩论赛、演讲比赛、美文诵读比赛等活动,学生参与积极性高,这些活动已成为展示学生才华的舞台。"我的青春我创业"活动培育了多名创业学子。

三、工作成效及取得的经验

1. 学生行为素养明显提升

经过近几年多任课教师、班主任、辅导员驰而不息的抓，取得了可喜效果，学生已经养成了良好的学习习惯、卫生习惯和行为习惯。学生守纪、守规意识明显提高。

2. 学生人文素养明显提高

在全员育人的过程中，教师的言行和示范作用发挥了重要作用。学院形成了爱读书、爱学习、乐于参加志愿服务、积极向上的氛围。学生之间的矛盾发生率明显下降，很多问题都在与教师的沟通中予以解决。

3. 全员育人体系构建取得成效

学院全员育人体制机制已经建立，形成了较为完整的工作流程，教师育人的主体意识、方法和策略明显提高。

第 22 章　高职学生核心素养培养模式

一、高职学生核心素养的理论框架

根据调查问卷的结论，结合《中国学生核心素养发展报告》的内容以及国外对核心素养相关的研究成果，本研究把高职学生核心素养内容架构核定为以下内容，即学生与自我的互动能力、学生与职业的互动能力以及学生与社会的互动能力。每项互动能力由三个基本指标构成，每个指标由三项基本要素构成。总体框架内容如图所示。

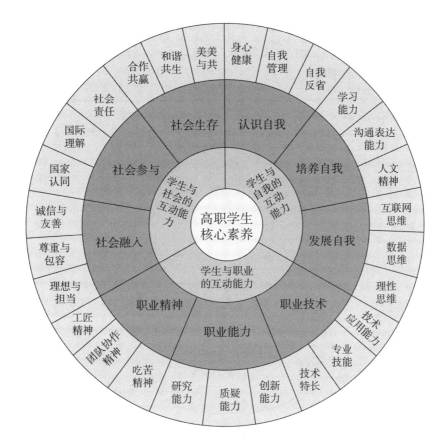

二、高职学生核心素养培养的模式架构与实践探索

根据对高职学生核心素养的分类,在实践探索中,通过落实核心素养培养模式架构,探索出学生核心素养培养模式活动品牌,形成制度性和机制性的框架。实践探索部分包括学生与自我的沟通能力、学生与职业的沟通能力和学生与社会的沟通能力培养三项内容。

(一)学生与自我的沟通能力培养的模式架构与实践探索

1. 学生与自我的沟通能力基本素养标准

根据高职学生的实际情况,有必要对高职学生进行实际的定位和分析,从最基本的素养要求开始。在认真调研和实际研究的基础上,让学生与自我的沟通能力的培养更具体化、培养更有抓手,提出了"坐有坐姿、站有站相、话有分寸、行有规范、思有境界"的学生基本素养标准。

2. 学生与自我的沟通能力培养模式架构

在学生培养具体实践中,工作室构建了学生与自我的沟通能力的培养模式,形成了

"三抓三导三平台"的实践模式和体系。"三抓"是指抓细、抓小、抓严；"三导"指的是思想引导、行为引导和心理引导；"三平台"指的是"我的青春+"平台、"互联网+"平台、"实践+"平台。具体结构模式如图所示。

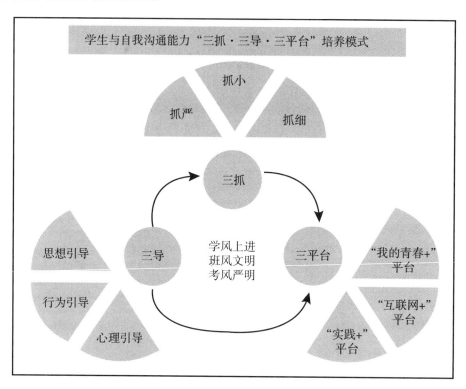

3. 学生与自我的沟通能力培养模式的实践

"三抓"指在学生管理日常工作和文明养成教育中坚持抓细、抓小、抓严，主要通过对学生的早操、宿舍卫生、课堂出勤、教室卫生、课堂纪律、晚自习、大型活动、日常行为等方面严格要求，从小处着眼、从细处着手，严格管理。

"三导"指思想引导、行为引导和心理引导，通过学习习近平新时代中国特色社会主义思想，观看年度感动中国人物，开展"中国梦"主题教育、主题团日、志愿服务、心理健康教育等活动，提高学生的思想素养、劳动素养，使学生形成良好的心理及行为习惯。

"三平台"指"我的青春+"平台、"互联网+"平台、"实践+"平台。通过三大平台，把学生活动系统化、品牌化，形成学生活动体系。如"我的青春我读书"、"我的青春我运动"、"学生创意暨匠心之作大赛"、"读书在寒假、实践在寒假、创意在寒假"、"读书在暑假、实践在暑假、创意在暑假"、工匠大讲堂系列讲座等活动都系统化的纳入三个平台，进行系统教育。

（二）学生与职业的沟通能力培养的模式架构与实践探索

1. 学生与职业的沟通能力培养的模式架构

从学生与职业沟通能力的三方面内容来看，通过知识的传授很难全面提升职业技术、职业能力和职业精神的水平。经过不断摸索和实践，探索出了"三融合、四协同"的学生与职业沟通能力的培养模式。"三融合"的基本内容：企业岗位培训与学校就业创业教育相融合、企业岗位技术能力要求与学校专业课程建设相融合、企业岗位核心素养与学校学生综合素养培养相融合。"四协同"的基本内容：校企管理协同育人、校企研发协同育人、校企制度协同育人、校企文化协同育人。

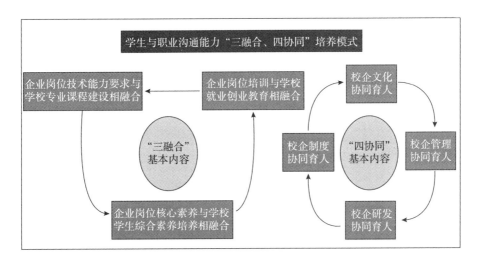

2. 学生与职业的沟通能力培养的实践探索

（1）校企共同构建职业技术培养体系。实施"一专一企一机构"（一个专业要和一个企业密切合作，同时要共同开发一个研究机构）培养学生的专业素养，学生最终实现"能说会写、能编会网、能动会创、能技会术、能践会悟"，以此为标准提升学生技术应用能力、职业技能和专业特长。

（2）校企共同构建职业能力培养体系。落实学校就业创业教育与企业岗位创新对接、专业课程内容与岗位职业标准对接、教师与技师对接、教室与车间对接。校内建立企业技能大师工作站，把企业专家请进课堂，引入企业新技术、新工艺及企业培训课程，为学生提供创新素材、创新空间和创新平台，以此提升学生的质疑能力、创新能力和研究能力。

（3）校企共同构建职业精神培养体系。通过产教融合协同育人，落实校企管理协同育人、校企研发协同育人、校企制度协同育人、校企文化协同育人。实现企业的利润点、学校发展的价值点、学生成才点和校企双方的共同增长点有机融合，让企业在发展中体现社会责任，让学校在校企合作中增强育人效果，让学生感受到职业精神。

（三）学生与社会的沟通能力的培养模式研究和实践探索

1. 学生与社会的沟通能力的培养模式研究

从学生的问卷调查和质性访谈的结果来看，培养学生的社会沟通能力最重要的是要让学生走出校园，走进企业、社区和教育基地，让学生感受社会真实的人、真实的事和真实的社会场景。基于对学生企业实践、社会实践和社区实践的工作经验和取得的效果，结合本研究中的学生与社会沟通能力的相关要点，构建了学生与社会沟通能力的培养模式，即"一出三进"的培养模式。"一出"是指走出校园；"三进"是指走进企业、走进社区、走进教育基地。

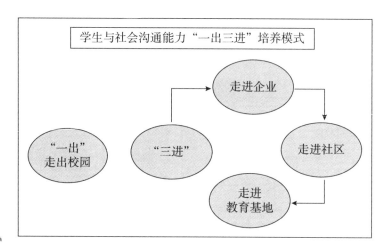

2. 学生与社会的沟通能力培养的实践探索

走进企业：走进企业，不但是培养学生与职业沟通能力的重要平台，也是培养学生与社会的沟通能力的重要平台。与社会的沟通能力的培养要有真实的职场环境，这种职场环境来自企业的参与、企业设备的参与和企业智力的参与。

走进社区：社区是与学校联系最为方便的社会组织，其中包含培学生与社会的沟通能力的各种要素，学生到社区参加各种活动，切身了解社会的发展变化，了解基层的社区组织活动，社会融入、社会参与和社会生存中的各种要素都能在社区组织中找到。

走进教育基地：教育基地作为作为优质的教育资源，是大学生重温历史、缅怀先烈、坚定理想信念的客观载体。通过各种实体形态与精神文明展现的红色文化本身就具有重要的教育价值，在大学生爱国教育中发挥着重要的导向作用，对培养学生国家认同和社会责任感具有重要的促进作用。

三、模式构建的实施效果

学生管理品牌影响力逐渐扩大，在学校形成了很多学生活动品牌。以高职学生核心素养的理论研究为主线,通过各项学生素养要素培养的实践探索,形成了一系列的学生活动管理模式。在学生综合素养培养模式的总体引领下,认真落实学生综合素养提升的总体思路,通过狠抓落实,学生综合素养明显提高,辅导员的学生管理水平大幅度提升,形成了良好的学风和院风。此模式无论在理论研究和实践模式推广方面都在校外产生了较好的社会反响。

实践感悟篇

第 23 章　2009—2010 年：管理学生 感悟责任

2009 年 12 月 1 日　星期二

很早就想把自己每天所做的事情进行归纳总结和整理,然后把每天的感悟进行记录和梳理,让它成为自己今后前行的内在力量。可是自己一直没有给出十足的毅力和勇气去做这件事,倒是却给自己找了足够的不去提笔的理由。今天是 2009 年最后一个月的第一天,我想从今天起,开始边做、边写、边思,让自己所走过的路留下点印记,让自己所思留下点记忆。学生管理是一件平凡的事,要记住这些平凡的事,深入思考这些事,从中一定有所收获。从今天开始吧! 我相信自己能够做到。

感悟: 人总是给自己找各种理由和借口,正是这些借口和很多不做的理由,人也就离目标越来越远。不管怎么样,开始干、认真干、积极主动地去干,可能会离成功越近。

2009 年 12 月 2 日　星期三

今晚学生干部来办公室找我讨论有关周五晚自习活动的事情,因为这学期一周上五次晚自习,为了活跃一下学生学习氛围,允许学生周五搞活动。学生提出了看电影,这也不是什么错误的想法,但我跟学生谈了自己的想法:搞一次班级活动不容易,通过班级活动使全体学生有一种向上的氛围、团结的力量,激发起班级的每个人为班级贡献自己力量的精神,因此要搞一些有意义的活动。学生接受了这个建议,回去重新讨论活动方案了。

感悟: 班级的凝聚力是通过一个个活动搞出来的,每个活动都要让学生有一种集体归属感、感受到班级凝聚力的力量,培养每位学生乐于为班级奉献的精神。因此,班级活动需要精心设计,不能随心所欲,辅导员老师要精心策划、认真备课。

2009 年 12 月 3 日　星期四

学生的学费为什么很难一次性收齐? 为解决这个问题,今年我采取了一系列的措施,很快就收齐了学生的学费。这些措施包括:没有缴学费就不能办理注册手续,没有注册的学生不能参加奖助学金评选、不能参加各项先进评选、不能参加期末考试、不推荐就业单位,等等。看来,对于学生的行为,必须有约束他们的办法,否则学生会使出浑身解数、找各种理由来托辞不缴学费。到最后,学费花没了,辅导员还要联系家长解决,家长反过来还要埋怨学校管理不严。

感悟：催缴学生的学费不应成为教师必须做的一项工作,出现这一问题是我们的管理不到位,没有按照学生手册上的规定去执行,让学生钻了空子。学生管理的各项工作必须严格遵守各项制度,而执行制度是学生管理的最大难点。

2009 年 12 月 4 日 星期五

今天,大一新生栗同学的父母找到我反映该生在校受到黄同学欺负的事情,家长一次列举了十多条情况。我感到事态的严重性,立刻联系了欺负黄同学的家长,但是家长并不配合,也不愿意来。我找到黄同学询问相关情况,但是该同学并不承认栗同学所反映的事情,把一切事情都推得一干二净,表示与自己无关。经过认真仔细调查,事情也不像栗同学家长所反映的那样,发现双方都有责任,经过协调沟通,双方达成和解,学生之间的矛盾也得到解决。

感悟：要纠正学生的错误,必须有确凿的证据,让学生无反驳之力、无言可辩,这样学生才能服你。对辅导员来说,调查研究是学生管理工作必备的工作方法。

2009 年 12 月 7 日 星期一

学生干部每天晚上都要来办公室打扫卫生,天天如此,虽然每天都有不同的学生来,但是这些天天坚持的学生,真是很了不起。我上大学时,很少到老师的办公室,现在想起来真是后悔没有去帮着老师干点活。学生坚持打扫办公室不是一件容易的事,是需要耐力的,打扫办公室也需要动脑子。我观察不同的学生打扫办公室都有不同的方法,效果也不同,我想他们应该从中学到很多东西,这也是学生的能力培养吧。

感悟：现在一谈能力培养,都是这方案、那方案,制定了一些高大上的方案,真正落实的不多。其实让学生做小事、把小事干好就是培养能力。让学生在做小事的过程中培养做大事的方法和思维,让学生理解什么是"一屋不扫何以扫天下"的道理,但现在真正懂的学生不多,都不愿意做小事。

2009 年 12 月 8 日 星期二

今天,孙同学的家长和高同学的家长来校就打架一事进行协商。可以看出,家长都很恼恨,也很无奈,谁家也不希望自己的孩子出现这种事。我把两个孩子在学校的情况向两个家长做了反馈,家长们都认为自己的孩子在学校表现很好,而实际情况与他们想象的反差很大。经过双方协商,这次打架事件还是圆满解决了,根据学校制度,对学生做了相应处理,家长也对处理结果表示满意。

感悟:家长教育不好自己的孩子,早晚要因此付出代价。因此,学校辅导员还必须经常跟家长沟通,了解孩子过去的实际情况,这样做起工作来会更有针对性。但现在的学生不愿意老师联系家长,似乎家长也不愿意和老师沟通。对于那些很不好管的学生,形不成合力的教育在短时间内很难见效,因此学校教育离不开家长的大力支持。

2009 年 12 月 9 日　星期三

今天,张同学来到办公室找我谈点事。该生是以前的宿管部副部长,还担任过一年的班长,他觉得很委屈,原因是这次没有发展成党员,觉得自己白干了。说实在的,他干得确实不错,但是相比其他人来说还差点。他认为付出就要有回报,那别人也付出很多啊,这一点他没有考虑到。

感悟:很多学生进入学生会就有这个想法。实用主义的想法在目前高校的学生会普遍存在,干多少都要有回报,没有回报就觉得自己吃了很多亏。实际上,无论干什么工作,只要干就不可能没有收获,也不可能没有回报,只是迟早的问题,这个道理没错。学生会的干部必须加强这方面的教育,学生会是为学生服务的地方,这一点必须让学生干部牢牢记住。

2009 年 12 月 10 日　星期四

今天上的数学课,是我这学期以来感觉上得最好的一节课,原因不是我讲得多好,而是学生问了相当多的问题,让我感到学生有了从不知道学习到逐渐认识到学习重要性的转变,让我感到格外高兴。

感悟:学生的成才是培养出来的。学生学习的好坏,有个人先天性因素,但后天的教育更重要。上好每一节课,要尽量让每一位学生听懂,要让每一位学生都有所得,这些工作看似简单,实际上是很难做到。

2009 年 12 月 11 日　星期五

今天上午学院决定对 2009 级新生进行分班,分班的原因是开学时没有按成绩分班,导致教学出了点问题,成绩好的同学感觉到吃不饱,成绩差的同学感觉到吃不了。为了每一位学生能够更好地学好专业,学院领导在考虑到分班以后可能会出现诸多问题的情况下,毅然决定进行分班。分班以后主要存在以下问题:一是学生感情接受不了。学生刚刚在一起才两个多月,班级和宿舍的同学感情刚刚处于稳定状态,但是又不得不重新面对新班级和宿舍之间的重新磨合,这给他们带来了很多心理压力。二是许多同学认为,按分数分班会带来班级歧视，成绩差的学生受到冷落，不受到重视。三是班主任也存在怨气。在近两个月的班主任工作中，班主任下了很大功夫，分班以后一切又需要重头再来。四是宿舍管理工作又面临新的问题。为了贯彻这个决定，我首先召开了班主任座谈会，传达会议精神，接着召开大一新生班长会议，听取新生意见和建议，然后召开全体学生会议。种种迹象表明，学生对分班的决定意见非常大，如学生要集体罢考，还集体签名要求停止分班等。在这个时候，我知道处理不好会出大问题，必须采取果断措施，经过反复做学生的思想工作，与学生认真仔细沟通，学生的情绪基本稳定，一切都开始顺利进行了。

感悟：学生的情绪必须要有正确的引导，没有正确的引导学生就会出现很大问题。因此，学生工作是理而不是管，决策是相当重要的，没有正确的决策肯定要出现重大的失误。决策就是管理，在处理学生问题的时候格外重要。

2009 年 12 月 14 日　星期一

今天又忙了一天，上午本来想去查宿舍，也没去成。主要是处理学生的退学问题。学生退学的原因是多方面的，大部分是因为学生感觉到在大学里什么也学不到，还有的是家长已经给学生找到了很好的工作，还有的是因为专业不对口，真正由于贫困退学的很少。下午又开就业会，然后王书记又找我们谈了关于文明修养工程的方案问题，谈得都很好。晚上还要上课。

感悟：每天都像这样忙碌，天天如此。为什么这么忙？是工作效率问题还是其他问题？辅导员的专业化是不是就是这个问题？我也了解很少，看样子不断地学习、不断地增加决策力是相当关键的。对于学生退学问题，几年前就很多，但是学生的人生还需要自己去设计，不知道已经退学的学生后来都怎么样了，应该搞个调查和统计，这样还可以研究出很多问题，有很多学生管理的数据都没有得到应有的重视。

2009 年 12 月 15 日　星期二

今天是非常令我难忘的一天。因为我的一位学生，也是我的得力班长要离开我去当兵，没有准备任何欢送仪式，只是大家在一起开了一个小 party。而我在讲话时，却泣不成声，我也不知为什么。就是这个班长，我没有给他很多的东西，他却给了我很多的帮助和安慰。前两天刚收到他的短信："天气降温，请注意保暖。"发送的时间是晚上一点多钟，看到这个短信，内心充满了温暖，还有很多值得怀念的事情，许多往事历历在目。分手是常态，相聚也是常态，当一个人离开我的时候，我能够怀念，甚至是泣不成声，这是从来没有的，我这次表现也让许多同学看到，平时这么严肃的我也能这样多情。今天，真是令我难忘，难忘的是师生情谊，难忘的是平时的付出，难忘的是学生能够帮助自己、惦记着自己。这一天应该记住。

感悟：眼泪不是随便能流出来的，真正的眼泪流的是感情和友谊，流的是难以用话语表达的情感，只有让人心动之事，才动情、才能使人潸然泪下。师生情谊应成为一位教师终生的宝贵财富。

2009 年 12 月 16 日　星期三

今天上午审核毕业生登记表，很多同学不合格。我记得很清楚，把所有应该填的内容都告诉了学生，为什么还出错呢？我认为有以下几点原因：一是没有逐个把应填内容告诉班干部，分配事情不明确；二是第一年带毕业生很多情况不熟悉，又没有人告诉我；三是有一些同学不在乎毕业，有很多学生已经找到了工作，根本不认真填表。下午又让学生重新返工，耽误了很多时间。

元旦临近了，学生和老师都有庆祝的冲动，很多同学都盼望着这一天，特别是新生，他们需要了解、需要沟通，更需要有一种积极向上的浓厚氛围。今年又逢甲流盛行，很多大型活动无法举行，学生来到大学里可能还没感受到大学的自由和快乐，没有干他们想干的事，他们有点郁闷了。为了解决这些问题，也提升一下班级凝聚力，准备举办班歌比赛和文化墙活动。希望通过这些活动，可以增添节日的气氛，让所有的人在新年里都能够有抒发自己情感的地方、有施展自己才华的舞台，让学生们满意。

感悟：学生干不好往往是教师没有布置到位，没有讲清楚。学生做错了，教师往往都来埋怨学生，细想起来，很多情况都是教师的原因。"凡事勿责于人，反求诸己"，这句话很有道理，特别是教师，更应如此。每一个人都愿意过节，无论大人还是小孩，大人盼望着单位放假、发福利；小孩盼望着能吃点好的、家长领着玩一玩；学生则不同，学生希望班级搞一些活动，大家在一起庆祝一下，有的还要发挥一下才能，释放一下压力。这个时候可能是教师最宽松的时候，可以让学生放松一下，学生也可以亲近一下教师。班级活动架起了师生沟通的桥梁，这样的集体活动可以多搞一些。

2009 年 12 月 17 日　星期四

今天给学生上了两节课，讲了概率问题，学生有的还不明白，有的学生已经很清楚。自我实施 TTM（Task Teaching Method）教学方法以来，这个班发生了很大的变化，学生的学习积极性日益增强，学生的出勤率也很高。甲流已经过去，学生们也没有了紧张的气氛，我的讲课也有新的劲头。

感悟：教学有法但无定法。深化教学改革对于职业院校的课堂来说迫在眉睫，但如何改还没有形成比较新颖的模式。不管怎么改革，以学生为中心是课堂教学改革永远不能变的主题。

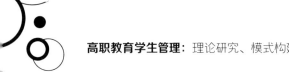

2009年12月18日　星期五

今天下午,院长找我谈有关挂历的问题。学院想用挂历的形式做一下招生宣传。我的想法是把学生的获奖情况统计好,然后放在挂历上,让学生体面地送给自己的老师、朋友和亲戚,学生自己觉得有面子,学院也能达到宣传的目的,实现双赢的效果。

感悟:在工作上,我们往往对战略问题研究不透,工作起来也就没有什么章法,往往是东一榔头西一锤子,缺少明确的目标;如果不研究好工作战术,工作就是在被动的应付,更谈不上工作质量。因此工作需要提前谋划,需要讲究战术和方法。

2009年12月21日　星期一

昨天的招聘会如期举行,很多学生都希望通过这次招聘会找到理想的职位。一些学生是来练嘴的,一些学生是来练眼的,一些学生是来练腿的,不同的学生怀着不同的目的和心情来到招聘会,他们会得到什么,在他们即将步入社会的时候,他们想通过招聘会领悟或者收获什么呢? 在昨天的招聘会上,遇见了去年毕业的一位学生,主动上前跟我聊天,这是让我没有想到的。因为他不是我带的学生,但他在学校是英语协会副会长,踏踏实实地干活,非常肯干,给我留下了很深的印象。我经常参加英语协会活动,经常指导他们开展工作,没想到给学生留下了深刻的印象。该学生谈了对我的印象,自然少不了一些过分夸奖之词、感谢之类的话语。不管怎么说,也是让我感到心里暖呼呼的。

感悟:教师的言行很重要,说不定哪句话就能影响到哪个学生,哪个行为会给学生带来人生的改变。教师的教育不在于刻意去追求教育的效果,而是要在教师的言行中去体现教育的真正价值,这也许是教育的真正力量。

2009年12月22　星期二

今天上午去查宿舍,情况普遍较好,但是大三宿舍是一个难点,这一届学生大一、大二都很好,但是到了大三问题就相当多。经过大一和大二后,大三的学生不但自身素质和修养没有提高,反而下降,这似乎是通病,这是什么原因呢? 我总结了以下四点:一是大三学生事多。很多同学想不了那么多了,有抓紧时间学习的,有抓紧时间找工作的,还有谈恋爱的,反正是很忙。在大一、大二去检查宿舍的时候,还经常见到宿舍有人,到了大三的时候,就找不见人了。二是大三学生学业重。从现实情况来看,很多学生应付各种考试,比如雅思、专升本、各种证书等,这些事情压得学生喘不过气来,学生还哪有心情打扫卫生。三是学生就业压力大。现在的就业形势非常严峻,因此学生的思想不在乎宿舍荣誉了,还是考虑自己吧。四是没有严格执行学校的学生考核制度。学校学生手册上有关宿舍卫生的内容写得非常清楚,如果宿舍卫生几次不合格会影响学生毕业。但实际情况是,学生没有因为宿舍卫生不合格而不能毕业的,因此学生也不会关注宿舍卫生了。综合以上因素,大三宿舍不好也就情有可原了。

感悟:很多事情不能按照严格的制度去执行,这是造成有些工作虎头蛇尾的重要原因,宿舍卫生不是治理不好,而是少了一些管理的手段。学生管理如果都严格按照学生手册的要求去做,一定能够教育好学生。学生管理就是要按照制度一点一点去落实,只要想去做,没有做不好的。

2009 年 12 月 23 日　星期三

今天中午与学校的外教联欢,感觉到自己的英语还能派上用场,能跟他们自由交流,对于我来说,这也是一次很好的学习机会。特别是自来到学院以来,自己感觉到英语水平已经有了很大的提高,每天在坚持学,天天听、日日记,我想我的英语水平一定会有再提高的可能。

感悟:很多事情办不成都是借口惹的祸,借口是自己原谅自己、自己解脱自己的美丽谎言,谁为自己开脱、为自己找借口,谁就堵死了自己的一条出路。学习尤其如此。

2009 年 12 月 24 日　星期四

今天是圣诞节前夜,明天就是圣诞节了。渐渐地,圣诞节已经被国内很多人接受了,特别是在大城市、在大学里。一是因为大学思想开放程度高、外籍教师也多,自然也就有一种气氛;二是因为圣诞节距离元旦没有几天了,大学生们渴望有一个放松的机会,也趁机凑热闹;三是近几年西方的节日也逐渐地融入人们的生活中,人们的排斥情绪也逐渐消失,如比较火的情人节、感恩节等。今天是平安夜,很多人也期盼着有一个平安的人生,许多学生都用很好的包装纸把苹果包好送给自己最亲近的人,今天来办公室送苹果的人不少,虽然事先通知任何班级不允许以班级的名义给老师送苹果,但是还有个别班级这样做,我觉得这些不能成为集体行为,个人自己怎么做,那是个人的自由,至于集体,问题就很大了。我对此行为很反感。一是对班委成员不好。很多学生以为班委成员拿学生的费用跟老师套近乎。二是对教师也不利。在许多学生眼里,教师的地位和角色已经悄悄地发生了改变,我曾多次跟其他人讲,学生对教师最大的回报就是自己学有所成,这是老师最大的期待,也是学生回报老师最好的方式和方法。

感悟:有成就的人不一定记着教师的功劳,没有成就的人不一定不怀念教师。我想,教师的幸福应该是让学生想着、记着、说着和传颂着。教师的最大幸福莫过于自己的言行和传授的知识对学生的一生产生了非常大的影响。这体现了教师的真正价值,也是教师真正的职业幸福和人生幸福。今天是平安夜,我也祝愿天下所有的教师健康、幸福、平安!祝愿所有的人平安!

2009 年 12 月 25 日　星期五

今天学院里组织的文化墙活动得到了班主任、辅导员和班级同学的积极响应，每个班都有自己的特色。这个活动展现了班级的风貌，也看出了班级的学生构成、班干部的思路以及班内很多其他内在的东西。普通国际商务一班展现的是一副对联，图案以红色为基调，凸显喜庆气氛。从这个班级的文化展板可以看出，该班农村孩子比较多，农村孩子最盼望的莫过于过年，而过年就是红红火火。会计一班做的展板很大，开始要求六个瓷砖大小，而该班就非得做八个瓷砖大小的，有唯我独尊的架势，该班的这种做法与众不同，这让我联想到前两天分班的时候，就是这个班的学生闹得最凶，吵得最厉害。从这次活动中也能看出各个班级的特点。

感悟：表面上看似很简单的问题，有时候隐藏着很多内在的因素。辅导员要有通过简单的现象去发现内在问题的本事和能力，而这需要辅导员在实践中付出很多努力。

2009 年 12 月 28 日　星期一

今天上午备了一上午的课，下午开系部团总支例会，重点布置挂历的发放办法。今年院里为了提高知名度，促进学院的可持续发展，专门制作了挂历，挂历做得很精美，设计的内容也很全面，最大的问题就是如何发放的问题。今年挂历发放主要分三个部分，一是赠送一部分，主要是学生干部，为学院做出突出贡献的学生；二是奖励一部分，奖励给大一新生活动中获奖的同学；三是让学生干部给自己的高中老师赠送一部分，表达对老师的感谢之情。这样就是有奖励、有激励、也有任务分配。

感悟：工作如果不是走形式，就会有很好的效果，每件工作只要布置下去，就要抓紧、抓好，狠抓落实，才会有一个好的结局。学生的思想教育也是一样，很多工作都是搞活动、走形式，没有进入学生的内心深处。因此也就不会收到很好的效果。

2009 年 12 月 29 日　星期二

今天下午学校举行迎新年晚会，80% 是教师的节目。节目内容比较新颖和紧凑，节目的质量也不错。我认为唯一的问题可能是学生的节目太少，因为在这样的晚会上，学生可能更有表现欲、更有积极性。现在的课堂都是学生占主导地位，何况这样的演出活动呢？当然，作为组织者害怕学生的节目出问题，影响学校的声誉，也有道理。

感悟：坚持以学生为中心的教育理念要体现在学校工作的方方面面，尤其是有学生观看的或参与的活动，要让学生成为活动的主体。不要怕学生搞不好活动，更不要因为他们年轻，就认为他们缺少知识、缺少创造力。恰恰相反，他们有很强的创造力，他们需要的是机会，教师要给学生机会。

2009 年 12 月 30 日　星期三

今天的班歌比赛圆满结束了。从学生和老师反应的效果来看,总体还是不错,收到了意想不到的效果,每个班级都展示了自己的特色。从这次比赛的组织过程来看,彩排期间出现了好几次问题。一是题目不对。有的班级的班歌与这次的红歌主题差得太远,说明辅导员没有认真审核把关。二是评分出现问题。评分内容事先没有进行充分的讨论,盲目印刷,结果出现了印刷错误,而且在计算分数的时候,计算方法又出现了问题。三是音响出了问题。出了问题辅导员不去解决和过问,直到我去报修,才把音响弄好。四是候场教室准备不充分。由于在彩排的时候及时解决了这些问题,整个演出圆满结束了。很多学生唱完歌都回宿舍了,等我快要写完一天的日志的时候,突然来了一位学生来办公室打扫卫生,问了一下才知道,这位学生是 09 中马商管的王乃奇,刚从宿舍来,顶着寒风,风尘仆仆地来办公室打扫卫生,让我感动。可见这位学生的责任心是多么强,如果所有的学生都像他这样该有多好啊!

感悟:很多事情不是没有解决的办法,也不是办不成。最重要的原因就是缺乏责任心和责任感。有了这一个法宝,什么事情都能解决,没有责任心和责任感,好事情也能办成坏事情! 人的能力差别并不大,但是责任心的差别就太大了。

2009 年 12 月 31 日　星期四

今天是 2009 年最后一天,这一天在平淡中度过,但有几件事让我心里不平静。一是国际商务三班和会计三班还有企管班的学生明天就要离开学校实习去了,很多同学和班干部来办公室与我告别,我感到心里很不是滋味,毕竟我们相处三年,风风雨雨一起度过了三年,正像有些同学所说的,还真有点舍不得。一位同学发来短信说:"老师我要走了,祝你工作顺利,你猜猜我是谁? "说实在的我真不知道是谁。等我查完电话本给他回了一条短信。这本来是一名很不听话的学生,在许多教师眼里是差学生,但是他还记得我,还记着向我告别。在企管班开了最后一次班会,这次班会最短、效果最好,很多人都在认真听着,我讲得也很激动,每当离开时才知友谊的重要性,许多同学都依依不舍,眼里含着泪水,这是我三年的工作即将结束的标志吧。二是我下午没事,回想一下这一年的工作。这一年认真工作,诚以待人,创造性地去开拓工作方法、狠抓细节、做小事。总体来说,对得起自己的良心、对得起学生、对得起家长、对得起学校。最让我高兴的是我的学生管理感悟日记终于开始动笔了,将近一个月,我写了近一万字,照这速度,一年近十万字,十年就是百万字啊,多么伟大的工程,这给了我奋斗的强大动力和精神支撑。我一定让这个日记永远坚持下去,只要我还在学生管理的岗位。对于 2009 年来说,这件事是我最大的事,也是我最开心的事。有了这件事我会把所有的事全部忘掉,全身心地去投入工作。

感悟：人的动力哪里来？是金钱、是官位、是名声，还是什么？现在我才知道，只要人愿意去做自己想做的事，就会产生动力，动力来自对某件事孜孜不倦地追求。日记就是要给自己走过的路留下记忆，给自己干过的事留下反思，给自己说过的话进行追问和反刍。有了目标，就有了动力。

2010 年 1 月 4 日　星期一

今天是 2010 年第一个工作日，从上周五开始新年放了三天假，好好地放松了一下，每天睡觉时间都超过十小时。自开学以来，因全运会彩排的原因，周六补课，我每周几乎都要来上课，今年的任务要比往年都重。我上了三个班的课，三本不同的教材，管理 2007 级 290 名学生，又加上 2008 级中澳班的 120 名学生，整个国际交流学院的全部学生管理工作，再加上管理学院的开支情况，这个工作量是非常大的。一个人干了很多活，这是许多人不愿意干的，但是我干了下去，许多工作也是有条不紊地进行，一直在快乐地干着，承受着困苦与快乐，所以一直感觉到很累，想找时间好好休息一下，元旦给我提供了一个好的机会，让我放松了一下。

周一上班时，也觉得轻松了许多。今天上午开会布置表彰大会的事情，然后下午又给辅导员和学生会的成员布置表彰大会和学期末的各项总结工作。我对各项总结提出了各项要求，学生普遍感觉到总结很难，收集材料难，按标准整理材料似乎难度更大，同时我对学生干部和学生入党积极分子也提出了要求，最近的学生干部表现的确不怎么样，为什么学生当上干部以后，学生的惰性增强、积极性减弱、创造力消失了呢？我认为关键是失去了危机感和动力。

感悟：许多工作都是平时干出来的。平时没有思路，年终就没有出路，也就不可能总结出好的东西，也不可能进行有效的收集和整理材料，重视过程管理是非常重要的。学生干部一旦失去了动力就会失去前进的方向，他们也就不思进取，因此要时时刻刻把干部的考核作为激发学生会活力的重要步骤和措施，从现在就要开始尝试了。

2010 年 1 月 5 日　星期二

今天的日记没有写，不得不在第二天一大早把它补上。原因有三：一是每逢周二的事特别多，上午学院开了一上午的会，研究 ISO9000 的评估工作和班主任的分配工作，从八点半一直到十点才算完成，这样一上午的时间很快就过去了；二是下午院部开大会，布置相关工作，三点半学校开表彰大会，又持续到四点半；三是晚上加班整理材料。昨天一天就这样过去了，虽然很忙，但是收获并不大。有关 ISO9000 工作，其实平常就应该按照要求扎扎实实把它做好，就是因为平时工作没做好，才导致我们的工作缺少监督和管理，等到用的时候才开始收集材料，忙得"不亦乐乎"。

感悟： 开会还需要简明扼要，我认为有三点：一是布置任务，二是讨论问题，三是解决问题，要提高开会的效率和节奏。现在的各类会议效率高的不多。

我认为 ISO9000 就是要防止发生一些工作失误，对工作质量进行时时的监控和调节。实际上，任何事情的发生其实早有预兆，现在出现的问题，不是现在才出现而是很早就出现了，只是没有发现而已。

2010 年 1 月 6 日　星期三

今天上午去查宿舍，进行宿舍文化的评比，把大一和大二的宿舍全部查了一遍，结果还是不错。总体来看，女生比男生好，大一比大二好，学生的卫生意识普遍增强。但是部分大二宿舍很差，究其原因是这些学生根本就没有打扫卫生的意识，他们在家里有人打扫、无忧无虑，来到学校，还想着跟在家一样。从深层次原因来分析，宿舍是一个小家庭，不可小视宿舍的文化，卫生不好，其他方面也不怎么样，这个结论可以通过很多案例来验证。

感悟： 宿舍文化不可小觑，麻雀虽小，五脏俱全，它的功能应该是很大的。但是学生管理可能忽视了宿舍的特殊功能，如何发挥宿舍的管理作用，这是应该认真思考的重要问题。

2010 年 1 月 7 日　星期四

今天上午 ISO9000 检查组来学校检查，也没有查出什么漏洞。上午讲课一直说有领导去听课，所以提前做了更好的准备，讲课效果不错。特别让我没想到的是，这几个学生讲得非常好，英语非常流利，而且没有说一句汉语，思路清楚，语言流畅，行为大方，让我非常满意，我也没有想到学生表现这么好。这个学期一直推行 TTM（Task Teaching Method）的教学方法，也就是任务型教学，即给学生一定的任务，让学生一组组地去完成，并加以展示和讲解，不会的地方可以让学生和老师沟通提前弄懂，然后再进行讲解。这个方法给了学生很大的动力，也给学生提供了展示自己的机会，我一直担心他们不愿意参与，但结果不是这样，他们的积极性都很高，最终的效果也很好，真是不错的方法。

感悟： 没有教不会的学生，只有不会方法的教师。学生管理也是一样，学生出现了各种问题不能动不动就埋怨学生，首先应该思考一下自己的方法是否对路，然后再研究学生本身的问题。

2010 年 1 月 8 日　星期五

明天是周末，自然就有一种很放松的感觉，盼望明天能够尽快地到来，有很多需要做的事情都希望下周来了再做，拖一下的思想在周五的时候很严重。ISO9000 的很多问题还需要解决,还是等到下一周吧,也许等一等会更有思路。

感悟：谁都有偷懒的想法,人不可能一直不停地工作,总需要放松一下的。但放松也要有节奏地放松,放松也是为了更好地工作。不会放松,也就不会工作,因为工作需要补充能量。如何放松也是一门学问,对此研究的很少。

2010 年 1 月 11 日　星期一

今天上午研究班主任津贴的事,班主任都感觉到干得多,拿得少,所以大家都感觉到有点不公平。现在存在的问题主要有以下几点：一是班级人数多的拿钱多,人数少的拿钱少,但工作量差不了多少；二是干得好的和干得坏的基本体现不出来；三是教师平时任务紧、工作多,所以班主任就感觉很累；四是有的班主任工作不积极,与辅导员的沟通和交流不通畅,也存在不和谐的地方。

感悟：教师的工作本身就是良心活,很难用钱来衡量,但是工作量一定要有评价的标准,否则就没有了基本的激励措施。如何衡量教师工作的质量,特别是育人质量,这是一道难题。

2010 年 1 月 12 日　星期二

每周二都是非常忙碌的一天,特别是下午,各种会议和活动都放在周二下午来进行,所以学生和老师的各种活动都不得不挤在一起。下午参加了英语协会的活动,学生的英语演讲、英语歌曲和英语小品表演得很成功,还有一些学生表现得也很出色,特别是小品很有新意。再就是有一名学生让我感到很意外,他叫刘瑞,在报到时显得自己很牛,好像什么都满不在乎,而且把整个学校考察了一个遍,才决定报到。我认为这个学生一定很难管,还不如不报到,但是经过近两个月的学校生活,该生发生了很大的转变,竟然当了英语主持人,而且英语说得非常流利,这令我很惊讶,看样子,他找到了自己的兴趣所在。

感悟：学生是可塑造的,关键是我们实行了什么样的教育,用了什么方法,有没有针对性,有针对性的教育才有效果。教师在发现学生爱好和特长、激发学生兴趣方面发挥着巨大作用。

2010 年 1 月 13 日　星期三

今天没有什么特别的事,下午上了一节课,然后给国际商务一班和二班的学生开了班会。主要讲了三个问题：一是宿舍卫生和宿舍安全。关于宿舍卫生：教师每天都要去查宿舍,天天督促学生注意宿舍卫生、检查卫生,但是实际效果并不明显,教师检查的时候很好,不检查的时候就不认真干,关键是学生的思想不重视,我告诉学生,自己每天连自己的被子都不整理,自己宿舍的地都不打扫,还谈什么爱心,谈什么感恩意识。关于宿舍安全：

重点强调一点安全小事就有可能改变人生,改变人的命运。影响宿舍安全的重要因素有盗窃、用电、酗酒、打架等,其中最危险的是热得快,重点列举了高校宿舍失火造成伤亡的例子。

二是上课出勤。大学生逃课是常有的现象,对于我们学院,这种现象也经常发生,并且经常发生在固定的人群上。这些学生从高中开始就与教师捉迷藏、玩躲猫猫的游戏,他们在大学里接受不了这么严格的考勤,总是想方设法逃课。我给学生讲了学习的重要性、未来社会知识的价值以及个人在未来社会的发展所需要的能力储备。

三是有关就业问题。学校提供了一个非常好的就业机会,这也是集团办学模式的优势,就是银座班招生,让学生参加培训,然后实习和工作。在当前就业形势非常严峻的情况下,应该是非常好的一个合作和学生就业模式,为什么学生就不愿意参加呢?原因是多方面的,但是学生的因素居多。学生就业难不只是缺少岗位,学生的就业观念的改变也是至关重要的。因此,我认为学生就业主要问题在学生,一是技能问题,二是就业观念转变的问题,三是学生本身的职业定位问题。当然,学校也要认真思考知识教学和教育方面存在的问题,社会也要认真研究,只有学生、学校和社会齐心协力才能把就业工作做好。

感悟: 学生的安全、专业学习和就业等问题是辅导员经常反复讲的问题,但学生真正听进去的不多。学生工作需要引导,更需要严格的要求,没有严格要求就没有真正的教育。有很多学生毕业以后才知道老师的苦心,才知道老师的严格要求对他们未来生活的价值。因此,辅导员必须严格要求学生,在这个问题上不能有任何退路。

2010 年 1 月 14 日　星期四

转眼之间就到了周四,明天就是周五,一个星期的时间就好像睁眼与闭眼之间那样快,一睁眼一天,一闭眼又一天,真是太快了。今天,领导让我准备参加优秀辅导员评选的材料,虽然评上的可能性不大,但还是要认真准备,毕竟也是一次总结的机会。

感悟: 当一个人干出点成绩,就能得到认可、得到领导的重视,说明这个人非常幸运,遇到了英明的领导,赶上了好时代。一个人能遇到英明领导的机会并不多,一个英明的领导能给全体员工带来幸运,能给单位带来幸福,带给人的是无限的希望。

2010 年 1 月 15 日　星期五

今天忙了一上午终于把表格和材料准备好交上了,这次上交材料虽然时间很紧,但是有以前材料的积累,写起来也就很快,何况领导又最后做了敲定,帮助修改了很多,我感觉效果很好,很有条理了。报完材料,最后的决定权只能交给别人了,听天由命吧。

感悟: 有很多事情,我们只能是认真做,做得怎么样,别人会有个正确的评价。做事、说话都要凭良心,做事过多的考虑功名,也不会塌下心来干事,也不会有创新,干起事来也不会长远考虑。因此，要真正做事，不要考虑利益、功名和个人得失，这样工作也许会更有好的效果，也会有意外的收获。

2010年1月18日　星期一

今天学工部例会的主题是布置放假任务、强调安全、发放奖助学金等各项工作。领导提出在发放奖学金的同时要让学生学会感恩，让学生体会到国家和学校提供的奖学金的真正意图，不但让学生得到资助，更要让学生体会到努力付出的意义。所以要开展适当的教育活动，既不失去原有的意义，又要起到一定的作用。我很支持这种行动，应该执行。

感悟：给学生发放奖学金，不仅要让学生认识到自己的本事，更要让学生认识到奖学金的重要教育意义。学生得到奖学金不是去请客吃饭，而是要更加努力发奋读书，将来为国家能够做点有意义的事，做点能够回报社会的事，这才是奖学金的重要意义吧。

2010年1月19日　星期二

今天最值得记住的还是我即将毕业的三个学生非要请我吃饭，约了好长时间，没有办法只得去吧。三年没跟他们吃过饭，很过意不去。这三个学生可以说是我的得意门生，也是我的得力助手，三年来他们帮助了我很多事情，自然他们自己也学到了很多。四个人没有了师生的关系，只有朋友关系了，什么都可以说，什么都可以谈。最让我没想到的是，我的一个班长，后来当上了学生会主席讲述了他过去的学生生活：他高中是一个体育生，逃课、给老师起哄，是最让老师看不起的一位学生，上课就坐在班级最后和垃圾为伍，与卫生工具为伴，度过了三年。来到学校以后，被我发现并进行教育和培养，从普通同学、到班长再到学生会主席，到省级优秀学生干部，这些变化谁也想不到。以前他的老师认为他能管好自己就行了，怎么能管好班级甚至一个学院的学生会？所有接触到他的人都不相信，但所有的事都发生了变化，真的变了。我们四个说了很多开心的话、真心话和令人难忘的话，今天的饭没有白吃，让我懂得了很多道理，今天的日子真的值得纪念。

感悟：这个学生的案例都能在心理学中的霍桑效应、晕轮效应和皮格马利翁效应中找到答案。辅导员不可能干什么工作都要想一下需要哪些心理学定理，但最需要我们做的是要平等去对待每一位学生、认真帮助每一位学生，而这些帮助都是发自内心的。来自内心的真实要比运用心理学定理更有力量、更有持久的作用。人人是人才，人人都能成才，这对教师提出了非常高的要求，而我们距离这种要求还有很大差距。

2010年1月20日　星期三

今天学校突然停电，事先没有得到任何通知，所以这一天最轻松，所有的工作都会以没电为由进行推辞。今天上午最快乐，好好放松了一下。下午学校拉着教师去打疫苗，教师感到很快乐,一方面可以防御流感,另一方面天气不好,地面湿滑,彰显学校的人文关怀,其实就帮助教师做这么点小事,教师也感到格外温暖。有关疫苗的话题网络流传甚广,版本甚多,现在谁也不能相信谁了,我的第一感觉就是不相信科学不行、不相信党和政府不行。

感悟:作为管理者,要让别人感到温暖,不但要在大事上注意,也要注意小事,有时小事也能起到四两拨千斤的作用。

2010 年 1 月 21 日　星期四

今天上午上了一节课,下午又上了一节课,主要是补前一阶段因外方集中授课所落下的课程,学生感觉到累,我也感觉到累,但是没有办法。从上课的效果来看还是不错,这些学生在高中都是一些不爱学习的学生,但是来了国际交流学院后,学生的面貌发生了很大的变化,学生们变得比以前爱学习了,所以上起课来也算顺利。

感悟:让不爱上课的学生上课、不爱学习的学生学习是非常难的事情,除了学生的思想有顿悟以外,外在的环境也是非常重要的。如何通过改善环境来影响学生的学习是学校需要迫切解决的重要问题。

2010 年 1 月 22 日　星期五

今天上午给学生上了一节课,下午去办护照,准备和吴老师去马来西亚学习两周。去了办事大厅,先是填表,然后排队审核,但由于系统里没有我的身份证照片,没有审核成功,必须等到下一周了。我想应该抓住去马来西亚的机会,好好学习,多了解一下外面的学习和教学情况。

感悟:外出学习不容易,出国学习更不容易,一定要珍惜。外出培训和学习都是提升自己、开阔视野的最好机会,但很多人培训和学习回来以后并没有大的长进,也没看出有什么进步。不断学习和培训是提升辅导员工作能力的重要手段,而有关辅导员能力的培训还是很少。

2010 年 1 月 25 日　星期一

今天上午安排了学生的开学及考试事宜,下午去办护照准备去马来西亚学习两周。在去办护照的公交车上正好碰上大一的学生去买火车票。因为今年放假晚的原因,许多学生还没有买到火车票,有的还要在火车站排队,这对学生的安全提出了严峻的考验。一是人身安全,二是财产安全,三是学生多数没有出过远门,他们社会经验很少,上当受骗的概率增大,各种潜在的安全问题也会随时发生。

感悟:学生买火车票,每年都是难事,学校要想一些办法,帮助学生早日买到火车票。提高这种服务意识,也可以采取市场化的办法,因为学生到市里要花车票还要花路费,而订一张票才5元手续费,对学生来说很合算,学生也会很感激。学校要尽可能帮助学生解决一些实际困难,全方地为学生提供好的服务,而这些服务更能让学生记住学校,怀念学校。

2010 年 1 月 26 日　星期二

今天上午去集团参加了一个集团招聘人员的座谈会,集团领导参加。总共有十个人参加会议,分别来自集团的很多企业和单位,这些都是企业集团招聘来的,而且大部分是中层人员,干得还相当不错。我发言简短,谈了姓名、职位、工作状况和成绩以及对当前教育的认识。主要谈了以下三点:一是学校为每位新来的教师创造了良好的发展平台、空间和环境;二是学校认识到并且制定了应对未来教育发展的策略和决策,并且从关爱学生生命的角度来教育学生;三是学校大力进行教学改革,提高教学质量,狠抓学生管理,把质量作为学校发展的生命线。

感悟:一个组织只有听取来自下面的声音才能够发现一些问题,更有利于组织的发展。组织的发展需要超前的思维,这种超前的思维要有来自最基层的意见,更要有来自对事物发展的超前判断。我们对职业教育未来的发展还没有超前的想法,现在的内涵建设还有待加强。

2010 年 1 月 27 日　星期三

今天给学生补了两节课。期末考试来临,很多学生都认为老师应该划范围,大学毕竟不同于中学,没有什么竞争压力,应该更宽松一些。但是现在学生很多评选都与学生的成绩挂钩,如奖学金、助学金的评选以及各种优秀的评定,可以说成绩关系到每位学生的切身利益,对于考试问题,老师不能有任何放松的念头。作为教师,应该让那些学得好的考个好分数,学得不好的同学就不要及格,同时过程化的学习和管理也是至关重要。

感悟:高职院校的学生不应只进行最后的理论考试。学生的动手操作能力也需要进行严格的考核,特别是要把学生的动手操作能力放在考核的最重要位置。高职院校的课堂教学也该改革了。

2010 年 1 月 28 日　星期四

从下个学期开始,我的学生又增加了 2008 级中澳国际商务的 3 个班共计 98 名学生。马上快到期末了,我需要抓紧时间熟悉学生,特别是国际商务二班的学生。该班有一些学生不上课,而且旷课问题很严重。有一位叫作兰某的同学,从开学到现在始终没有按时上课,经常旷课,我不得已把他家长叫来,了解一些基本的情况。此前我已经做过一些工作但是收效甚微。经过和家长仔细沟通,才知道该生从初中开始就离开父母,不和父母住在一起,到高中也是一样。家长平时非常忙,孩子的教育没有跟上,家长说也不听,也没有任何办法,现在一切都晚了。我跟家长交流了一番并且和学生签订了责任书,目的就是能够保证该学生先按时上课,然后再进行教育。

感悟:学生教育的好坏,跟学校和老师有关系,但是关系不是很大,最重要的就是家庭教育,家长起着至关重要的作用。现在的孩子都去找名校,找好教师,实际上最好的教师是家长。

2010 年 1 月 29 日　星期五

今天是本学期最后一次课,主要是组织学生复习重要知识点,讲完课后,让学生给我提了一些意见。同学们普遍认为这种 TTM(Task Teaching Method)的教学法还是不错的,但也有学生也提出了老师要多讲一些、多做一些习题的建议。TTM 的这种做法能够锻炼学生的自学能力,提高学生的学习意识,受到了学生的普遍欢迎。

感悟:现在的教学应该进行改革了,要以学生为中心进行设计和规划,只有把课堂归还给学生,让学生成为课堂的主角,学生才能得到全面的锻炼和培养,我们的教学才能出色。职业院校的课堂不能与本科的一样,也不能与高中的一样,要有自己的特色。这样的课堂教学改革关键在学校领导、关键在教师。

2010 年 2 月 1 日　星期一

今天是本学期期末考试的第一天。对于那些没有准备好考试的同学来说,他们害怕考试不及格或者本来想考试做点手脚又害怕被教师抓住,更害怕接受处分。而对于那些平时认真学习的学生来说,这是检验学习成果找到自己学习价值的时刻,他们也许是最兴奋的。对于监考教师来说,在监考过程中要跟学生进行针锋相对的斗争,因为学生总是想趁机搞点小动作。因此,对于监考教师来说可能要付出更大的努力。下午考试结束后,学校又接连发了三份考试通报,通报考试作弊人员,而且数量还不少。我想这种现象是不可能避免的,因为就像高考以及研究生这些比较正规的考试来说都有作弊现象,何况学校的期末考试呢? 但今天下午和外教监考的过程值得学习借鉴。因为在外教监考的考场没有一人作弊,没有一人被警告。我院的学生不是最好的,但是在外教监考的情况下,为什么纪律如此好,而且没有作弊的呢? 我认为有以下几点:一是事先严格警告。对于学生考试,外教事先做出了很详细的说明,什么不能干,什么能干,如果违反这些原则会导致什么样的后果,讲得非常详细、清楚。二是关注时间进程。在考试一小时后,每十五分钟在黑板上写上还剩下的时间,并且进行语言提示。三是教师非常负责。两个小时的考试,监考教师紧盯着学生,不放过每一位学生的动作并进行提示,这个提示不是用语言而是用眼睛

交流,让每个学生都感觉到,学生就在教师的监督之下,没有一个人能逃脱教师的监管。四是及时提醒。对于想要有违反规定的学生,立刻进行严肃提醒,并且做好记录。

感悟: 学生考试作弊,有时候要追究学生的责任,但有时候也要追究教师的责任。想考高分是每一位学生的想法,要是没有好的监考氛围,好学生也会作弊。只有好的考试氛围,好的考试纪律,教师真的负起责任来,学生才不敢作弊,即使有作弊的准备也会被及时制止。

2010 年 2 月 2 日　星期二

今天上午又和外教监了一场考试,Greg 依然那么严格,跟他监考,他很累,我们就很轻松,这几天监考下来,他也真够辛苦的。我真是很敬佩他的这种责任心和敬业精神。

感悟: 只要教师认真严肃监考,把所有的工作做到位,学生想作弊也是不可能的。考试考查的是学生知识水平,监考考查的是教师的责任心和工作能力。

2010 年 2 月 3 日　星期三

今天,辅导员专业化建设汇报被评为倒数第一,因为报告偏离了题目。我也非常清楚大家都不愿意干,我也是实在没有时间去认真研究;另一方面,我虽然是组长,但也没有权力和权威来让别人干活,别人也不会服气,所以这个汇报基本上是应付的。

感悟: 辅导员专业化建设要有相应的顶层设计、制度框架和实施措施,更需要辅导员在实践中认真探索,不是简单地汇报一下就能完成的。学生工作非常繁琐和复杂,辅导员的专业化建设还有很长的路要走。

2010 年 2 月 4 日　星期四

今天上午又有学生来向我告别,主要是下学期不再来学校上课的学生。特别是一位已经找到了工作的学生,在学校期间,我给了他很多鼓励,后来他又当了半年的班长,还是足球队的主力,在中法足球赛上发挥非常出色。他今天给我打电话,说放假时一定要开车送我回家,我非常感动。我没有给这位学生特别的照顾,只是鼓励和关心,教给他一些做人的道理、做事的方法,但现在他让我体会到了教师的价值。

感悟: 要想把教师这项工作做好是一件非常难的工作。老师就必须平时真心对待每一位学生,为他们排忧解难。不知道老师的哪个行为、哪句话就会让学生感动,他们也会因此把老师铭记在心。

2010 年 2 月 5 日　星期五

今天所有的考试全部结束了,学生也放松了,教师也放松了,明天就都进入假期阶段,希望能过一个愉快的假期。再就是过了年之后还要去马来西亚,希望有所收获。

感悟: 每逢假期学生高兴,老师也高兴。学生需要调整一下,老师也真的需要调节一下心情,也借此积聚一些力量。

2010 年 3 月 2 日　星期二

根据外出学习的活动安排,今天的主要内容是去学习马来西亚思特雅国际大学学生管理的相关内容,参观北校区和整个校园。按着约定时间,我们和 Roland 见面,他带我们到主管学生管理的主任办公室,引荐给负责学生管理的一名教师,她的名字叫 Sue。她和另一名学生管理人员把我们领到一间学生活动室,用幻灯片给我们介绍了该校学生管理的主要内容,然后带我们参观了校区并介绍了学校的学生管理情况。

该大学一共有学生 9 000 多人,国际学生共有 3 500 多人,共有 20 个辅导员,所有这些辅导员全在一个大办公室办公,办公模式跟我院的差不多,空间条件还不如我们,每位教师的办公桌前都贴着本人的工作职责。学校学生管理的整个体系大约分为四部分,第一部分就是 SAR(Student's Activities and Recreational)也就是学生活动和娱乐。该校的学生教育理念强调学生要学好专业知识以外的技能,如交际能力、参与能力和合作能力,等等。这门课属于必修课,学生修的活动课程每年有 40 个学分,每位学生有一本课外活动登记本,印刷精美,里面有学生基本资料以及参加活动情况的统计,该统计内容主要涉及学生参加活动的内容、时间、地点、组织者、活动等级以及该活动是否属于收费项目。每位学生在参加活动结束之后要填好表格,由活动的组织者签名确认,然后到学校学生事务管理处进行最后审核盖章。在活动组织者和学生填表时都要填承诺书,承诺记录没有任何虚假成分,否则要负相应的责任。这项活动课程是由学校的大老板发起的,已被列入学生的必修课程,而且不同的年级有不同的活动内容和活动要求。活动由学生的协会来组织,有时老师也会提出活动题目由学生组织实施。学校一共有 41 个协会组织,这些协会组织大部分是由学生自发组织的,只要这些组织符合学校的政策就可以成立,可以说这些协会五花八门,什么内容都有。协会组织的各样活动如果需要经费资助的,要提前一个月进行申请,不需要经费的也要提前两周申请。与在这所大学留学的我校学生交谈得知,这里的学生都积极参加课外活动,一是因为这些活动都算作必修课,另外就是学生参与活动没有任何被强迫的感觉。如果有协会代表学校参加大型活动,学校要派教师参加,并进行全程指导,学生也可以获得更多学分。

第二部分就是 SDCU(Student Development and Counselling Unit)是学生发展咨询系统。学生进入学校以后会遇到很多问题,学校为学生提供了咨询和解决问题的途径。学生可以咨询任何问题,包括学业和遇到的心理问题,等等。在学生的心理方面,学校十分注重保护学生的隐私,也不给学生做心理测试,完全靠学生自愿。学生咨询分为一对一咨询、小组咨询、E咨询(就是通过电子网络咨询)。担任咨询的可以是专职教师或者更高一级的志愿者,学校有专门的咨询教室,如果学生有咨询事宜必须提前打电话预约。

第三部分是Accmmondation,也就是住宿。学生的住宿分为校内和校外两种形式,校内住宿分别在北校区和南校区。因为学校的住宿比较紧张,所以一般情况下新生都要住在学校,当然也可以不住。等学生熟悉了环境以后,不允许学生住在学校了,必须出去住。校内宿舍非常贵,学生每月要支付400多马币,宿舍里面的房间供两人使用,如果有空调,费用还要贵一些。宿舍配有公用的微波炉、洗衣机、电冰箱等设施。校外住宿的地方必须和学校签订相关协议,距离学校比较近,里面设施也很先进。但是有很多学生不是在学校给提供的房子居住,而是自己外出租房,这样便宜一些。据说,附近的房租随着该校人数的增多涨了不少。

第四部分是CECS(Cooperative Education and Career Services)就业实习教育和职业服务。该校非常重视学生的实际工作经验,不同年级的学生每年都有两个月的实习期,并且每年都有不同的实习内容和实习要求。学校负责跟公司联系实习单位,实习单位要考评实习的学生,要给他们打分,把实习的成绩反馈到学校,学校根据学生的实习情况给出学生成绩。大约有600家公司和该校有实习协议,包括一些著名的大公司。学校还提供像面试技巧、梳妆打扮以及如何找工作等方面的培训。

在讲解完之后,我又问了有关安全教育的问题。该校很少对学生进行大规模的安全教育和辅导,主要是通过宣传、网络和老师的咨询告诉学生马来西亚的治安和人身安全教育的基本知识,同时要求学生必须购买人身意外保险。在回答学生会选拔和国际学生的待遇问题时,该负责人讲解了学生会的选拔过程,整个过程跟马来西亚的大选差不多,有演讲、投票等环节;对于国际学生也是同样的待遇,今年的学生会主席是非洲的一名学生,副主席是马来西亚的一名学生。讲解完之后,我们实地参观了学校的学生管理情况。学校有各种宣传资料、学生需要填写的各种表格和各项活动介绍,以及学校学生管理每一方面的资料。资料印刷质量精美可看、内容翔实、画面生动。学校学生会每月还有固定的刊物。

了解完学生管理工作之后,林主任和Roland又领我们去参观了北校。北校是该校的新校区,是两年前收购的已倒闭的另一家学校,并进行了彻底整修。该校区主要是语言学习中心、建筑设计系、幼儿园和医学实验室及学生宿舍。英语没有达到一定级别的学生在这儿集中学习语言,教师主要来自英国、澳大利亚和美国。每一级别学习一个月,学费为1 500马币。建筑设计系的实验室内有学生制作的精美建筑模型。该校的医学实验室可以进行各项指标检验,主要是学生在教师的指导下进行操作,既对学生开放,也对社会开放。校内幼儿园也对社会开放,每月收费大约600马币,但只有上午开园,如果家长没法接孩子也可以把孩子托管到下午。该校建有游泳池,每天开放而且免费。北校区除了服务于学生的设施外,还建有蓝海战略中心(Blue Ocean Strategy Regional Centre),蓝海战略计划已经开始实施,学校的部分课程服务于该集团(UCSI GROUP)。

感悟: 在马来西亚学习 10 天,总共撰写了 10 篇相关文章,这篇文章是有关学生管理的,我把它收录到学生管理日记里面。一方面要记住学习内容,另一方面也要学习一下他们的成功经验。

2010 年 3 月 8 日 星期一

今天是开学的第一天,刚从马来西亚回来,感觉还不错,就是有点累。虽然两国之间没有时差,但是有温差,回来时正好赶上冷空气,马来西亚是零上 35 摄氏度,国内是零下 5 摄氏度,温差非常大。开学的主要工作还是学生入学安全教育和入学情况统计以及入学的各项情况分析。我在安排今年第一周工作的时候,参考了去年相同时间的工作安排,感觉到每年都在干同样的事情,要有一些新意真是很难,这就更需要我不断地想办法。

感悟: 与去年同时期的工作安排相比较,能清晰地看出学生工作年年都差不多,要把今年的工作干出一些新意来的确不容易,但还必须努力创新!

2010 年 3 月 9 日 星期二

新学期刚开始,老师们也好长时间没在一起了,所以今天下午开会之前大家都谈笑风生,其乐融融。会上领导特意表扬了寒假加班的教师,这些教师很辛苦,一假期都在做精品课程,也没怎么休息。

感悟: 这些人确实很辛苦,的确应该表扬,谁也不愿意在假期里工作。但是如果把被动的工作变成主动的工作追求,那就是一种快乐,更是一种幸福。我也应该向他们学习,向每一个奋斗的人学习。

2010 年 3 月 10 日 星期三

今天给 2009 级中马商务管理上了第一节双语数学课,我结合上一年实行的 TTM 教学法,全面细致地叙述了今年的主要教学方法。从去年实施的效果来看,还是不错。但是在教学中还存在很多问题,主要是基础比较差的学生的自学能力和主动性得不到全面的发挥和提高,因为他们长期形成的学习习惯和知识积累的问题,使得大学里的课程对于他们来说学起来非常困难。这些学生希望教师能够讲的多一些,更希望教师能够在考试的时候给予关照,顺利过关。对于基础比较好的学生,他们的学习能力得到了进一步的提升,同时学生的自我表现能力和自信心有了明显的提高。在上学期的一次课堂上,一位同学用三种方法解答一道数学题,大约用时十分钟,而且全是英语。我想如果不是实行这种方法,这样的效果不会出现。

感悟：教师应该给学生的是学习掌握知识和运用知识的方法，而不是简单的知识传授。学生学习的主动性与教师选择的教学方法有着紧密联系。

2010 年 3 月 11 日　星期四

今天上午起草了一个寒假作业展示活动的通知。有许多学生在今年寒假积极做调查研究，从交上的材料来看，报告撰写得还不错。看样子，辅导员老师也费了不少功夫帮助指导。

下午学校王书记开了一个会议，会议的主题是布置今年的学生管理工作，公布学生管理工作计划。今年的主题还是比较鲜明的，而且层次也非常高，特别是在理论和实践研究上有了新的要求。主要内容有以下几方面：一是学生管理理念要上新台阶。学生管理需要理念和理论的支持，没有了理论和理念的支持，就像大海上漂泊的小船，没有任何方向。二是狠抓学生的日常管理。学生管理任何时候都不能放松，其实学生管理的难度就在日常管理，只要日常管理上去，学生的基本素质就会有很大的提高。三是品牌的建设和创新。要通过品牌的建设提高学生管理的知名度和系统性。

感悟：学生管理的基础性工作相当重要，要长期不懈地抓好日常管理，有了好的日常管理的基础，才能谈得上理论研究和实践创新。理论研究一定来源于学生日常管理中出现的问题，把这些问题当作课题来研究，其结论就是理论研究成果。

2010 年 3 月 12 日　星期五

今天上午没有什么重要的事，主要是准备下午的课。下午采取了一些提问式的教学法，学生参与的积极性非常高，气氛也很活跃，学生下午上课的疲惫和困乏也就随之而去。

感悟：课堂教学成功与否在很大程度上取决于教师的教学方法，教师的课堂调控能力是实施教学方法的重要基础。教师要关注学生的心理变化、行为变化和学生上课的气氛变化，根据这些变化合理调整教学方法，这样的课堂始终充满活力。但教师的课堂调控能力需要教师长期的磨练才会有所提高。

2010 年 3 月 15 日　星期一

今天是消费者权益日，有很多消费者会在这一天进行咨询或者投诉，来维护自己的权益。现在的大学生的自我维权意识逐渐增强，每年学校都会收到学生的各种投诉。但投诉内容五花八门，如有学生投诉教师留作业太多，也有投诉学校管理过于严格等这些不符合常理的投诉。对于这样的投诉，学校要采取及时有效的教育策略，对这些学生进行全方位的教育管理，纠正他们不符合实际的想法。

感悟：有的消费者是在维权，也有的消费者在无理取闹。有些学生的投诉是正当有意义的,有的学生的投诉不但不能受理,还要严加管教。

2010 年 3 月 16 日　星期二

又是忙碌的一天,下午开了近两个小时的会。各位辅导员汇报了上周的工作及各自所带学生的情况。通过工作汇报进一步了解了各位辅导员的工作状况和学生的实际情况,但有些辅导员的工作说得比做得好,他们说得跟我平时看到的相差不少。

感悟:许多布置的工作到后来没有很好的效果,就是因为过程监控不行,过程监控不到位,不可能有好的结果。监督工作关键是要监督过程,一旦有了结果,想改变也是不可能的了。

2010 年 3 月 17 日　星期三

今天晚上参加了文明修养工程的启动仪式和英语协会的开班仪式。在参加文明修养工程的活动时,我提出了一些要求,强调了纪律,并明确提出了具体活动目标,就是通过知识的传授和日常的管理使学生能够达到坐有坐姿、站有站相、话有分寸、行有规范的目标,全面提高学生的综合素质。在参加英语协会的活动时,我用英语演讲了 10 分钟左右的英语学习方法,效果应该还是不错的。

感悟:许多活动都需要一种形式,没有形式,内容也不好开展,但是有了形式,还需要扎扎实实地落实内容。

2010 年 3 月 18 日　星期四

今天上午去查宿舍,这是一项经常性的工作,几乎每天必查。就整体情况而言,虽然有进步,但是还有很多工作需要改进。很多老师不愿意查宿舍,主要有以下原因:一是嫌麻烦;二是离办公地点远;三是查宿舍不方便。而学生也不愿意被查,因为总觉得都上大学了,该放松放松了,宿舍卫生不是那么重要。但这件事不能不做,那就需要改变思路和想法,认真做。对于辅导员来说,查宿舍有很多好处:一是可以锻炼身体,每天没事去爬楼梯,去散步;二是可以了解学生的实际情况,可以借此机会和学生聊天,不用花费专门的时间了去了解学生的实际情况;三是只有深入学生中间,才有可能得到确实可靠的消息,根据这些信息,才能制定确实可靠的决定和策略。学生的大学生活以宿舍、食堂和班级为三点一线,所以教师的管理方法和模式就必须符合三点一线的要求。

感悟:改变工作的不是方法而是自己的工作思维模式和思路,只要思维模式变了,很多方法就变了。所以落实工作需要先落实思想,思想统一,步调就一致、效率就高、成果就好。

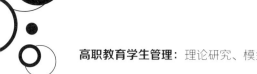

2010 年 3 月 19 日　星期五

下午上完课回来，一看办公室没有人了，才意识到明天是周末。我上了一下午的课，也是很累，不过这几天学生的学习效果比以前好多了，我的心情自然也好了许多。

感悟： 很多事情都要认真去做，但是休息也是必须的，会休息才能会工作。

2010 年 3 月 22 日　星期一

今天上午在学工部开了一上午会，会议内容主要是搞好宿舍卫生以及学生心理、安全等工作，迎接示范性建设评估。无论本科评估还是高职示范性评估，只要是评估和检查，搞好卫生似乎是一项必须要做的工作，而且全校要进行动员。实际上专家根本不看学校的卫生问题，而是主要看准备的材料，从材料看出工作开展的情况和取得的成绩。所以明天下午的卫生打扫还是按照以往的要求按时开展就行了，没必要给学生做过多的强调。

感悟： 工作评估和检查是必要的，能否通过评估和检查真正考核出学校的办学水平却很难说，其中人为因素是很难控制的。因此，学校评估应该有个固定的标准和模式，尽量减少人为因素，确保评估的效果和公平。

2010 年 3 月 23 日　星期二

下午系部开会，会议的内容除了几项具体工作以外，就是强调示范性评估的重要性和应注意的问题。我还就今年准备开展的"文明修养年"活动，谈了具体计划，包括：3 月为爱心活动月，4 月为读书活动月，5 月为英语竞赛活动月，6 月为诚信考试教育月，7、8 月为暑假社会实践活动月，9 月为尊师重教活动月，10 月为安全教育活动月，11 月为感恩月，12 月为文明宿舍活动月，1 月为诚信考试月，2 月为寒假作业活动月。每月活动结束后形成总结材料，到年终时再出一个小册子，把所有活动进行系统总结和提炼。

感悟： 每一年的学生教育活动都应该有主题，这个主题要落实到每个月，再形成比较系统化的体系，这样对于以后的工作具有很好的借鉴意义。要通过学生活动教育学生，也要通过学生活动让教师获得经验和能力。

2010 年 3 月 24 日　星期三

今天上了 4 节课，格外的累，可能是最近没有时间进行锻炼，锻炼还是必须加强的。没有好的身体就没有幸福感。现在有的学生还没有认识到这一点，不愿意跑早操、不愿意参加体育活动，等到他们工作以后就会知道大学里锻炼身体有多么重要！

感悟： 每天锻炼 1 小时，幸福工作 50 年，不应成为空话。学院更应该严格管理学生让学生参加各类体育活动并进行严格考核，虽然有些学生现在不理解，将来有个好身体他们就会感谢学校。从今天开始坚持锻炼身体,更要严格要求学生。

2010 年 3 月 25 日　星期四

今天是周四,这是我每周必须回家的日子,因为我妻子这一天值班,我得回家照顾孩子。一走出校门,大家见我回家均感到吃惊,一是因为我平时都很晚才回家,另外就是我经常不回家。我想有时候一旦某些事情在人们的概念里形成了固定的思维,就很难改变。因此对于学生管理来说,应该坚持自己的特色和方法,这样在同学们眼中的形象就会逐渐树立起来,自己的风格也就逐渐形成,不但会得到学生的认同,而且他们还会把老师的管理方法和风格传播出去。

感悟: 每位辅导员都应该有自己的学生管理的风格和特色,有了自己的风格和特色就有会逐渐树立自己的品牌和模式,在此基础上容易形成自己的管理理论体系。

2010 年 3 月 29 日　星期一

今天的主要任务是布置召开 2009 年度学生综合表彰大会的工作。学生们早就盼望着能够获得一张奖状,找到自豪感和优越感。确实是这样,如果没有表彰,没有激励措施,学生的干劲就会大幅减少,他们的工作也就没有一个目标。其实老师也是一样,没有激励,没有表彰,同样也没有干劲。何况像我们学院的学生,他们在中学的时候可能很少有得到奖状的机会。因此学生管理还要以表彰为主,多表扬是工作的有效方法。

感悟: 学生管理要建立好的制度,没有好的制度很难有规范的行为。但没有公平、公正、公开的激励措施就不会形成很好的氛围和环境,而后者往往更重要。

2010 年 3 月 30 日　星期二

今天召开了一年一度的学生表彰大会,表彰去年的奖学金获得者和三好学生等优秀学生。可以说筹备工作很辛苦,但总体来看,效果还不错。学生希望领到奖状,也希望得到重视和风光一回,所以大家都盼望着这一天,也盼望着能够让家里人看一看他们的成绩。我想定期的表彰是必要的,更希望下次能够有所创新。

感悟: 一年一度的表彰会,年年内容都基本差不多,但形式需要不断创新。通过形式的创新不断丰富表彰大会的内容。开一次表彰会要让受表彰的学生得到激励,更要让那些没有获奖的学生受到教育。

2010 年 3 月 31 日　星期三

昨天想好今天要写点有关学生管理的内容,想个好题目也不是很容易。经过几天的努力,我看了一下几天前想的题目,我想先结合这次去马来西亚的学习体会,写一点东西,

题目是"马来西亚斯特亚国际大学学生实习教育与就业模式的启示"。这个题目应该还是不错，我上数据期刊网上一查，没有相关记录。但是要是利用每天写散记的时间来写论文，效果不一定好。毕竟，日记是日记，随笔是随笔，论文是论文，各有各的写法、写作方式和写作目的，不能混为一谈。随笔写起来轻松自如，论文写起来就要严谨和规范。论文写作要静下心来，想好思路，查找资料，需要下一番真功夫。

感悟：做很多事情各自有各自的方法与套路，因此不能互相代替。学生管理工作也是一样，要针对不同的学生开展不同形式的教育，因材施教对于学生管理工作来说同样重要。

2010 年 4 月 1 日　星期四

今天是西方的节日愚人节，很多人想在今天"愚人"一下。以假乱真造成混乱和错误的也有，有时玩笑开不好使人产生误解的也不少见，因此这个节日确实不是有什么值得纪念和提倡的。不过这个节日倒是对放松心情、开个玩笑起点作用。今天去查宿舍，有几个同学在宿舍睡觉，我把他们叫起来，让他们上课，他们说没有课，我跟他们说，今天是愚人节，你们说的是谎话吧，学生们哈哈大笑，然后不得不抓紧时间去上课。没想到今天的节日也能用上。

感悟：教育没有固定的模式，没有固定的方法，只有变才是硬道理，这个"变"就是因时、因地、因人而变，也就是孔子说的因材施教。《孙子兵法》中的"因敌变化而取胜者谓之神"，也是这个道理吧。

2010 年 4 月 2 日　星期五

今天上午去查宿舍，很多学生都着急回家，虽然下午有几个同学没有请假就离开了学校，这几个人都查出来了，但整体还不错，今后还要严查这种擅自离校的学生。下一周是清明节放假，同学们有的回家，有的在学校。我想最应该记住那些为社会进步、国家发展、人类前途贡献出自己生命的人，他们值得尊敬而且要用他们的事迹来教育学生。

感悟：学生教育应充分利用节日的优势，让学生体会到节日的教育意义，而我们这一点做得不算太好。今后应挖掘这方面的教育因素，努力在这一方面有所突破。

2010 年 4 月 6 日　星期二

本周是放假后开学的第一周，许多学生还沉浸在欢乐的假期当中，所以上课的时候我发现很多学生都犯困。老师都会这样，何况学生？今天下午是学校的排球比赛，学生训练了两周，很刻苦，我们本来有把握赢汽车系，可是由于疏忽，没有取胜。可能是我们的指挥失误造成的，再就是我们的啦啦队也没有组织好，气氛也不那么热烈。因此下次比赛一定把啦啦队组织好,更要加强学生的日常训练,这样才能打好每一场比赛。

感悟:热爱排球的学生找到了在排球场上的自我,但在课堂上可能就没有那么活跃。学生都有各自的特长,只有充分发挥他们的特长才能让他们有一种心理优势和自信心,能让他们感到快乐!

2010 年 4 月 7 日　星期三

今天晚上召开了全体学生干部会议。会议的主要内容是布置今年学校的重点学生工作,总结这一个月学生会的工作。一是安全工作,布置开展防火、防盗、防诈骗、防传销的宣传教育活动;二是加强日常管理特别是早操、晚自习和宿舍卫生的检查;三是重点做好运动会的各项准备工作;四是排球赛的总结和训练工作;五是学生干部的重点工作安排。

感悟:学生会议切忌长而枯燥,因此要简明扼要,切中要害,同时要严格学生会议的各项纪律。要把开会看作非常重要的教育活动,通过严格要求会议纪律来规范学生干部的行为,这就是非常好的教育契机。

2010 年 4 月 8 日　星期四

今天宿舍检查出女生使用违章电器,而且还是大一女生。这让我非常生气,如果发生火灾后果不堪设想,为什么老师三番五次地讲使用违章电器的危害和严重后果,学生就是不听呢? 我想有以下三点原因:一是没有采取严厉的惩罚措施,学生没有认识到使用后果的严重性。二是很多检查大多是以口头教育为主,处理措施跟不上,学生不以为然。三是方法不对。应该采取家长教育、学生互相监督、学生会检查、教师指导以及惩罚等综合治理措施。解决了这几个问题,可能会收到较好的教育效果。

感悟:学生出现的问题,我们要考虑在管理当中出现的差错。首先从源头抓起,做好相应的调查工作,然后采取相应的措施,这些措施应该标本兼治,注重长期性和实效性。

2010 年 4 月 9 日　星期五

今天上午查宿舍发现大一的学生宿舍很差,特别是男生宿舍,很多学生已经开始不叠被子了,而且宿舍也不打扫,这一问题非常严重。无独有偶,大一的早操和晚自习质量开始下滑,早操人数减少,更可怕的是有些学生竟然顶撞老师,把辅导员老师都气哭了,还有学生根本不听教育,不听指挥,自由散漫。究竟是什么原因呢? 我想有以下几个原因:一是辅导员开始的管理过于松散,不严格,教育和管理不到位;二是教师督查不到位,不深入到学生中去,不了解学生的具体情况;三是学生会的工作也不到位,整体协调不到位,监督不力;四是我作为分管学生工作的团总支副书记,对大一辅导员的指导也不到位。可以说如果不严格管理、不采取强有力的措施很多问题都会接踵而至。

感悟：许多好的做法需要长期坚持，相比之下，那些后进的同学更需要严格的管理。对于我院的学生来说，稍有疏忽，可能几年的心血全都白费。学生管理工作贵在把细小的事情长期做下去，坚持到底就是胜利。另外要加大对新辅导员工作的指导，帮助他们尽快进入工作角色。

2010 年 4 月 12 日　星期一

通过最近一段时间观察，我发现大一整体还没有较大的改善，无论是宿舍卫生、早操，还是晚自习，都处于混乱状态。周日一整天我都在想怎么处理和整治大一的这种混乱状态，如果不尽快处理，以后就无法管理。所以周一下午开了一个紧急的治理整顿大会，会议的主要内容是：第一项是对优秀宿舍颁发流动红旗和发放洗衣粉。第二项是几个辅导员老师读了相关日常管理的规定。第三项是我重点讲了几点内容。一是讲了为什么开这次表彰会；二是对会议的主题做了进一步解释，这次会议不仅是表彰会，也是治理整顿大会；三是讲了几句严肃的话。

感悟：学生的教育需要引导，有时候更需要严格的管理。教育不是万能的，特别是对于我院的学生，十几年都没有形成好的学习和生活习惯，我们想用几个月的时间把他们教育好也是不现实的。通过表彰的形式先鼓励一批上进的学生，让他们发挥带头作用。过两天再抓几个典型，再教育一批学生。不同的学生就必须采取不同的办法和措施。这也是因材施教吧。

2010 年 4 月 13 日　星期二

我院女子排球队获得了学校排球赛季军，可以说这个成绩相当不错了。这个成绩是在先后战胜了强劲对手工商系和信息系之后获得的。可以说这个成绩凝聚了全体队员的拼搏精神和不怕强敌的作风，也可以说是最近整个训练过程控制得非常好，也得力于有力的技术指导。

感悟：任何事情需要严格的过程管理，没有严格的过程管理，结果是不会好的。把过程控制好，不想获得好结果也是不可能的。

2010 年 4 月 14 日　星期三

昨天的感悟是任何事情必须加强过程的控制与管理，没有很好的过程控制，就没有好的结果。今天工作汇报结果又一次得到了验证，那就是必须加强工作的过程管理。今天在学工部汇报工作中出现了一些小问题，都是细节问题，别人很可能注意的就是细节部分，所以有些该得的分数却丢了。这些细节问题在平时工作中就没有强调，所以结果出来才认识到它的重要性，但已经晚了。

感悟：每一件事情都必须做好、每一个细节都要注意到,做好每一件事情都是自己成绩的不断积累。因此,做每一件工作都必须认真、关注细节,否则这些小的失误可能带来大麻烦。细节决定成败!

2010 年 4 月 15 日　星期四

今天准备相关的安全检查材料,学生安全重于泰山。最近检查出的宿舍违章用电以及学生安全意识淡薄等问题,都反映出安全工作必须引起高度关注。不光是整理材料,更重要的是要采取必要的措施加强安全教育。4 月 14 日的玉树 7.1 级大地震再次提醒人们,人类应该和地球友好和谐相处,同时必须加强学生的安全防范意识教育。

感悟：没有安全就没有一切,没有安全教育也就谈不上安全。因此应该进行行之有效的安全教育,如何让全体学生树立安全意识是安全教育的最重要内容。

2010 年 4 月 15 日　星期五

今天晚上我又去学院运动会表演方队检查了一下,发现整体水平有了明显提高,但还存在人数不够、学生思想不重视的问题。经过调整方队人员以后,整体水平有了很大的进步,学生的积极性也普遍提高。今天又对表演方队整体方案进行了重新设计,这个方案简便易行,而且能够展示出一种精神风貌,这个方案的效果还是不错的。

感悟：许多事情干不好,不是学生的责任而是指挥无方、管理不善造成的。其实很多工作都一样,不要等到出来了结果再采取措施,整个工作的过程都要进行跟踪指导和监控。过程管理能使很多问题在没有发生前就得到了解决。

2010 年 4 月 19 日　星期一

本周日就要召开学生运动会,学生们盼望着运动会。运动员找到了展示自己的机会,其他学生也能找到自己兴趣点,如参加班级的啦啦队、志愿服务队、宣传队等。班级也趁这个时候加强班级的团结,学生们也互相好好认识一下 。另外,今天召开了运动员动员会议,我主要强调了三点:一是安全第一,要保护好自己;二是要树立参与就是快乐、参与就是提高、参与就是胜利的思想;三是要摆正心态,以积极的心态参加比赛,以倒数第一的心态看待结果;四是要抓紧最后的时间科学训练,调整好自己,做最好的自己。

感悟：运动会不只是运动员的舞台,要想方设法地让全体学生积极参与,可以通过扩大项目的设置和参与人数来实现。每位学生都有参与的欲望,也有积极奉献的精神,而我们需要给学生提供这种平台。如果学生都有机会参与其中的活动,要比几个运动员取得好成绩更重要。

2010年4月20日　星期二

今天上午学院召开了招生会议,可以看出生源的压力越来越大,领导的担心也不无道理。无论采取什么招生方法,学院必须加强内涵建设、内涵发展,提高学生培养质量,这才是治本之策。

玉树发生地震已经快一周了,明天要在全国举行悼念活动,悼念玉树遇难同胞。昨天晚上的捐赠晚会更让人感动。很多捐赠企业献出了爱心,表达了爱意。作为一名普通公民,除了表达敬意之外,就要更努力地工作、更好地生活、把自己的事情扎扎实实做好。玉树是三江发源地,也是文成公主进藏路过之地,这次地震让很多人记住了这个千年古镇。我想不但现在的人记住了,几十年、几百年之后中国人、中国学者、许多教科书都会出现玉树的名字,许多故事都要来自玉树。玉树地震的损失,也许会在未来社会的进步中得到补偿,我们希望如此。

感悟:生命诚可贵。珍贵的东西有时很脆弱,但有时也很坚强。生命应该受到加倍的珍惜,这次玉树地震给学生上了一堂生动的生命教育课。希望学生不但要记住玉树地震,更要深刻理解如何珍惜生命。

2010年4月21日　星期三

今天组织了红旗团支部、优秀团支部的评选。首先是通过必要的审核程序,选定了一些候选人,在候选人的基础上,再进行演讲投票,整个程序进行得还算顺利。在学生演讲完了之后,问了几个问题,大部分学生回答得还不错,但有几个学生回答得不是很好。

感悟:很多班级的基础性工作都是学生干部来完成的,班干部的工作是一件不容易的事,但确实能锻炼能力、提高素质、培养人格,如果抱着这个心态去干工作,学生就会有很大的收获。

2010年4月22日　星期四

今天下午三点半方队彩排,我们的方队按着预定的目标进行了认真的排练,整体效果还不错,方队体现的不仅是表演,更是一种精神面貌。今年我院的方队解说词与往年不同,也许明年还不一样,我想先记录下今年的:"迎面走来的是国际交流学院代表队,他们心相连,手相牵,团结成就国际交流学院昨日的梦想。看,他们青春飞扬,积极向上,他们的心朝着同一方向眺望。努力吧! 为了心中那永恒的理想! 加油吧! 国际交流学院的运动健儿们! "

感悟:运动会一方面是展示学生的体育风采,另一方面要展示整个学院的精神风貌。运动会应成为凝聚学生力量、展现学生风采的舞台。

2010 年 4 月 23 日　星期五

今天下午照旧是两大节课,还有一些工作没有处理完,特别是运动会的工作还没有完全到位。学生干部还缺少统筹安排的能力,运动会的很多工作都考虑不周全。

感悟: 学生干部培养不好就使用不好,没有培养就没有使用。我想下一步应该抓好学生干部的"传帮带"工作,更要培养学生干部无论干什么事情都要有扎扎实实、老老实实、认认真真的工作精神。

2010 年 4 月 26 日　星期一

今天运动会圆满结束了。结果和我预料的一样,一无所有。从运动员的表现来看,能参加的都参加了,能得分的都得分了,大家都尽力了。学生的整体精神面貌也比以前好多了,但我们的学生人数少,无论体育比赛成绩和精神文明成绩都没有任何优势。我们做好自己的事就很好了。

感悟: 有很多东西是无法相互比较的,把自己的事做好,这也是一种进步。

2010 年 4 月 27 日　星期二

今天学校网站上公布了宿舍违章用电名单,大部分是大三的学生。他们已经开始实习,对学校的宿舍管理也不重视。他们白天上班、晚上回来,因此对于他们的管理就应该尽可能严一些,否则会出很大的问题。但也要从学生的角度去考虑,为他们提供尽可能好的服务。

感悟: 大三的学生管理确实存在一系列的问题。但还要从他们的角度去考虑,如何解决他们遇到的问题才是治本之策。

2010 年 4 月 28 日　星期三

快到五一假期了,所以有些学生准备请假回家。但有的学生没有请假就回家了,有的还专门找家长或找人代替家长请假。这样的情况基本年年如此,学校也没有好的办法来解决。

感悟: 每次到小假期的时候,学生就收不住心思,总是想方设法地请假。这是人之常情,但是学校还要采取非常措施制止这种行为的发生,一方面要教育,另一方面还要用严厉的制度来约束。

2010 年 4 月 29 日　星期四

今天我的数学课是放假前最后一节课,不过非常不错,没有人迟到,也没有人旷课,只

有几个学生请假。每到临近小假期时,学生总是找各种理由回家,但很多学生不想上课才是真正的理由。

感悟: 每到小假期,学生找各种理由请假,需要从制度层面对这些现象进行规范,并认真执行这项制度,才能从根本上解决这些难题。

2010 年 5 月 4 日　星期二

今天是五四青年节。很多年轻人都忘记了这个节日,也不知道今天还要放半天假。今天是五一节后的开学日,大部分学生都按时回到了学校,但是有个别同学却没有到校。经过调查发现,这几个学生在没有放假的时候就请假走了,他们走得早来得晚,我看他们就是不愿意来学校学习,其他没有什么理由。

感悟: 有的学生三年都不请假,有的学生一周就要请三次假。有的家长对学生要求严格,有的家长帮着孩子撒谎,这就是家庭教育的差别,这些差别决定了孩子的未来发展。

2010 年 5 月 5 日　星期三

晚上找了 2008 级国际商务一班的几个学生谈话,谈话内容无非就是要认真上课,不要迟到早退等。他们也保证按时上课,不再迟到早退,不再犯任何错误。我知道这些学生一走出办公室,就把他们所承诺的全忘了。这些学生本身从小就缺少一些规范,来到大学更是为所欲为,不把任何人放在眼里,对他们的教育的确太费脑筋了。

感悟: 对于学生犯错误应该以教育为主,给学生机会。但是如果学生不珍惜老师给的机会、不认真改正错误,就要严肃处理,否则无法起到警示作用。

2010 年 5 月 6 日　星期四

今天上午去查了宿舍,整体情况比以前好很多,关键是最近采取了严厉的措施:一是严查,二是惩罚。特别是对于卫生不合格的宿舍取消一切评优、评奖资格的规定让学生感到很害怕,每个宿舍都害怕被处罚,更害怕失去评奖评优的机会。

假期前假冒我签名请假的学生来到我办公室,请求我原谅,自己表示非常后悔,他还写了五六张纸的反思报告。我教育了学生一番,自己的心也软下来,决定先不做处理,然后让他把所写的材料翻译成英语。学生开始表示惊讶,然后笑着离开了。但愿这位同学能领悟到什么。

感悟: 学生需要严格的教育,在严格的基础上还要有一定的手段和方法,毕竟惩罚不是教育的最终目的,让学生有所感悟、有所改变是老师教育学生的最终目的。

2010 年 5 月 7 日　星期五

今天是每月需要交工作总结的时候,所以我把这一个月的学生工作进行了总结。当然还有干的其他很多工作也没有必要写进去,因为学院要求的是学生管理工作。我想其他的工作等到年终时再总结。

感悟:总结是一项很重要的工作,对工作进行梳理和总结能够提升自己对工作深入思考的能力。

2010 年 5 月 10 日　星期一

晚上七点召开本月的学生会干部例会。从最近学生会的整体工作来看,本届学生干部的工作力度和工作水平都不如前两届。其中一个重要的因素是辅导员在整个管理过程中没有很好地对学生干部进行培养,说到底,工作好的学生干部是培养出来的。

感悟:学生干部有很多很好的想法,但这些想法如何落到实处需要辅导员的认真指导,如果指导不到位,学生干部的能力就不会有快速提高。因此,辅导员要知道学生干部能干什么、要干什么,必要的时候还要告诉他们怎么干,辅导员老师不能什么事情都放手不管。

2010 年 5 月 11 日　星期二

本月的学生读书月活动基本落下帷幕了,学生开始准备在自己班级文化墙的位置张贴本班读书月活动开展的情况,这个活动得到了各个班级的大力支持。从这次读书月活动来看,有以下几点值得总结:一是学生的支持率非常高,很多同学都认真读了书或者一个班级读了一本书,有的学生还读了好几本书;二是从学生的反馈来看,各班都召开了相应的座谈会和班级讨论会,学生之间都学到了很多东西,可以说受益匪浅;三是从学生文化墙展示的内容和布置来看,班级之间差别还很大,有的班级能够认真去执行,有的班级还是在应付差事;有的班级很有创意,有的班级墨守成规不敢越雷池一步。可以看出,每班的特色和管理水平以及班级凝聚力跃然在"墙上"。

感悟:学生活动应是学生管理的一个大平台,应该鼓励学生展开充分的想象和发挥,同时给他们更多的机会去实践和探索。学生的想象力和创造力是无穷的,就看老师怎么去搭建这个平台,给学生提供什么样的机会。

2010 年 5 月 12 日　星期三

今天下午去打了近一个小时的乒乓球,虽然进步不大,但感悟颇深。打乒乓球不但要讲究基本功,还要有战略战术,基本功是基础,没有好的基本功不要谈什么战略战术,因此基本功是非常重要的。学生管理也是如此，但是如果不讲战略战术，不会达到一个更高的层次。学生管理的战略问题就是学生管理的理论问题，战术问题其实就是实际落实、检查监督和反馈调整的问题，战术不是投机取巧、不是欺骗和糊弄，而是一种真抓实干的措施，因为我们从事的是教育，是教育人的事业。

感悟：当一种管理的基本工作做好以后，更重要的是战术和战略问题，战略好解决，战术需要落实，两者还要协调统一。

2010 年 5 月 13 日　星期四

下午 2008 级有四个学生报了银座汽贸班，下学期他们就不来上课直接去实习了。学校老师和银座班以及学生个人要签订一个实习协议，在签协议时，有的同学还拿不定主意，三心二意，说还要仔细考虑一下。这些同学是经过层层考核才选拔出来的，为什么大家还存在着这样或者那样的疑虑呢？

感悟：学生找工作，跟买东西是一样的，总是挑三拣四，这山望着那山高，害怕找的工作不好，这是可以理解的。但是我们需要做的是要给学生讲清楚很多事情，如公司发展前景、就业模式、就业岗位以及学生未来的发展前景。学生对这些事情认识不透，很有可能导致随时违约，对公司和学生都不利。

2010 年 5 月 14 日　星期五

今天和学生一起研究就业创业大赛，没想到学生的想法和思路远远超过了老师。他们一直在思考和探索学校潜在的消费市场，他们设计的主题是学校经营连锁模式，该模式能够在产品的进货、批发和零售等方面发挥很好的连锁优势。学生把所学的东西都用在实战销售模式研究上，思路很开阔，热情也很高，这是我没有想到的。

感悟：这次和学生一起研究创业计划，学生们掷地有声的演说、周密细致的计划以及开阔的思路，不得不让我们老师再一次思考对于"90后"的学生如何去教他们，怎样才能教好他们。在信息化和全球化的时代，我们教师的优势越来越小，以前靠经验、靠读的书多，但现在我们靠什么来赢得学生的尊敬，这是我们需要认真反思的问题。

2010 年 5 月 17 日　星期一

今天晚上 7：00 邀请了学院资深书法家朱崇昌教授给学生做了一场《弟子规》的讲座。朱教授自学书法数十年，享誉山东乃至全国，对国学也有很深的造诣，倡导学生学习国学、用国学。去年我们邀请朱教授讲了《三字经》与书法，效果非常好。这次我听了《弟子规》讲座以后感觉收获非常多，日常需要注意的很多东西都能从《弟子规》上学到。可是学生还没有注意到他们的日常行为和习惯对他们的未来发展多么重要。今年我院开展了一系列的主题教育活动,倡导学生文明修身、文明做人。让学生努力达到"站有站姿、坐有坐相、话有分寸、行有规范"的行为习惯。该讲座引起学生的强烈反响,收到了很好的教育效果。

感悟:学生的行为教育需要引导,教育报告就是一种很好的引导形式。专家和学者有着丰富的阅历、渊博的知识,他们的话语往往能够引起学生的共鸣,在学生中起到很好的教育作用,教育报告,特别是精彩的报告更值得提倡。

2010年5月18日 星期二

上午参加了一个关于毕业生信息录入的相关会议,每年的工作都相差无几,但年年都稍有变化,所以有些工作还要认真组织实施。下午学校举行了一场关于"忠诚胜于能力"的讲座。

感悟:关于"忠诚"这个话题,不同的人有不同的理解,许多人对于忠诚的认识往往是个人较片面的理解,其实有时候我们并没有理解其实质。忠诚是做人、做事、交友所遵循的基本原则。

2010年5月19日 星期三

又是忙碌的一天。今天上了两节课,感觉效果还不错,因为课程已经讲过一遍,所以比较顺手。最近还有两个课题要结题,还要申报一个课题,还有一个国家课题要写相关论文,别的不说,倒是很充实。不过我想应该把工作研究和实际工作紧密结合,一方面不会丢掉工作,另一方面不会影响课题的研究,两者都不耽误,应该寻求这样的工作方法。

感悟:任务越多,越能锻炼能力,越能增长见识。因此年轻人应该多干事、多思考,没事找事干,很多年轻人都没有考虑到这些。

2010年5月20日 星期四

上午查了宿舍,整体还不错。问题是大二整体不如大一、大三不如大二,特别是大三宿舍的个别房间乱七八糟,而且非常乱,因为他们已经开始实习了,他们每天工作也很累,所以他们也没有时间来关注宿舍的事了。那么为什么大二的有些学生宿舍反复教育也不见效果呢? 一方面辅导员老师没有采取有效的措施,另一方面我认为这些人的家庭教育也存在很大的缺陷。

感悟:学生的管理不只是教师的事情、更不是辅导员的事情,需要全体教师的共同努力,需要全社会的共同努力,需要家庭的全方面配合,只有这样,学生的教育才能收到很好的效果。孩子的教育关键在家庭,关键在小时候的教育,特别是学生的日常行为习惯需要长时间的养成。很多学生家长都依赖于学校教育,所以才出现了很多家长不惜重金去择校,最后的结果并没有他们想象得那么好,毕竟依靠学校的教育是有限的。

2010年5月21日　星期五

今天学校公布了红旗团支部的评选结果,出人意料地没有选上。事后问了一下,其实比我们差的也有,为什么我们会落选呢? 评选方法是不是有问题呢? 我看是有的。另外,我院学生的特殊情况也决定了我们必须采取非常的办法、非常的心态去做工作,有时候花了别人几倍的时间不一定取得好的效果,所以我认为应该调整学生管理的整个思路和心态。

感悟: 我们做工作首先应该分析我们的实际情况,正确分析内在和外在的实际因素,找准差距,做好各种心理准备。一切从实际出发去想问题、做事情,最终我们得到的结果就是进步。

2010年5月24日　星期一

今天下午课题组成员对有关"大学班主任的课题"进行了讨论,主要得出了以下结论:一是班主任工作能够很好解决教师的教育人生问题、教育生命问题以及教育功能的实现问题;二是能够实现传承知识、培育能力、涵养品行、助长生命的育人目标;三是新时代"90后"的大学生存在很大的思想压力、就业压力,面对诸多问题,他们需要关心、理解和指导,班主任的工作就是了解学生心理诉求的重要途径;四是班主任工作是人类灵魂工程师的职责,是实现关爱学生、关爱生命成长、实现教书育人的重要载体;五是班主任工作的研究内容包括解决班主任工作方法和途径问题,建立有效的激励机制和评价体系。

感悟: 班主任工作需要有理论指导。国家很重视大学班主任工作,但是很多大学并没有把大学班主任的工作放在非常重要的地位,其主要原因是对当前大学班主任的作用认识不够,对当前学生需要迫切解决的问题也认识不清。课题研究是来源于对问题深入的调查、分析和思考。

2010年5月25日　星期二

学校今年选拔9名同学去中国台湾学习四个月,分配给我们学院一个名额,而且是公费,因此学生都积极报名参加选拔。在对符合条件的13名同学进行充分讨论之后,选了3名同学进入面试阶段,通过面试选出了一名同学。这名同学确实表现非常好、学习成绩也很好,各方面表现也令辅导员和老师们满意。

感悟: 对于学生来说,最渴望的是符合条件后能够顺利成行,而且希望学院有个公平的选拔程序。对于老师来说,通过这次的选拔能够充分调动学生的积极性,充分实现这次活动所带来的教育辐射效果。我们也要深刻认识到,在分数相同的情况下,背后所隐藏的能力是要通过一定的方式展现出来的,这种展现方式也许就是面试。

2010 年 5 月 26 日　星期三

今天上午核对 2007 级毕业生相关信息,有的辅导员老师让学生去核对,结果在没有搞清楚干什么的情况下,学生就拿纸质信息和电脑里的信息核对。我发现了这一问题后,又重新进行了纠正,发现了一些错误信息,虽然这些问题不是什么大问题,但是能够找准问题所在,能够让自己完全把握录入信息的准确性。下午去打球,今天练习自己的战术,有一定的效果,但是还存在很多问题。不过我记得最清楚的一句话就是董老师说的:"要认真对待每一个球,不要无所谓。"这句话给我留下了深刻印象。学生管理何况不如此呢?

感悟: 很多事情做不好不是能力问题,也不是其他客观问题,关键在于我们对待事情的态度。如果认真对待每一个球,你的球技就会每天有进步。如果你认真对待每一件事,你的工作也会日益长进,终有所成。

2010 年 5 月 27 日　星期四

还有一个月即将考试,学生也开始紧张起来,很多平时不怎么用功的学生也开始学习,所以今天去查宿舍的时候,看见很多学生都在认真复习功课,而有的宿舍还没有那么重视,在集体打游戏。

感悟: 宿舍风气很重要。宿舍的学生比较团结的,卫生好,学习也差不了。宿舍是这样、班级是这样、学校也是这样,什么样的集体风气就会塑造什么样的人。

2010 年 5 月 28 日　星期五

专升本的录取通知书已经下发,很多同学上了三年的专科还要继续攻读两年的本科。这几天很多专升本的同学似乎很清闲和自在,因为他们不用着急找工作,也不存在其他的生存压力。即使再上两年本科,毕业后又是一个大问题,出路是什么,就业怎么样,都是未知数。但是今年的专升本辅导班没有人参加,不知为什么,不学习能够过关吗?不学习为什么还抱着专升本不放呢?

感悟: 很多学生上大学没有目标、没有动力,总以为上了大学就能毕业,就能找到工作,这种传统的思想观念根深蒂固。现在的家长只想让孩子体面地生活,却不严格督促学生掌握更多的生存本领,体面生活的背后是用能力和知识做支撑的。在未来社会,没有一技之长很难生存吧!

2010 年 5 月 31 日　星期一

学院开展的英语竞赛活动月已接近尾声。今天的话剧表演很有特色,学生的积极性很高,学生的英语流利程度已经提高了不少。接下来就是下个月的诚信教育活动月,在辅导员老师的指导下学生参与了整个方案的设计,现在已经基本定好。从这个方案来看,不能低估学生的创造力。

感悟：只要是在计划中的事情就需要认真完成,不能半途而废,工作如果只有计划没有行动,那还不如没有计划。有了计划还要执行、监督、反馈和调整,这就是学生管理要完成的基本步骤。

2010 年 6 月 1 日　星期二

今天下午很多毕业生返校参加毕业补考,这些学生大部分是学习不用功、纪律性差以及有其他问题的学生。总之,在很多教师眼里他们不是什么好学生。但是出乎意料的是,这些学生回来后对老师很有礼貌,也很热情。特别是有几个我以前批评过的学生还跟我说了些"老师,这几年让您费心了"等夸奖和道歉的话,这些话让老师感到心理暖呼呼的。他们经过半年的社会锻炼,发生了很多变化,一些学生也没有了以前的傲气。

感悟：国外非常重视学生的实习考核,在不同学期和不同阶段都有不同的实习内容,而且有严格的实习管理制度。我想国外的这种实习制度,对于加深学生对社会的了解和大学生活的认识起着重要的促进作用。所以要认真搞好学生的实习,狠抓工作落实,这对学生各方面都会有提高。

2010 年 6 月 2 日　星期三

今天有几个实习的班干部回来了,不过他们并没有补考,晚上和他们一起吃饭。谈论了很多事情,以前根本不知道这些事情,通过他们才认识到学生干部很难做,当好一位学生干部则更难。他们透露了很多我以前不知道的信息和内容,我在当辅导员的时候根本没有认识到,也没有考虑过。如学生之间的关系问题,干部的关系问题,教师在学生心目中的形象问题,等等。

感悟：老师对学生的情况有时了解的很少,甚至是错误的。因此应该对学生的各种情况进行深入了解,但如何突破学生对老师的心理防御性抵制,是非常困难的。因此教师要做学生的贴心人,做学生的生活关怀者,做学生的精神关怀者,做学生的知心朋友。

2010 年 6 月 3 日　星期四

今天开了个班会,有必要记录一下班会的讲话内容：一是珍惜时间。对于大二的学生来说,大学生活所剩无几,应该备加珍惜在校的学习和生活时光,很多时间都从手指缝中溜走了,请不要再玩游戏、再玩手机了。二是珍惜友谊。同学们在一起不容易,要珍惜彼此的友谊,多一个朋友多一条出路,所以要和宿舍同学友好相处,和班级同学友好相处。

三是珍惜师生友谊。老师毕竟有着渊博的专业知识、丰富的阅历,应该认真听老师的话,世界上只有两种人不会骗你们,一个是你们的父母,再就是你们的老师。不管你现在认为老师的话是否正确,先按照老师说的去做,以后你就会发现其中的内涵,如果不这样,以后后悔都来不及。四是好好读书。人生中读书的时间本来就不多,你们处在读书的年纪就应该多读书、读好书,去书中找人生的目标、去寻找智慧。五是严格遵守学校规章制度。在大学生活快结束的时候,也要搞好宿舍卫生,上课要出勤,日常不违纪,不要给别人添麻烦,给别人带来不愉快,给自己找罪受。

感悟: 把工作做好很重要,总结好也非常重要,有体系地总结好那就更完美了。

2010 年 6 月 4 日   星期五

我在大学里对入党并没有什么积极的表现,也没有加入学生会,主要忙于自己的专业学习,所以入党就不可能了。在读研究生的时候,积极争取过但没有成功。领导这次让我参加党员培训班学习,我就积极行动起来认真听讲、做笔记。通过学习,自己对党的的理论认识确实有了一个新的提高,我想应该认真去学习和领悟,争取有所成。

感悟: 做一名合格的党员容易,做一名优秀的党员则很难。我要在工作中找到自己方法去实现自己的价值,至少对得起组织,对得起自己的人生。对于学院来说,要深入开展各种形式的学习活动教育大学生端正入党动机,让大学生在践行党员职责和义务的过程中,实现他们的梦想。

2010 年 6 月 7 日   星期一

今天去学校开了一个就业会,持续了近两个小时,会议的主要内容是有关大学生的就业问题。就业成了当前每个学校、家庭、个人及政府面对的最重要的问题。临近期末,学生就业的事情越来越多,所以辅导员都忙着毕业生签约、网上录入等很多工作。整理毕业生的档案相对比较复杂,所以老师们都必须精心整理和应对,确保每一个毕业生档案不出现任何错误。

今天是高考的第一天,许多家长也一同备考,而且还是“被考”,他们比考生可能更焦急。学生考上了大学,几年之后,谁也难料就业会怎么样,这也是当前学校必须要考虑的问题,特别是职业院校。

感悟: 学生大学毕业第一个关注的问题是要找一个好工作,怎么才能让学生找一个好工作呢? 大学要让学生学有所得,学得一技之长,这是大学应该做的。政府也下了大力气,提供了各种工作岗位。大学生是不是要好好想一想如何努力学习呢? 现在学生找不到工作,学生自身不努力也是重要因素。

2010年6月8日　星期二

今天学院院长收到了来自阿联酋2002级商职毕业生 Jibo 的英语竞赛汇款，总共1 006元人民币。这件事的起因是我院在5月份搞了英语竞赛活动月，英语竞赛活动月包括口语、作文等竞赛内容，这些活动都发布在我院的网站上。这位毕业生从网站上看到了相关新闻，就给学院发了想捐助口语大赛的邮件，邮件里叙述了他在上学的时候学校英语活动给他的帮助。这件事令老师们很感动，也让英语竞赛活动月有了新的意义。我想英语竞赛活动月学生不仅收获颇多，老师们也收获不少。

感悟：学生的所有活动只要制订了计划就必须扎扎实实推进，不能搞一点虚的。而且应该尽可能地利用网络加以宣传，也让活动尽可能发挥更好的宣传作用。

2010年6月9日　星期三

临近毕业，开始准备毕业生的各种档案。今天整理学生的综合素质测评，结果发现少了一个班的个人综合素质测评表。很多工作还需要从头来，学生吃苦、老师受罪，最终还是自己最麻烦。

感悟：工作都需要平时去经营、去管理，如果忽略了平时的功夫，最后一定会产生很多麻烦。过程很重要，每一天都要认真去对待，每一件事都要认真去对待，这样就会离成功越来越近。

2010年6月10日　星期四

有一个课题要在6月15日结题，所以一上午都在写结题报告、整理材料。这个课题是2008年立项，转眼之间已经过去两年了。在这两年里，发表了相关论文一篇，这篇论文还获得了山东省思想政治教育科研成果二等奖，所以总结起来也相对顺利。

感悟：课题研究是一项平时的功夫，如果不扎实开展课题实践，只靠写几篇论文或者只是写好结题报告就结题的话，也就失去了课题研究的意义。现在大家都争先恐后搞课题研究，又有多少人在真正实践课题呢？

2010年6月11日　星期五

今天上午主要的工作是把毕业生的登记表放到学生档案里。我查看了部分学生的就业登记表，发现个别学生的自我鉴定填写的内容很少，寥寥数字。可以看出，学生对填写登记表这么重要的事根本不重视，也有可能是学生真的没有什么需要写的，因为他们在学校可能真的没有什么进步，也没参加什么活动，这就真的没办法了。

感悟：档案里的内容一定都是准确无误的，最起码要保证它的完整性和真实性，如果连这一点也保证不了,那么档案也就没有什么价值可言。

2010 年 6 月 12 日　星期六

今天本来是周末休息,由于端午节的原因,今天照常上班。虽然是周六,但只要是上班,学校依然热闹,很多工作都照旧进行。今天的主要工作是整理毕业生的综合素质测评。学院每年都要进行综合素质测评,以此评定奖学金,这项工作平时都做得很扎实,因此整理起来也相对容易。

感悟:综合素质测评对奖学金的评选确实起到了积极的促进作用,但对那些不愿意参加活动的学生来说,还没有发挥出综合测评应有的价值。如果综合测评成绩像专业课成绩一样进行管理可能会收到更好的效果。

2010 年 6 月 13 日　星期日

本周末上课是为了端午节放假而调整的,所以许多工作还是有条不紊地进行着,显然没有放假的影子。很多学生都知道端午节要吃粽子,但真正懂得其现实意义的不多。

感悟:每一个节日都有它的特定意义,应该充分利用节日的重要意义和影响,对学生进行深入的思想教育。突然有一个想法,明年搞一个"传统节日活动年",这应该是不错的想法吧。

2010 年 6 月 17 日　星期四

端午节之后,很多学生显得疲惫不堪,显然这个端午节大家过得不错。今天给学生布置了教师测评的时间和地点以及注意事项。有个班长给我提了条提高测评分数的建议,这个建议无非就是搞点小动作。我听了以后断然拒绝并对学生进行了严肃批评,这显然不符合我的做事原则。测评分数确实重要,但想要所有的学生满意是不可能的,有的辅导员学生测评分数是满分,这本身就存在问题。从测评分数来看,我的方法和工作模式得到了大多数同学的认可,这也就够了。

感悟:学生测评作假很简单,想要个高分数更容易,高考都能作弊,何况一个不严格的测评。我认为虽然通过不合适的手段提高了自己的测评分数,但是学生对老师的评价是降低了。老师不能牺牲自己的人格去教学生错误的东西。

2010 年 6 月 21 日　星期一

学院英语协会的汇报演出改在了今天晚上。所以制定领奖顺序,准备音响设备,撰写讲话稿等都需要快速地进行,好在晚会顺利完成了。一是我们提前做了大量的相关工作,最重要的是节目都是平常已经排练好的,所以用起来也就得心用手。二是老师的指导非

常及时。辅导员老师及时发现了问题并快速解决了，也可以看出，老师在学生活动中的重要作用。这次活动的主要问题是颁奖的礼仪不算灵活，没有应对现场的经验；另一个问题是主持人的口语水平还急需提高，直接影响了整个节目的质量。

感悟：计划有时一改动就会引起很多连锁反应，因此计划中的时间和地点尽量不要改动，如果要改动也要尽可能地提前安排。

2010 年 6 月 22 日　星期二

今天开始提交毕业生各种材料到学校审核。毕业生的学生综合素质测评、诚信档案、毕业生就业登记表以及学生的处分撤销表。

感悟：这些工作都需要平时认真完成，要体现对学生负责的态度和精神，每项工作都要扎实做好。

2010 年 6 月 23 日　星期三

今天整理学生就业材料，学生的就业类型大致有以下几种：合同就业、协议就业、灵活就业、入伍、升学、出国等形式。从今年的就业内容来看，大部分学生都是合同或者灵活就业，也就是说，现在很多学生还是处在一种漫游状态，没有稳定的工作，也有部分学生和公司签订了合同，算是很不错的了。从实习教师填写学生的材料来看，还存在很多问题，如填写内容不完整，有的教师没有按要求填写学生的学号和姓名，等等。这些都需要我重新整理和填写，这真是一笔不小的工作量。

感悟：很多工作需要集体的力量才能完成。如果有一两个人不认真、不负责，就会造成整个系统出问题。对于一个优秀的集体而言，不应有任何人掉队。

2010 年 6 月 24 日　星期四

现在社会上似乎有种不正的风气，很多事情都需要去争，甚至去抢，否则就什么也得不到，这种现象似乎在大学里也有所显现。学校作为培养人才的地方，追求一种更高层次的精神境界，才是教师和学生努力的方向。

感悟：社会风气不好就会影响学校的风气，学校似乎已不是清净之地，这样的风气受害最深的应该是学生。因此，作为教师必须对自己有更严格的要求，不能随波逐流，不然失去的是自己，耽误的是学生。

2010 年 6 月 25 日　星期五

很快就要放假了，暑假的一项重要活动就是暑期社会实践。今年我们搞了一个"走进彩石，情系儿童"的骑自行车走访彩石各村的实践活动。为了更好地把这项活动长期有效地开展下去,能够真正为彩石的教育及各方面提供服务和智力支持。今天下午专门开了此次活动的预备会议。会议的主要内容有三个方面:一是开展此次活动的意义。有助于学生了解农村、了解社会、了解自己,为今后融入社会打下基础。二是此次活动需要注意的问题和需要准备的工作。安全问题是暑期实践最重要的问题,要学会自我保护,保护好自己就是对全队的最好帮助。同时还需要队员之间互助互爱、团结协作,用团队精神仔细认真地做好各项准备工作。三是认真做好策划和总结。事前要成立领导小组,做好人员责任分工。认真撰写策划书,策划书的任务内容要有详细的时间、地点及路线,每天要有明确的详细任务分配。活动结束后要及时撰写总结报告。从报名的情况来看,学生积极报名参加,我想经过学生的亲身实践,学生的各方面能力一定会得到提高。

感悟:学生的能力只有在学生实践中才能得到充分的发挥和挖掘,我们的很多课程不应过于理论化,特别是对于这些学生应该有更多的实践机会,他们也许在实践中成长得更快、更好。

2010 年 6 月 28 日　星期一

今天忙得不亦乐乎,开会布置工作,然后就是毕业生的相关材料整理工作。最让我头疼的是有的同学没有填毕业生登记表的国内外关系,我只注意了国外关系,国内关系没有注意,只怪我当时没讲清楚,学生也没有仔细思考。

感悟:什么事做不好都不要依靠别人,都要靠自己、靠自己努力,不要动不动就指责别人。要有"凡是有不成者勿责于人反求诸己"的做事态度。

2010 年 6 月 29 日　星期二

最近的毕业生返校是所有工作的重中之重。最重要的原因就是学生返校时不能发生任何问题,也不能出现任何安全问题。所以,今天晚上加班到了近十点,分别写了学生返校相关事项的公告、学生返校安全预案、学生返校详细事项安排和学生毕业典礼相关事项的安排,等等。

感悟:很多工作每年都一样,今年的工作效果应该为明年的工作做有用的价值参考,否则今年做的工作就失去了很多意义,今年的工作也就是完成任务而已。如果把工作做到能够有参考价值,那么我们的工作会拥有许多乐趣和快乐,我们对工作也会存在很多期待。

2010 年 6 月 30 日　星期三

明天学生要进行期末考试,所以今天特意召开了班会,主要强调了以下三点:一是学校的考试制度。每个人必须遵守考试规则和考试秩序。二是作弊的危害。作弊对于每个学生都有不可挽回的影响,影响学生的诚信、影响学生的未来和前程,不要"一失足成千古恨"。三是学生应该做些什么。认真复习,脚踏实地去学习和考试,不要存在任何作弊的侥幸心理。

感悟: 分数对于学生来说格外重要,现在很多情况都要靠数字说话,评选奖学金和各种先进都要看分数,分数和综合素质分数成为衡量学生好坏的重要尺度和标准。如果没有一个固定的指标和尺度,大家谁也不服气。所以分数也就成为老师手中的天平,是学生外在表现的尺子。所以在考试中,难免有一些学生为了获得好的分数不择手段,做点小抄,搞点小动作。

2010 年 7 月 1 日　星期四

连续三天 37 摄氏度以上的高温,让每个人觉得似乎世界末日的到来。坐在没有空调的办公室,头晕眼花,很难有兴趣坐下工作,更没有合适之地去避暑、乘凉和休闲。不过下午的一场小雨让人轻松了许多,可以说是一场及时雨。下午学生考完试后,有两个学生来找我,我预感到他们考试出问题了,果不其然,有两个同学作弊被抓住了,学生来求情,可是这件事谁做得了主呢? 监考教师把作弊情况填好,已经上报了,没有办法了。昨天刚开完的会,为什么学生记不住呢?

感悟: 任何考试都有作弊的,包括高考、考研等各类考试。每年高考都要求非常严,可是就是杜绝不了。我想很多事情管不好或者治理不了,要从体制机制上下功夫、从流程上下功夫才能有根本的好转。

2010 年 7 月 2 日　星期五

忙完了这两天,应该重新规划一下自己下学期的工作、规划一下这个暑假。

感悟: 要想把工作干好,必须付出,如果不付出,干好工作是不可能的。有时投机取巧也能够获得一些暂时的好处或者利益,如果长此下去,投机取巧的人能够获得长久的利益,那这个集体距离解散也就不远了。真正想干活的人如果也只能学会投机取巧才能生存,这可能是人才的最大悲哀。

2010 年 7 月 5 日　星期一

大一、大二的期末考试马上就要结束了,紧接着就是毕业生返校,每年这都是一项重大事项,这件事应作为当前一项重大事情来抓。现在毕业生所有的工作基本都已经快准备完毕了。毕业证、书费退还、各种表格的制定和证书的盖章等都已准备完毕,毕业典礼程序以及返校过程的各种事项也已经布置到位。近期学生咨询毕业返校事情的电话非常多,令我感到诧异的是学生的语气都发生了很大的变化,学生似乎成熟了好多。看样子,企业实习对于培养学生发挥着学校不可替代的作用,特别是职业院校,深入校企合作是培养人才的关键,而这一点很多学校都没认识到。

感悟: 在马来西亚思特雅国际大学,学校每年都让学生到企业实习,并制定不同的实习目标,让学生达到不同的实习要求。中国的职业院校也要深入开展校企合作,只有学生把学习的理论和企业实践有机结合起来,学生学习才会体现出真正的意义和价值。

2010 年 7 月 6 日　星期二

今天所有的考试都已结束。我想这是学生最高兴的日子,学生在这个时间可以真正的放松起来,学生考试的担心、害怕还有各种疑虑到现在都已抛到九霄云外去了,一些学生已经归心似箭,想着赶快回家。而另一些学生却留在学校帮助老师办理各种毕业生返校手续,他们忙碌的身影给老师留下了深刻印象。

感悟: 学生不只是学专业课,还要利用各种机会锻炼自己的能力,有些学生还没有这方面的认识,有时甚至还有某方面错误的认识。锻炼能力有各种途径,帮助老师完成各种工作就是很好锻炼能力的一种方式,学生不但从中学到很多东西,也能够得到老师的及时指导。

2010 年 7 月 7 日　星期三

学生这几天正耐心地整理档案,学生的档案很重要、内容也很多,需要耐心地一点一点地整理,不能着急,更不能出错。从今天检查档案的情况来看,学生档案整理情况总体非常不错,基本按时完成了任务。

感悟: 整理档案看起来是一件小事,真要是做得完美无缺绝非易事,以前对档案整理人员的工作总是不屑一顾。现在看来,档案很重要,把档案整理好更重要。有些工作只有自己亲身体验了才知道其中的艰难,人们往往只从自己的角度去考虑问题而忽视了别人的感受。

2010 年 7 月 8 日　星期四

明天是毕业生返校的第一天,所有准备工作都已就绪。今年自己也带毕业生,很多工作要自己亲自去做,同时还要考虑整个学院学生管理的事情。所以这两天自己的大脑高速运转,精神紧张,感到非常累,似乎整个身心都麻木了,像一台机器在高速运转,有时都不知自己为何物。

感悟: 毕业生马上就要离开学校了,他们对学校的感受究竟是什么样呢? 是感激还是什么? 我们不得而知,可学生心里最清楚。我认为教育的真正成功不在于学生的当下,重要的在于学生以后的评价,是否给了他们终身受用的东西。这是学校和老师都要不断探索的重要课题。

2010 年 7 月 9 日　星期五

今天学生按期、按时返校，学生也都顺利完成体检。学生的情绪都很好，很多学生都急着和老师说话，可是由于工作忙，没有时间和学生说几句话也就被别的事情打断了。很多学生实习表现非常好，工作也干得不错，这个时候他们最感激老师了。也有的不如意，可能这个时候他们就要骂学校了。

感悟：学生毕业后找到一个好工作，这是学生、家长和老师都盼望的事情，但很多学生都没有找到自己满意的工作，那就需要自己以后不断学习奋斗了。

2010 年 7 月 10 日　星期六

今天是学生返校的最后一天，所有工作都已按期完成。今天一直忙到下午两点才结束。但今天有许多工作需要反思，有许多事情需要记住，最需要记住的是令我感动的学生，我不但应该把他们记在日记里，也应该记在我的内心深处。

志愿服务的学生们：毕业生有许多工作要做，如发毕业证、退还书费、整理档案等复杂和繁琐的工作，这就需要很多学生来帮忙。这些学生在这么热的天气下不计个人得失来做这些复杂、繁琐的工作，他们的工作细致入微，没有一点差错，这一点值得表扬和赞许，也值得自己学习，因为我在上大学的时候很少帮助老师干点什么。他们也在工作中学会了策划、思考等很多东西。表现突出的学生如衣伟鑫、魏鹏、仇狄等，有些还记不住他们的名字，但我把他们记在了心里。

毕业的学生们：这些学生尽管马上就要离开学校了，有很多学生来到办公室向我道别，感谢我三年来的教育和培养，在这些学生中有学生干部，还有普通学生，令我难忘的是有几个以前很调皮捣蛋的学生也来向我告别，这让我没有想到，因为我经常批评教育他们，我认为他们一定会记恨我。还有几个毕业生又帮我干这干那，还要下班后送我回家，这些都令我非常感动。

感悟：这三年的付出只有我自己知道，有的学生可能会骂我，有的学生可能会感激我。在我的眼里，宁愿学生在校骂我，也不愿意学生在以后骂我。当一名好老师，真的很难，要想让学生今后想着你，并且向他的孩子、朋友、亲人讲你的故事则更难。但我的感觉是学生还是会感激严格要求他们的老师，虽然在学校不理解老师，毕业后他们会有所感悟的。

2010 年 8 月 29 日　星期日

今天是第一学期的第一天，学生陆续开始报到，所以我的学生管理感悟日记又开始了。这个暑假跟学生接触很多，因为自身懒的原因，很多好的事情都没有留下任何记录。

如学生暑期骑自行车开展社会实践活动很有意义、效果也很好,但留下的材料并不多;暑期招生咨询的人很多,接了很多电话,也有许多感想和感悟,也没有写下来;暑期值了两周英语培训晚自习的班,也应该有许多值得记住的东西,但都没有留下任何东西。这个暑假可以说很忙,但是没有任何文字成果可言。今天开学了,所有的工作都已进入正轨,一切又都开始了。

感悟: 暑假工作很丰富,但没有形成文字材料,当时的很多想法都已经忘记了,现在想起来好像暑假什么也没干似的。如果工作干完以后能留下一点材料,特别是总结和深入的思考应该是非常好的。学生管理日记让我受益匪浅。这新学期会有新情况、新问题,要好好总结好自己所做的,特别是自己深入思考的一定要记录下来,希望我的学生管理日记能够坚持下去!

2010 年 8 月 30 日　星期一

今天正式开学了,因为 2009 级学生没有军训,所以这学期要补上军训,2008 级开始正式上课。从今天的出勤和上课情况来看,有下列情况值得注意:一是学生请假比较随意。有的学生编造各种理由请假。如有的军训装病,开各种病假证明,还有的家长帮着学生撒谎请假。二是不同年级的学生开始有自己的打算。这在大三的学生中表现尤为突出,因为再有一年他们就毕业了。很多学生从暑假开始考虑自己的就业问题。有的学生利用暑假的时间在各种公司里实习,锻炼自己的能力。有的学生从暑假开始就报各种辅导班,开始为下半年的专升本做准备;有的学生想出国,报了雅思班开始准备雅思考试,可以说很多学生这个暑假比较忙,因为每位学生都在精心规划自己的前途和未来。三是学生关注国家发展。从与学生座谈的情况来看,很多学生非常关心国家出台的各种政策,关心国家的经济前景和发生的重要事件,对国家的未来发展充满信心。四是学生的思想和行为变化较大。与刚入学的时候相比,大三和大二学生的很多想法都发生了较大的变化。有的学生变得积极上进,对未来充满信心;有的学生受各种因素影响,特别是在专业课学习上遇到较大障碍,对自己的未来职业发展充满了困惑和焦虑,心理压力较大。

感悟: 学生的行为和思想发生变化都是很正常的事。他们在学校的三年里会碰到各种问题和困惑,有来自家庭的、宿舍的、朋友的、学习方面的以及社会环境等方方面面。学校和家长需要做的是及时发现他们存在的困惑,给他们及时的心理疏导和学习指导。这一点很多家长都疏忽了,原以为孩子上了大学就能够处理很多问题,实际上,学生存在的很多问题都需要家长和老师的及时指导,家长发现问题是关键,学校提供解决方案是重点,家校合作是教育孩子的最好方式,无论是小学、中学还是大学都是如此。因此教育孩子不只是学校的责任,家庭的教育功能也起着相当大的作用,学校教育向家庭延伸是必要的。

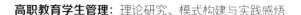

2010 年 8 月 31 日　星期二

到了大三,很多学生想去公司实习,其实这是一件很值得提倡的事。因为对于高职的学生来说,能够让学生去企业实践本身就值得提倡,现在倡导的校企合作办学、合作育人、合作发展的思路符合当前职业院校发展方向,不但学校应该坚持这种办学思路,更重要的是家长和学生也应该大力支持,这样学生才会学到真本事。

感悟: 现在部分学生总是想找一个风不吹、雨不打、太阳不晒的工作。这个时代已经过去了,学生要立足自身的发展实际,多干点活、多学点本领、多学点技术比什么都强,职业院校的学生要树立技能报国的理念。

2010 年 9 月 1 日　星期三

9 月 1 日对每一个人来说是非常熟悉的日子,这一天所有的中小学、大学都开学了。这一天,教育部还专门录制了一堂课,叫作开学第一课。每位教师都应认真思考这一天的意义和价值,新学期应该有新的想法和做法,但是对于几年如一日都在同样工作岗位的辅导员来说,又有什么新思考呢?

感悟: 干一件事容易,几十年干一项工作难,干好则更难,要想有新意地去干好则难上加难。但要想干好工作非得动脑筋下功夫创新不可。

2010 年 9 月 2 日　星期四

今天用一上午的时间来查宿舍用品是否完整,然后进行清点和核对。女生宿舍相对较好,男生宿舍相对较差。一方面因为学生用品的质量本身就不行;另一方面男生本身的特点与学生宿舍用品毁坏程度是成正比的,国际交流学院的男学生更是如此。对于我院学生的来说,这些学生在高中的时候就不受老师喜欢,他们很愿意通过砸桌子、踢凳子、往墙上乱写乱画来发泄自己的情绪,所以学生的很多习惯,从高中、初中甚至小学就形成了,如果要在大学里全部改掉学生的坏习惯,需要下非常大的力气。

感悟: 学生工作是一项系统工程,不但每一所学校包括小学、中学及大学各阶段学校要认真、严格管教,而且需要每一位教师和每一位家庭付出不可缺少的努力,学生的日常行为习惯尤其如此。

2010 年 9 月 3 日　星期五

今天学生军训彩排发生了一个小意外,不知什么原因,教官之间产生了一点小摩擦,学生觉得自己的教官吃亏了,要集体去找连队领导说理,为教官找回公道。在得知此事后,我迅速采取了以下措施:一是找当事学生谈话,了解事情的经过;二是召开所在连队的学生干部谈话,进一步了解事发经过;三是召开全连学生会议,让连队前排和后排的同学发言,叙述事情的经过,不允许有个人观点;四是让每位同学发表自己的观点,了解事情的真相;五是提出我的处理意见。第一点,感情归感情,事情归事情,不能带感情色彩去处理事情,教官之间的事情我们处理不了,任何学生不能参与其中;第二点,和教官有很深的感情说明我们学生有很强的学习能力,也说明教官教得很好,在训练中学到了很多东西;第三点,任何学生不能以任何形式集会或者集体去找教官,凡是由此产生的一切后果由个人承担责任。

感悟:学生军训很刻苦,也很认真,短短的 7 天军训就与教官产生了深厚的感情。我在想老师整天为学生考虑这、考虑那,为什么不能与学生产生深厚的感情呢?教官的什么东西给了学生这么大的吸引力,这值得我们认真思考。

2010 年 9 月 6 日　星期一

今天的主要任务是整理学生暑期社会实践材料,每年开学的第一周都要准备这些材料,年年如此。今年我们扎扎实实搞了三个暑期实践。其中"走近彩石,关爱留守儿童"这个项目最为瞩目,同学们认真策划、积极组织,取得了较好的效果。部分同学也学会了如何写材料,特别是如何写实践报告,写出的材料比较像样,也都有一些很深的感悟,这是今年的一大进步。

感悟:各个大学的暑期社会实践年年似乎搞得热火朝天。但从实际的情况来看,一些学校暑期实践就是蜻蜓点水、应付差事,电台一报道就是万事大吉。所以北京的一位教授写了关于暑假社会实践的一篇文章,题目是"暑期实践的怪现象"。暑期社会实践一定要搞得扎实,贴近学生实际、贴近生活实际、贴近社会实际,让学生在社会实践中提升自己的思想,锻炼自己的能力,增长自己的见识,这样的社会实践即使没有新闻报道也是非常好的社会实践。

2010 年 9 月 7 日　星期二

今天主要的任务是准备迎新材料,最重要的是要把所有的工作做细致,让学生一入学就能感受到学校的温暖。这学期大一的主要任务是安全教育、基本日常行为规范教育以及学生综合素质提升。必须加强学生的安全教育,特别是安全意识教育,要开展全方位的安全教育培训,做好规划和活动设计。要加强学生日常行为规范教育,严格管理晚自习等各项活动。要加强学生综合素质提升,全方位设计好学生的各项活动,通过活动提升学生的综合素养。还要认真搞一些调研工作,认真了解学生所学、所想、所思,做好大一学生的数据分析。

感悟:新生入学工作是一件非常重要的事,需要详细安排和周密考虑,不能有任何一

点疏忽,做好大一这学期的各项工作规划更为重要。

2010 年 9 月 8 日　星期三

今天新生的代理班长全部选出来了,晚上给他们开了个会,就管理新生的各项事宜做了重点说明:一是要严格要求自己。作为代理班长要以身作则,用自己的行为和规范的言行来影响新生。二是注意自己的形象。要求别人做到的,自己首先做到,用自己的良好示范作用去规范学生,自己要做到站有站相、坐有坐姿、话有分寸、行有规范。三是要严格考勤。学生的各项活动要把出勤作为学生考核的重要指标要。四是要狠抓安全教育。在学生参加活动及军训期间的训练首先考虑的是安全因素。五是要狠抓学生的宿舍内务。把学生的内务作为考核学生军训成果的重要指标。六是要善于发现特殊的学生。如有心理问题的、行为问题的和性格问题的,要把特殊学生及时报告给辅导员。

感悟: 学生工作需要下很大的辛苦,更需要科学的方法和详细的计划。没有方法和计划,很难干成点事。

2010 年 9 月 9 日　星期四

今天分配了大一学生宿舍,然后检查了宿舍用品情况,有的宿舍还可以,但男生宿舍由于去年的全运会损毁比较严重。学生住宿问题一直是学校学生管理的老大难问题,经常发生违章用电、宿舍饮酒等现象,学生很多安全问题都发生在宿舍。

感悟: 宿舍管理工作牵扯了辅导员老师大部分精力,也是学校一直关注和揪心的地方,如何正确地管理好宿舍是一个大课题。国外的宿舍管理与中国截然不同,他们有自己的国情和特点,我们应该从中吸取一些经验和作法。

2010 年 9 月 10 日　星期五

今天是教师节,有很多值得记住和回忆的事,这些事都深深地在脑海里留下了印记。教师节应该如何庆祝呢?

感悟: 我一直在思考,老师应该给学生留下什么? 老师在学生的脑海里能留下什么? 老师在学校应该怎么做能让学生终生铭记? 我想,说不定老师的哪句话就会感动学生,说不定老师的哪个行为就会改变学生的思维,说不定老师的哪项工作就会改变学生的一生。

2010 年 9 月 13 日　星期一

今天 2010 级新生已经全部报到完毕,今年总共录取 322 人,是这几年录取人数最少的一次。从侧面也可以看出生源竞争激烈。今年的报到较以往似乎少了很多热闹,很重要的原因就是今年的报到人数少了很多。

感悟：没有了学生也就没有了学校,没有学校,教师就要失业。因此,可以这么认为,学生是教师的生命源泉,教师也只有把学生当作生命源泉,教师才有发展、学校才能存在、教育才有可能办好。

2010 年 9 月 15 日　星期三

今天上午大一的一名刚入学还不到几天的学生要求退学回家复读。其原因是学生自己对专业的不认同和不认可。学生家长来办退学手续时也没有做进一步解释,只是说尊重孩子的选择。我在思考,为什么孩子花了那么长的时间选择自己的专业和学校,然后又这么轻易的选择退学呢?

感悟：有些学生从高考完到报考没有很好研究报考的学校和专业。入学又匆匆退学,花了很多冤枉钱,走了许多冤枉路,耽误很多时间。学生可以咨询高中老师,可以借鉴各种宣传资料,可以在招聘会上询问,还可以电话咨询学校。为什么还这么草率地退学呢?这究竟是谁的错呢?

2010 年 9 月 16 日　星期四

法国 LYCEE 学院代表团将于 10 月 11 日来我院进行友好交流和访问。所有的准备工作必须马上开始。主要活动内容有晚会、足球赛和汉语书法学习等活动。因为有了以前的活动经验,所有的准备工作可以参考以前的方式和方法。所以准备活动还是心理有数,但要想把每一项活动办好,需要认真思考、精心准备,绝不能掉以轻心。

感悟：经验很重要,有了经验我们就可以利用经验帮助我们做很多事情,但经验是过去的事情,想要在同样的活动中有所创新则是困难重重。经验是好事,也是坏事。经验是做好事情的助推器,但是也是创新的拦路虎。创新和经验就是矛和盾,只有把经验和创新有机地结合起来,才能把活动办出新意。

2010 年 9 月 17 日　星期五

今天上午去检查宿舍卫生,大一的宿舍整体比较好,大二的宿舍还可以,但是大三的宿舍就没法看了。究其原因有很多方面:一是大三的学生的心思已经不在学校,有的忙于专升本,有的忙于找工作,有的正在寻求自己的出路;二是大三的学生思想比较懒散,不像大一那样积极,所以很多学生放松了对自己的要求;三是大三的学生都忙于自己的事情,不大关心宿舍的事情;四是学校放松了对大三学生的要求,学生已经形成了习惯,所以越高年级的学生越难管。

感悟：有个坏习惯容易,好习惯的养成则非常难,大学生连自己的宿舍都不打扫,将来还能干什么呢?"一屋不扫何以扫天下"说的就是这个道理吧。

2010 年 9 月 20 日　星期一

这几天非常忙，其实每年都是同样的事，就是军训、宿舍卫生、考勤等日常管理。几年如一日，工作没有什么新想法，至少到现在还没有新的工作思路。

感悟：虽然干没有新意的工作，但要想干好，还要有一种积极的态度和愉快的心情，这样才有可能把工作干好。

2010 年 9 月 21 日　星期二

明天就是中秋节，所以学生们盼着放假，老师盼望着发福利。不管怎么样，学院的福利一天比一天好，老师们带着礼物回到家，不管东西多少，有一种幸福感，也体现了学院对教师的关心。老师们和所有的人都希望这样的节日多一些，但这只不过是想想而已。对于学生来说，利用传统节日的契机，经常搞一些交流活动是非常必要的，让学生之间多学习、多交流，对学生综合素质的提高有很大帮助。

感悟：学生之间的自由活动很多，有组织的活动也不少，但是师生之间的交流活动却非常少，无论是学业上的还是娱乐活动，所以师生之间也就缺乏默契。凡是师生之间比较好的，他们一定是沟通多、交流多。师生之间的友谊来自彼此之间心灵的互动。

2010 年 9 月 25 日　星期六

今天是周六，补周四的课。而今年的大一新生却一直没有休息，带队教师自然也就没有休假，特别是我院的辅导员老师，从军训开始每天早上六点准时到方队，中秋假期期间他们也一直坚守在军训岗位，晚上还要去宿舍查卫生，非常辛苦。他们按照计划在扎实开展工作，所以能够准确地掌握学生中的各种信息，根据这些信息我们就能够做出有效的决策。

感悟：学生管理没什么秘诀，只有多深入学生中间，多了解实际情况，多跟学生交流，才能掌握第一手资料。有了第一手资料就能做出有效的决策，就能进行有效的管理。

2010 年 9 月 26 日　星期日

今天上午大一学生与教官发生了点小冲突，因为事情涉及军训教官，这件事就显得很难处理。军队有军队的纪律和制度，我们学校有学校的规章制度，当两者有矛盾时，究竟怎样才能协调处理好这种矛盾？这显得格外不好办。我采取了以下措施：一是立刻找老师陪同学生去医院检查，并垫付学生的医疗费；二是找当事人了解事情的起因和事情经过并做好相应的记录；三是找当时在场的学生了解情况；四是向学院和学校领导汇报情况；五是做好学生的思想工作和安抚工作，听取辅导员老师关于受伤学生的情况反馈，并打电话慰问学生；六是做好学生的进一步跟踪反馈工作。

感悟： 学生出现问题是正常的，教师怎样处理以及处理办法是否得当就是考察我们辅导员智慧的时候了。所以，当辅导员不要害怕学生出问题，而是要尽快掌握如何处理各种复杂问题的办法。

2010 年 9 月 27 日　星期一

今天是大一新生阅兵，经过近两周的训练，学生有了很多规范的行为和动作，学生阅兵期间表现非常出色。他们在训练期间不怕苦、不怕累，大部分学生都很好地坚持下来。整个阅兵效果非常好，可是军官一走，我们的学生是否还是这样呢？

感悟： 我们对学生有时候不严格要求、不规范管理，长此以往就很难管理和教育。能不能进行很好的管理，很大程度上取决于是否能把好的做法长期坚持下去。

2010 年 9 月 28 日　星期二

一年一度的奖学金和助学金评选又开始了，今年与往年的评选方法和评选条件基本差不多。每年这个时候很多学生都在考虑自己是否能得奖学金、是否能拿上助学金。奖学金的评选相对来说还比较简单，而助学金的评选就相对来说较难，这很大程度上取决于困难学生的条件比较难确定，怎样才能制定出衡量困难学生的标准，这是个很难解决的问题。

感悟： 国家发放奖助学金的目的是激励学生积极上进和解决学生的上学困难。学校也要举行各种活动来教育这些学生树立感恩意识，教育他们毕业以后要报效祖国、回报社会，为国家发展做出自己的贡献。这些都是学生管理工作者需要研究的重要课题。

2010 年 9 月 29 日　星期三

大一新生军训完以后，开始了新的学习生活，但有些学生对大学生活的认识还不到位，也不深刻，总以为大学生活很自由、很松散、很随便。如果有这样的想法，在大学期间肯定什么也学不到。因为学生都是有惰性的，不管怎么样，学校都要严格管理学生，尽可能地让每位学生成才。现在大二的学生，有部分学生不跑操、不上课、不整理内务，不知道他们的大学生活究竟有什么长进。

感悟： 大部分学生是靠管理才成才的，部分学生靠管理也成不了才，很少一部分学生不管也能成才。老师也是一样，不严格管理，大家就都偷懒，领导不管还勤奋的老师将来一定会成为教育大家。

2010年9月30日　星期四

明天就是国庆节,节日期间有很多事要办,最重要的还是要休息。今天把国家的奖助学金和各项先进名额分配到各辅导员手里,今年普通国际商务的助学金比例达到了20%,中马管理专业是14%,中澳会计专业是12%,从这个比例来看,很好地解决了专业之间的不平衡问题,能够让更多贫困学生得到资助。奖学金都很简单,按照综合素质测评评选就行了。每年这个时候都是学生最关注奖助学金评选的时候,这项工作必须细之又细,不能出现任何差错。

感悟：国家给贫困生很多资助,这是很多国家做不到的,学生在贫困中得到了国家的资助,帮助他们完成了学业,改变了学生的人生,那么他们应该思考和反思,要以什么样的行动回馈社会、报答祖国。最好的答案就是发奋图强、努力学习、学有所成。

2010年10月8日　星期五

今天是十一长假后第一天上班,很多学生或处在假期的疲劳中,或处在假期的兴奋中,所以学生的上课情况还不那么尽如人意,学生上课迟到和旷课现象要比以前多。每年的这个时候都是学生最难管的时候,学生和老师都处于一种亚健康状态。因此考虑一种行之有效的上课方式是最重要的,一方面要调动学生的积极性,另一方面还能够调节学生的情绪,看样子老师的调控作用不可小视。

感悟：学生上课的情绪大部分是靠教师调控的,因此无论学生管理还是教学都是一样,教师要当好导演的角色。

2010年10月11日　星期一

法国LYCEE学院代表团今天已经到达我校,所有的准备工作已经完成。今天首先举办了联欢晚会,晚会的节目很有特色,得到了外方很高的评价,这体现了我院学生的风采、中国学生的热情好客。在活动期间特别要记住的是学生干部的出色表现,他们在活动中任劳任怨,表现出了良好的精神风貌和个人素质。

感悟：学生干部培养的关键是要给学生布置各种任务,让他们有事做,通过工作任务就能发现学生还存在什么问题,需要提高什么样的能力。在这个过程中,老师的作用是非常关键的,要做好监督和指导。

2010年10月12日　星期二

法国LYCEE学院一共来了17名学生、2位老师,在今天下午的足球比赛中,他们显然不是我们的对手。一方面他们学生的年龄小于我们,另一方面他们重视程度也不够,再就是他们的技术确实一般,所以我们就轻松战胜了对手。

感悟: 学生足球队的工作,平时抓了很多,有了平时的功夫,在关键时刻就能看出水平来。过程第一,有什么样的管理过程就会有什么样的结果。

2010 年 10 月 13 日　星期三

今天学工部组织学校团总支书记到山东理工大学和淄博职业学院参观学习。上午在山东理工大学,校方学工部进行认真详细的介绍。该校学生管理有一套科学严谨的理论体系,学生管理的硬件好、设施好、经费充足,学生管理内容丰富、有特点、很实在。淄博职业学院也有自己的特点和特色。学校的基础设施非常好,硬件设备完善、辅导员的发展空间大,特别是学生活动空间特别充足。学校学生管理的改革力度大、改革意识超前,而且有一套严密的理论体系。

感悟: 出去看一看才知道,现在每个学校都在寻找自己的突破点和特色,每个学校都在超常规发展,都有了很强的忧患意识。有了忧患意识,工作就有思路、内容就丰富,所有的工作也会有特色。没有忧患意识,工作就会倒退,就会落后。

2010 年 10 月 14 日　星期四

上午上了一节课,从学生课上的表现来看,大家表现得非常积极。一方面能够充分地调动学生的积极性,另一方面大一的学生也比较老实,也很听话,所以讲起课来也非常顺利。下午主要是奖助学金的评定,三好学生、优秀学生干部的评选,其中最引人关注的就是奖学金和助学金的评选了,怎样能够保证最大限度的公平和公正是评选的最重要目的,但是要保证完全的公平则非常难。到目前为止,还没有发现有任何问题。

感悟: 每年这个时候都是学生最关注和最关心奖助学金评选的时候,确保信息畅通非常重要。因此只要有了准确的信息畅通渠道和反映渠道,就能保证评选的最大限度的公平和公正。学生也会感到他们得到了应有的知情权。

2010 年 10 月 15 日　星期五

每逢周五,有的大一学生开始请假回家,有的学生开始谋划周六和周日的活动。总的来看,大学的生活还是以参加各项活动为主,学生们热心的事情非常多,自己想干的事也非常多。他们开始在自己的大学生活中寻找自己的天地、寻找自己的发展空间。他们想在大学里学到更多的东西。

感悟: 学生愿意参加各种活动是非常好的事情。他们有想法、有激情、有创新点,这种现象必须保护,但老师的指导作用是必不可少的,这样才能保证学生活动健康发展。

2010 年 10 月 18 日　星期一

今天学生需要上交的评选表格都陆续交上，但出现了很多不规范的问题。很多同学不按规范来填表，表格填得乱七八糟，不像样子。很多情况不仅是学生不仔细、不认真的问题，有的辅导员老师也缺乏一定的责任心，指导也不到位。

感悟：在很多情况下，学生出现的填表错误往往不全是学生的错误，我们也要考虑辅导员老师是否讲清楚、讲明白，不要把所有责任全部推到学生身上。因此辅导员老师在学生的各项活动中的指导作用是至关重要的。

2010 年 10 月 19 日　星期二

今天举行了新一届学生会的竞选答辩会，总共有 20 多个岗位，报名人数超过了 70 人，可以说学生会这个大家庭吸引了很多学生的目光。从这次学生报名数据分析来看，男女比例差不多，有些部门男生报的少，有的部门女生报的少，这次纪检部报的学生少，听说很多同学都害怕得罪人；从学生写的报告来看，很多同学都非常认真，很仔细也很有想法，总体还是不错；从学生的答辩来看，部分同学回答得比较好，但是多数同学还是表现一般。

感悟：学生会的改选最注重的是平时成绩和平时工作，一两次的工作还是看不出来，演讲和报告也只能是一个形式，只有平时干好了才能有一个好的结果。学生会需要在各方面进行创新，更需要构建一套完整的学生干部培养制度体系。

2010 年 10 月 20 日　星期三

今天中午一点才吃饭，主要是因为审核毕业生的就业合同、灵活就业证明等事项耽误很多时间。从审核的结果来看，问题也不是很多，这些审核内容主要是来检测学生的就业情况。从学生的就业情况来看，还是不错，很多学生找到了理想的工作，这与学生的奋斗和刻苦学习是分不开的。

感悟：学生升学是家长的大事。学生就业是家长、学生和社会的大事，其中家长发挥的作用也不可小视。在某些情况下，家庭起着至关重要的作用。对于那些不能依靠家长来找工作的学生就需要在大学里练就一身本事了，每位学生是不是一入学都要有这个准备？

2010 年 10 月 21 日　星期四

开学一个月内总是有各种事情，似乎忙也忙不完。大家都在忙，没有人说不忙的。确实，我们有许多工作要做，可是我们每年基本都要做同样的工作。对于我来说，今年比去年要轻松得多,有很多事情已经有了章法、有了模式,所以有的可以参照去年的,有的根据今年的情况稍微修改一下就可以了。所以工作越干越轻松,越干越有章法,有了章法就比较顺利。这才是工作中应该注意的。

感悟: 干工作一方面是完成任务,另一方面要学会积累和总结经验,让经验成为自己工作的助推剂。如果完成的任务没有留下任何印记,那么我们的工作就没有任何经验可参考,每年都要从头再来。

2010 年 10 月 22 日　星期五

今天确定了学生会的最后人选,然后分别找一些同学谈话,大部分同学都同意相关安排,但是有些同学表现出了不理解和不满,有的还表示自己的表现与职位不相符。有一位同学工作很认真也很仔细,在自己没有选上正部长以后,学生自己内心反而非常平静,而且还在帮助学生会干活,这样的学生找到了自己进学生会的方位和目的,将来一定会有所作为。

感悟: 有极个别学生进入学生会就是为了捞点好处,弄个党员,然后再搞点其他什么名堂。也有些学生是为了锻炼自己、磨练自己、提高自己能力而工作。而辅导员老师要教育这些学生干部树立更远大的理想和目标,还要不断地给予他们指导和帮助,让他们在学生会感受不一样的成长。

2010 年 10 月 25 日　星期一

今天上午,学校每两周的学生管理例会照样进行,布置了很多工作。最重要的工作是教育学生注意交通、消防安全和人生财产安全。

感悟: 学生没有安全意识,老师反复强调的事总是不认真听、不认真记,一旦发生问题,就会找辅导员,还要追究学校的责任。那么学校应该怎样进行安全防范教育? 这一点应该向澳大利亚学习,学习他们教育管理的安全意识培养,特别是老师的安全意识教育,只有教师有了安全意识,学生才会有安全意识。

2010 年 10 月 26 日　星期二

今天学校停电一天,所以有时间来放松一下,也可以找借口拖延工作,因为在现代社会里,没有了电,很多工作都不能干,学生的各种活动也因此推迟。可以说,今天可以和同事聊天,可以在工作时间里做点自己的事。

感悟: 没有电,给工作带来了麻烦,却给人带来了休闲,从这个角度来看,没有电的感觉也挺好。

2010 年 10 月 27 日　星期三

学生会干部选举已经全部完成了,很多学生干部开始热火朝天地实施自己的工作计划,有的干部跟我谈了很多的计划和方案,可以说,大部分学生干部雄心勃勃、干劲十足。整个学生会工作也开始了新的旅程。

感悟:学生会的工作开始做起来容易,一旦遇到困难,最后的效果往往不如人意。从这几年学生会的工作情况来看也是一样,有些工作往往虎头蛇尾。让学生有一个很好的工作精神状态,锻炼他们持之以恒的决心和不怕苦的精神是非常重要的。这也许是学生干部需要重点培养的内容。

2010 年 10 月 28 日　星期四

临近冬天,学生开始不愿意跑操,有的大一学生开始迟到,有的学生干脆不来,还有的和老师"打游击"。这种现象年年出现,而且哪个学院也会出现这种情况,解决的方法就是想出不让学生钻空子的办法。所以,我想出了一个"跑操图"的办法,每班一个跑操位置图,一个人一个位置,利用这个跑操图就会轻易地查出不来和迟到的学生。

感悟:很多工作,学生不听话或者干不好工作,不是学生的问题,而是方法问题,有了方法问题就能够顺利解决。

2010 年 10 月 29 日　星期五

最近大三的学生开始着手准备专升本、找工作,因为这个时候,学生非常浮躁,很多学生的心思已经不在学习上,他们开始着手自己未来的工作或者出路。学生们的心情是可以理解的,教师应该做的就是如何让学生在这三年里学得更多、练得更多、懂得更多,让他们在走入社会之前有个好的思想、健康的身体、丰富的知识和基本的社会经验。这些应该在他们走入社会之前,让他们学到。

感悟:学校的一切工作要做到以学生为中心,一切为了学生。

2010 年 11 月 1 日　星期一

自社团联合会成立以来,成立了很多兴趣社团,取得了很好的效果。学生们积极参加各种社团活动,他们自己组织、自我谋划、自我管理,从近期的学生活动实际情况来看,受到很多学生的欢迎。特别是篮球协会、足球协会、书画协会、武术协会等协会活动,同学们参加热情高,活动效果也不错。

感悟:大学生的管理应该区别于中小学的管理,但就我院的学生实际情况来说,必须把严格管理放在最重要的位置。同时要通过各种手段对学生进行引导和教育,逐步达到学生自我管理、自我组织、自我发展的目的。

2010 年 11 月 2 日　星期二

学校要求各学院制订自己的发展规划。学院一下午都在讨论学院的发展规划,老师们都在建言献策。总体来说,我院的发展处在一个非常时期,可以说潜在的困难非常大。从整个中外合作办学的横向来看,各个高职院校不管出于什么目的,都开始以各种名义申报中外合作办学,导致中外合作办学的招生难度越来越大,良莠不齐的办学水平,影响了中外合作办学的信誉;从整个中外合作办学的纵向来看,几乎每个大学都有各种中外合作办学,甚至山东的本科院校和专科院校一起招生,可以说合作院校遍地开花,出现了很多乱象;从合作办学的外部氛围来看,合作办学的教育教学很多方面受到外方的限制,因此很多方面要受制于外方的政策走向;从合作办学的内部来看,学生的知识水平低和管理难度大依然是限制中外合作办学水平提高的重要因素。由此可以看出,我院的中外合作办学要想有所发展,必须体现自己的学校特色、区域特色和学科特色,否则就是死路一条。

感悟:发展规划在学校发展的过程中相当重要,制订出规划,还要去实施,这比制订规划本身更重要。所以一个好的规划不但要有好的愿景,更要有好的措施来保证规划的实施,这一点很多学校没有认识到,更没有做到。

2010 年 11 月 3 日　星期三

新的一届学生会成立有一段时间了,从这届学生会开始工作到现在,总体来看,学生会的工作还是不错。今天给学生会主席团成员开了个会,因为这些人的工作状态事关学生会的整个发展,因此对他们要有格外高的要求,还要有严格的管理。今天主要跟他们谈了四方面的内容:一是做事一定要亲力亲为。不要做布置工作的机器,因为学生会是学生锻炼能力、提高素质的平台,如果抓不住机会,就会错失多次提升自己能力的良机。二是学生会主席团要做到团结一致。有事集体协商,讲原则、讲和气、讲正气,要在团结的基础上树立学生会主席团的威信,而要做到有威信,必须做到率先垂范、事事争先、以身作则、严格要求。三是主席团的工作要不断地创新。要做到创新必须做到多学、多观察、多思考、多问、多做事。四是要学会做人。学生会主席团成员要在各方面做学生的表率,特别是不能当面一套背后一套,不能只报喜不报忧,不能拉帮结派搞小团体,不能官气十足对学生指手画脚,不能做有任何违反学校制度的事。

感悟:学生干部作风在形成良好学院风气的过程中发挥着至关重要的作用,必须高标准地要求学生,更要教会他们做人做事的道理。让他们在为学生服务的过程中传递这种做人做事的道理。实际上,做人是非常难的事情,学会做人不是一朝一夕的事情,而是

一辈子的事情,要学一辈子。这对于每个人来说都是一件难事。

2010 年 11 月 4 日　星期四

今天利用一小时的时间把本月的学生工作进行了一下总结,基本上都是班级的日常管理工作,包括落实学生实习情况、做好大三学生在校情况的摸底工作以及团总支的工作等。

感悟：很多工作需要总结,总结的目的是改正,是需要下一次更好。因此无论何种总结都不要应付,但是本次的总结没有指出缺点和不足,这才是总结的重点。

2010 年 11 月 5 日　星期五

今天下午有幸聆听了著名硬笔书法家庞中华先生的报告,受益匪浅。庞先生的报告主要讲了三个方面：一是干工作要有激情。所有的事情都是要有激情才能干成,无论什么工作、什么事如果缺少了激情,所有的事情和工作都不会有什么起色。二是要有一定的技能。如果没有技能就没有立足的本领和本事。三是要学会创新。在劳动中、工作中学会创新。没有创新就没有庞先生的硬笔书法。所以庞先生时时处处要有创新的理念深深地刻在我的脑海里,也就是靠这关键一条,他成功了,而且非常的成功。

感悟：教师和学生做事情缺乏的就是激情、技能和创新。与其说庞先生给我们上了一场关于书法的报告,倒不如说给教师和学生指明了教学和学习的方向。

2010 年 11 月 8 日　星期一

今天给学生会的干部开了个会,主要讲了上周听报告的体会和感受。除了讲庞中华先生的事迹和讲座主要内容外,主要谈了以下三点：一是坚持就是胜利。有了做事情的决心和干劲,只要做正确的事、做好事就一定会成功,很多事情不是难做而是我们没有长期坚持的决心和毅力,在我们即将取得胜利或者是遇到困难的时候就放弃了,所以失败了。二是综合素质很重要。大学里要快速提高自己的综合素质,为将来开发更多技能打下坚实基础。三是发展才是硬道理。靠天靠地靠老子不如靠自己。所以需要自己多努力、长本事,这才是学生求学的根本之道。

感悟：如果这些内容自己讲,学生就不愿意听,嫌老师唠叨,但是这些内容出自名人之口,就很有说服力,学生就很信服。我想如何让成功人士和名人发挥在学生管理中的作用值得认真研究。

2010 年 11 月 9 日　星期二

最近的安全教育漫画展和感恩征文活动圆满结束,所有的材料和作品都已经贴到文化墙上。这两个活动都是安全教育活动月和感恩教育活动月的主题。以往的安全教育都是给学生讲知识、看宣传片,今年给学生提供了一个新的舞台,让学生以漫画的形式展示安全的重要性,一方面学生自己体会深刻,另一方面也能挖掘学生其他方面的才能,可以说两全其美,效果也不错。感恩教育活动的参与者主要是奖助学金获得者,让他们在得到奖学金的同时,应该树立感恩祖国、感恩学校、感恩教师、回报社会的意识,让他们在得到别人资助的同时学会赠予和感恩。

感悟: 学生的思想需要以各种不同的方式对学生进行教育和引导,特别是处在成长期的学生,学生的思想引导正确、方法得当,就会取得较好的效果,学生的综合素质也会得到显著提升。因此,寻求合适的、正确的教育方法格外重要。

2010 年 11 月 10 日　星期三

临近冬季,使用违规电器的学生越来越多,这一现象自建校以来屡禁不止。使用违规电器存在很大的安全隐患。曾经发生过很多因为使用违规电器而导致的火灾事故,造成重大人员伤亡,此类事例不胜枚举。但是学生根本不知道发生事故的危害性和严重性,一旦发生事故,最倒霉的就是当事人。生命诚可贵的概念在学生脑子里还没有生根,他们对安全的危害还认识不足,这一点值得高度警惕。

感悟: 学校安全事关学校发展大局,谁在安全问题上放松,谁就会出问题。但是我们更应该反思如何加强学校的安全教育,如何让学校的安全教育形式更有效。主动预防事故的发生是学校采取的最好措施。

2010 年 11 月 11 日　星期四

今天开会讨论了明年的工作计划,今年年初制订的工作计划基本上圆满完成了,所有的活动都按时保质完成。通过这些活动,提高了学生参与活动的意识和积极性,提高了学生各方面的能力和综合素质。明年的主要计划是:一是开展"公民意识教育"活动年,公民意识有很多内容,但是根据我院的实际情况,主要开展权利与责任意识教育、道德与文明意识教育。二是学生综合素质提升工程。学生的自身综合素质在未来的社会发展中越来越重要,要充分发挥学生活动在培养学生非智力因素方面的重要功能。明年学生综合素质提升工程主要包括感恩意识、吃苦能力、吃亏意识、奉献精神、个性发展、特长素质提高、团结协作能力、交流沟通能力、人文素养水平、行为习惯、创业能力、集体荣誉感等。三是开展学生管理科学化、规范化提升工程。具体包括提升学生管理文化、提升管理决策的科学性和预见性、提升管理过程的系统性和有效性、提升教育引导在学生管理中的重要作用,提升全员育人、全方位育人、全程育人的水平。

感悟: 每年的教育计划非常重要,如果计划做不好,一年的工作就没有抓手。没有计划性，所有的工作都是瞎忙活。好的工作计划应是在很好总结上一年工作的基础上，做好下一年的工作展望，这个展望是具体的、可操作的。因此对于年度工作计划不可不认真对待。

2010 年 11 月 12 日　星期五

下周五学校就要检查 ISO9000 工作，所以要把所有的资料进行整理和归档。第一学期的资料非常全，但是第二学期的资料就不怎么全了。原因很多，其中最主要的原因就是学生会干部重视程度不够，没有把平时积累的材料及时整理归档，所以等到开始整理资料时，就很难找到学生的资料。不过第二学期搞的主题教育活动还是不错，有很多材料可以进行归纳整理。这学期应该吸取教训，所有资料要进行汇总和及时整理。

感悟：总结就是把平时的工作进行梳理。因此平时资料的总结就显得格外重要。有的人总是愿意编造一些材料，这些材料可能混过一时，但对于学生和学院的发展则没有一点好处。教育过程应是一个真实、实事求是的过程，应该让这些过程在教育学生中发挥重要的作用。

2010 年 11 月 15 日　星期一

根据综合素质学分的有关规定，凡是跑操、宿舍卫生等不及格的项目，都要进行补考和重修。今天晚上 7 点对长期不跑操的学生实行了第一次补考。首先向学生下发了关于早操补考的有关通知，根据这些通知，总共有 22 人参加补考，实际到了 16 人，没到的 6 人中还有几个人既没有请假，也没有来补考。这一部分学生调查清楚后情况要严肃处理。从学生补考情况来看，基本还不错，每人跑了大约 12 圈，同时对学生进行了深入的思想教育，看样子，效果还不错。

感悟：在学生管理工作中，最忌讳的是虎头蛇尾的工作，这样的工作对于学生来说教育程度最小。严格管理早操就要对那些不跑早操的学生有个说法，特别是要兑现开始规定的制度，这样学生才能得到有效的教育。今天的早操补考发挥了很好的示范作用，这就是一个非常成功的案例。学生工作要布置到位、监控到位、跟踪到位、反馈到位、纠正到位，这些步骤都做扎实了，一定会收到很好的教育效果。

2010 年 11 月 16 日　星期二

这些天各社团都积极开展各种活动。最近一阶段分别举行了新生书画展，读书协会的感恩征文活动展，还有中法活动精品展，足球协会和篮球协会的比赛，还有武术协会的活动。可以说今年活动组织得要比往年好，协会运转效率也非常高，这也充分说明学院的风气逐渐好转，学生的精神面貌发生了根本性的变化，各项活动充分调动了学生的积极性,希望能将这样的局面长期坚持下去。

感悟: 我们学生管理的理念就是严格管理与积极引导相结合,通俗一点就是"萝卜加大棒"的方法。控制学生不好的方面,引导学生向好的方面转化,两手都要抓、两手都要硬。从最近的实际情况来看收到了很好的效果。

2010 年 11 月 17 日　星期三

晚上 6 点在 D103 举行了这学期的发展学生党员会议,这一时刻可能很多学生都很激动,因为在大学期间能够入党是很多学生大学生活的梦想。按照程序需要我发言。我并没有讲学生的很多优点,主要谈了以下几点忠告:一是我们每个预备党员离真正的党员要求和标准差得还很远;二是每个人要以此为起点,寻求新的进步和发展,有些人可能因此沉沦,有些人可能会有更大发展;三是要珍惜这个机会,提升自己的人生标准和质量。

感悟: 有些人入党就是为了升官、发财、能够有更多的机会找更好的工作。这种动机是不纯的,特别是在学生中要注重开展这方面的教育。其实学生入党并不一定意味着将来一定有所作为,这期间入党只说明在大学里表现不错,自己能否有前途,关键还要看自己将来以后的努力和奋斗,在工作中还真需要下大功夫。如果学生入党以后就不思进取、自以为是、没有提升人生境界,或者出了什么问题,那就没有想好入党的动机是什么。所以大学生的入党教育要体系化、制度化。

2010 年 11 月 18 日　星期四

学生会和协会运转两个多月以来,表现还不错,各方面活动都很积极。但有些学生干部出现了一些不正常的现象,如不按时上课,不按时跑早操,等等。这些现象如果不严格管理,学生会的良好局面就会受到到干扰。应该采取更为有效的办法和措施来管理学生干部,下一步要出台学生干部考核办法,从早操、宿舍卫生、上课、学习成绩和工作业绩等方面进行严格考核。

感悟: 学生干部管理不好,学生会就会出现问题,就会影响整个学院的风气。给学生干部一个严格的标准,学生干部就会去做,如果没有标准、没有严格的管理,学生干部就会失去发展的方向,对学生也会造成很不好的示范效应。因此对于学生干部更应该严格管理。

2010 年 11 月 19 日　星期五

最近,经过一阶段的严查宿舍违章用电,大部分学生已经意识到违章用电的危害,用违章电器的学生越来越少。宿舍防火另一方面比较难管理的是学生吸烟,学生吸烟现象

比较严重，这也是火灾安全的重要隐患。这也是管理的一大难点，这一点在整个中国都很难治理，对于我们学校来说则更难。

感悟：学生管理存在很多方面的安全隐患，安全教育不是搞一两次活动就能搞好的，要一点一点地抓，才会有成效。

2010 年 11 月 22 日　星期一

最近学生会的干部有点松懈，不能严格要求自己，有的学生干部在宿舍卫生、早操和上课方面表现很差。还有一些奖助学金获得者，表现也不尽人意。因此要采取严厉措施来管理和约束这些学生。要采取以下措施：一是制定学生干部考核标准，从早操、晚自习、宿舍卫生、上课以及工作表现等方面对学生进行考核；二是学生干部早操实施签到制度，专项检查学生干部宿舍卫生；三是对奖助学金获得者及各项优秀获得者进行专门跟踪检查；四是每月公布一次量化考核成绩。通过这些措施看一看以后的效果怎么样。

感悟：学生干部的带头作用很重要，如果学生干部都不遵守纪律，其他同学怎么办呢？因此抓好学生干部非常重要，还有那些拿奖学金的同学更要发挥带头作用。

2010 年 11 月 23 日　星期二

今天下午 2 点在潘和崖小学搞了一个捐助帮扶活动，这次通过学生们献爱心，总共向潘和崖小学捐款 7 200 多元，这次活动得到了大一、大二全体学生的热烈反响和踊跃参加，同时还为潘和崖小学画了文化墙，这次活动开展顺利，整个活动全部由学生会自己组织，组织的效果较好。在潘和崖小学的捐赠仪式上，看到总共只有 87 名小学生的学校，看到整个校园，看到孩子们的笑容和上课的教室，突然小时候自己的学习场景浮现在眼前，比我那个时候好多了。但这个学校的学习环境与现在的很多学校相比，还有很大差距。我不知今天的孩子们想到了什么，不知这些孩子的将来会怎么样，不知今天的捐助会在孩子们的心灵留下什么印记，不知今天捐助的大学生们有什么想法，是否触动了他们内心深处的心灵？

感悟：很多大学生没有到过偏远的农村，没有到过农村的学校。他们的心里还想不到农村学校条件究竟有多差。让学生走进真实的生活、真实的社会，让他们去领悟、去感受、去思考，这样的学生思想教育会更有意义。

2010 年 11 月 24 日　星期三

从开学到现在，大一、大二的学生一直坚持跑操，本学期的跑操效果要好于往年。为了更好地活跃气氛，体育部举办了班级之间的拔河比赛，学生们积极参与，整个比赛一改往日跑步的严肃氛围，气氛非常热烈，大家都在为本班加油、呐喊，看样子每个人都很开心。

感悟：通过集体活动来提升学生的责任感和荣誉感是一种很好的教育方式,这种方式要比简单的说教好得多,所以要多搞一些班级的集体活动。

2010 年 11 月 25 日　星期四

最近,因为上海大火,全国开始了消防大检查,学校也开始了全方位的大检查。我院基本没有发现明显的火灾隐患,但学生的安全意识很差,火灾意识则更差。从我们每天查学生的违规电器就可以看出,学生对存在的隐患不重视。这一点应该采取更为有效的方法来解决。

感悟：很多事情的发生就是因为没有责任感,缺乏安全意识,而全民安全意识的提高需要全民的集体努力,其中教育的作用格外重要,现在教育内容缺乏安全教育内容,缺乏安全意识的培养,这一点应该从小抓起。

2010 年 11 月 26 日　星期五

最近,学校有很多活动,如有健美操比赛、纪念一二·九大合唱以及元旦晚会。所以临近新年,各学院都集中开展各种活动,年年如此。每年学生都盼望着多搞一些活动,老师也盼望着放松一下,所以很多学生都积极参加和排练各种节目,学生的积极性非常高。但是一谈到学习,很多学生就没有了参加活动时那样的心情和情绪,为什么学生对学习就不那么感兴趣呢？重要的原因是因为学生没有找到像活动那样的学习兴趣。因此对于大学生来说,激发学生的学习兴趣,找到学生的学习兴趣点是非常关键的。

感悟：学生对学习没有兴趣,主要是因为没有给学生提供学习和研究的空间,一味的理论学习,打消了学生学习的积极性,特别是职业院校,更重要的是要让学生动手和动脑,让学生动起手来、激发起学生的兴趣,学生就会乐于学习。所以学生不愿意学习,很多是教师的教学方法单调、教学模式古板、教学思想落后等多种原因导致的。学生的成才关键要是靠学生自己的努力,但学校教师的指导作用也至为关键,所以教师要在教材、教法和教具上进行创新。

2010 年 11 月 29 日　星期一

今天晚上召开了学生干部和奖助学金获得者代表座谈会。会议主要内容是宣读关于学生干部综合评价的文件和关于奖助学金获得者综合考评的文件。会议的第二项内容是我做了关于这两个文件的相关解读。学院出台的文件一方面是为了加强管理,另一方面更是为了提高学生的综合素质。学生干部工作水平要有据可查,做到量化管理。狠抓学生干部管理就是为了提高学生干部的综合素质和各方面能力,也就是为了学生干部有更

好的发展,为全体学生做好表率。

感悟: 学生干部的能力能否快速地提高和发展,关键在于教师的管理,管理好学生干部能够有利于学生干部自身的发展,更有利于整个学院风气的形成。学生干部违反制度的破坏力要比普通学生大得多。

2010 年 11 月 30 日　星期二

最近的学生宿舍卫生不如以前好,可以说,相当地不乐观。很重要的原因是辅导员老师要求不严、管理不善、措施实施不到位。所以,今天晚上专门开了一个专题会,主要内容是宿舍安全和宿舍卫生。在宿舍安全方面,要让学生充分认识到宿舍安全关系到学生自己的切身利益、关系到家庭的未来、关系到学院的声誉和学校的形象。一旦出现安全问题,任何人付不起责任、承担不起代价。所以宿舍安全依然是整个学生管理的重点和难点。会上,我重点强调了学生违反宿舍安全的措施:一是凡是使用违规电器的三年内不能评选任何先进和奖助学金,凡是已经评上的一律取消;二是凡是使用违规电器的一律记过处分;三是凡是使用违规电器的,学生综合素质学分直接进入重修程序。违反宿舍卫生要求的严格按照学生手册中的要求去处理。

感悟: 很多工作只是去布置,布置完以后根本没有进行检查、控制和反馈,有的措施执行不力。所以再好的措施和工作都是要进行严格的执行和过程控制。辅导员不能当布置工作的机器,而要做工作过程的监督员。另外,为什么年级越高的学生,宿舍卫生越难管理? 它的根本症结还没有找到。

2010 年 12 月 1 日　星期三

今天下午参加了一个省级课题的开题仪式。项目主持人做了详细的介绍和讲解。这个项目非常实用,通过该课题的研究能够顺利解决学生现实中的实际心理问题,这是该课题研究的最大优势。从该课题的内容来看,对于我来说比较复杂和深奥,有很多东西需要学习。希望通过该课题的研究能够提高自己的研究和理论水平。

感悟: 有些人做课题就是为了研究而研究,不是为了应用而研究。我认为课题的提出、研究过程和结题都要以它的有用性和实际应用价值为前提,否则课题的研究没有任何意义。

2010 年 12 月 2 日　星期四

又要快到新年了,很多学生都盼望着开展各种活动,今年准备开展庆元旦系列活动。首先是庆元旦班歌比赛暨颁奖晚会。这项工作已经开始启动,其次是开展以"我的班级,我的家"为主题的文化墙展示活动,展示班级风采和精神风貌。开展以文明礼仪为主题的宿舍文明月活动,通过这些活动来充分调动学生们参与活动的积极性和热情,培养学生的集体荣誉感和团结向上的精神。

感悟:学生的智力因素多数是在课堂上完成的,很多非智力因素要靠多搞一些活动来充分挖掘,学生在忙碌中会得到很多锻炼。

2010 年 12 月 3 日　星期五

转眼间,学生管理感悟日记已经写了一年了。回想起这一年的事情,大部分已经烟消云散,留在脑海里的东西已经少之又少。但翻开我的管理感悟日记,去年每天学生管理的琐事和感悟又映在眼前,有些事情很值得推敲和回忆。不管怎么样,这一年每一天的工作都留下了我的印记,留下了我的思索。

感悟:一年来,我把每一件工作中重要的事和相关思考都记录下来,最重要的不是写了多少字,也不是有多少文采和很深度的思考,而是每一天都能坚持、都能顺利完成,这是我这一年最大的收获。

2010 年 12 月 6 日　星期一

很快就要到"一二·九运动"纪念日了,学校准备开展纪念"一二·九运动"学生合唱比赛。从一个月之前就开始筹备,到现在快一个月了,昨天晚上专门去看了看,效果和组织都不如意,我想这次活动肯定好不了哪去,这是一定的。没有高水平老师的指导,没有优秀的学生组织和示范,很多因素表明,这次活动不会是一次很成功的活动。

感悟:管理的过程非常重要,要想有一个好的结果,必须狠抓过程管理,没有一个好的过程,追求好的结果只是痴心妄想。抓好过程,没有好的结果是不可能的;抓不好过程,有好的结果也是不可能的。抓好过程不只是要把工作本身做好,更重要的是辅导员在其中学到了知识、增长了能力、积累了经验,后者对辅导员的成长可能更重要。

2010 年 12 月 7 日　星期二

保障学生安全始终是学校的重要职责。最近学校开展了安全教育宣传活动,特别是消防安全,到处都有相关的标语、张贴画等。在市区的主要街道也都有相关的宣传,看样子整个社会都在宣传防火安全。防火安全教育最重要的是提高全民消防安全意识,这一点学校应发挥重要的教育作用,而且要从小抓起。要让全体学生牢固树立消防安全意识,宣传是学校安全教育的重要途径,但更重要的是要让学生有实践的体会,因此消防教育还需要进一步创新。

感悟:学校在全民安全教育中发挥着重要作用,小学、初中和高中的安全教育尤为重要。对于职业院校来说,职业安全意识的培养应该放到课程建设中非常重要的位置,潜移默化的安全教育更有效。

2010年12月8日 星期三

今天宿舍卫生检查结果出来,大三学生的不合格率竟然达到了18%,很显然是倒数第一。但仔细分析结果可知,这一届学生的宿舍卫生就没有好过,从大一开始每次都有很多学生宿舍卫生不合格,也就是说,从一开始学生管理就出现了很多问题,这也许预示着将来还会出现更多的问题。

感悟:学生管理的每一个环节、每一个过程、每一年度都不能放松,如果哪一环节出现问题都会导致整个学生管理出现漏洞。因此每一个环节的学生管理都至关重要。

2010年12月9日 星期四

今天是"一二·九运动"纪念日,学校举行了合唱比赛,从比赛的过程来看,同学们都非常积极和认真,可以说效果非常不错,最后得了第六名,获得了三等奖,这比我预想的好多了。从准备的过程来看,要差很多,就是彩排的时候还不行,经过一天的训练,起了很大的作用。在彩排的过程中,杨汉卿帮了很大的忙,奉献了很多的时间和精力,而且非常认真,这一点值得表扬。

感悟:很多事情要在发现问题时,必须及时准确地处理和做出决策,如果等到出现结果的时候,一切就都晚了。

2010年12月10日 星期五

临近年末,学生所有活动都趋于结束,所以做好各部门的档案整理和相关工作非常重要。一是对学期末所有事情进行总结和归纳;二是要发现工作中出现的问题;三是要对明年的工作提出自己的思路。

感悟:总结年年做,计划年年出。但要做几年的规划也不容易,特别是要把几年的整体思路全部系统的总结和归纳乃至实施,是十分不容易的。

2010年12月13日 星期一

今天是今年入冬以来下的第一次大雪,到傍晚时分,道路结冰,路上行人也放缓了脚步,车辆也慢了许多。因为路滑以及临近期末等原因,早操从这一周开始就停止了,晚自习停一晚上,明天天气好转就继续上。学生不上早操,但是让学生早起,每天7点15开始查,从检查的结果来看,并不乐观,很多学生起来,等查完以后就继续睡觉,这样的事情虽然不多,但是很难管理,大二的情况就更不乐观。

感悟:学生的日常行为习惯的养成需要从小抓起,从小养成,而基础教育没有让学生养成基本的行为习惯,等到大学的时候再来教育,已经很晚了。

2010 年 12 月 14 日　　星期二

今天下午,学校一年一度的学生表彰大会在学术报告厅举行,可以说与去年的形式基本差不多,表彰的内容也没有太大的变化。学校大约有一半的学生曾经受过各种奖励,但是这些奖励究竟发挥了多少教育作用值得认真研究。

感悟: 学校在表彰获得奖励学生的同时,也要出台制度来监督和管理获奖的学生,让他们在各方面起到积极的示范作用,这应该是表彰大会后所需要解决的重要问题。

2010 年 12 月 15 日　　星期三

临近学期末,很多学生活动已经停止,学院里期末考试的紧张气氛开始升温,有些学生开始加班加点复习功课。大学不同于中小学,特别是职业院校更应不同于其他本科大学,应该把学生的非智力因素的教育和培养提高到一个新的水平。学生的智力因素往往需要学生的非智力因素来弥补,从学生学习状况和活动状况的对比来看,确实体现了智力因素与非智力因素的差别,这种差别有可能在学生未来发展中产生巨大影响。

感悟: 学校非常注重学生智力因素的培养,往往忽视学生的非智力因素的教育,导致学生的能力发展失衡,培养出的人才有时不符合企业的实际需要。因此,职业院校的学生要高度重视学生非智力因素的教育,开拓不同的实践形式是职业院校培养学生综合能力的重要形式。

2010 年 12 月 16 日　　星期四

由于这学期学校的安全事故,学校要求制定相应的学生纠纷处理机制。制定的目的就是要让学生知道如果发生矛盾或者纠纷应该如何处理和应对。从学生发生事故的实际情况来看,很多学生确实不知道如何处理,或者是处理的方法不对,导致事态进一步扩大和恶化。因此很有必要制定相应的处理机制,但是机制的出台并不意味着所有的事情能够顺利解决,很大一部分需要安全教育的作用。

感悟: 学生的处理机制需要健全和完善,平时对学生的各方面安全教育更需要加强。

2010 年 12 月 20 日　　星期一

今天 2007 级学生吕亚楠来学校招聘,大约有 18 名学生报名参加了企业招聘说明会,学生还比较认可企业的经营状况。吕亚楠在校上学期间学习认真、刻苦,大学期间就通过了六级,考取了助理会计师,这一点不是很多学生能够做到的,凭借着自己的实力和干劲,找到这么个职位也不容易。

感悟：学生就业难不光是社会、政府的责任，更是学生自己的责任。学生自己在大学不认真、不努力，毕业以后就指望国家给提供工作岗位，找不到工作就埋怨社会不公，就是不找自己的原因。学生找不到工作一方面是就业压力大，另一方面也说明学生自身素质和学识没有长进。

2010 年 12 月 21 日　星期二

今天下午商业集团李总来给学生讲座，题目是财务管理提升企业价值。李总用了大量的实例进行了深入浅出的讲解，特别是最后有关人生的感悟，更值得借鉴。一是要诚信做人；二是有作为才有地位；三是要把当下的事情认真做好。

感悟：很多人不理解什么是做事先做人，其实真正成功的人无不遵守这一原理，做人需要一辈子修炼，做事只是暂时的事，因此做人更重要。

2010 年 12 月 22 日　星期三

学校的奖学金和助学金今天开始下发到学生手中。每年国家和学校都要拿出大量的资金来鼓励学生成才，今年国家又提高了奖助学金的补助标准。奖学金是鼓励学生奋发图强的一种很好措施，但有些同学评上奖学金之后表现很一般，这一点引起了一些学生的不满。

感悟：要充分发挥奖学金获得者示范性的教育作用，就必须加强奖学金获得者的日常管理，让获得奖学金的学生真正起到带头作用。

2010 年 12 月 23 日　星期四

临近期末，一年一度的学校年终考核又开始了。今年的学校考核分为汇报、单项检查以及文件检查。学院里每位教师要进行述职和汇报。总体来说，一年一度的考核模式基本差不多，内容也大同小异。所以，今年也不需要准备更多的材料。

感悟：大家都很重视每年的考核，但要真正通过考核提高整个学院管理水平却不是那么容易。在学校考核的内容当中，由于评价的不科学导致评价失误的案例很多，还造成了很多负面影响。这样的评价考核应该改而且必须改，否则今后的学校管理工作不可能有大的提高。

2010 年 12 月 24 日　星期五

今天是西方的平安夜，很多班级也开始搞各种各样的活动。有的学生给老师送苹果，也就是所谓的"平安果"。学生对西方节日情有独钟，像圣诞节、愚人节特别能引起学生注意，但更重要的是要加强组织中国传统节日活动，还要把中国节日的历史与文化同学生的思想教育结合起来,提高学生的综合素质。

感悟: 每个人都喜欢过节,更重要的是要加强中国传统节日的宣传,并且有针对性地开展活动,通过学生活动让中国传统节日把传统文化融入学生的血液里,这一点刻不容缓。

2010 年 12 月 27 日　星期一

明天下午开始一年一度的教师工作述职,每位教师都要进行三分钟的工作陈述,所以要先准备好材料。要想把一年的工作都陈述完也是不可能的,实际上一个人的工作情况和业绩早已留在了每个人的心中。我经常给学生讲,一个人所做的事就如走过的路,做完了就会留下印记,这个印记是给别人看的、更是给自己看的,所以工作不是给别人干的,而是给自己干的,而且要好好干。期末总结可能就是起到画龙点睛的作用吧。所以,我不想把今年所有的东西都罗列到工作总结中,只是想谈三点感悟:一是感悟工作。对于我来说,面对的工作较多、较复杂、较乱、较难,但总起来说,一年所做的工作都能够按时、保质、保量完成。不过出去看一看,更看到了自己的差距。但在这一年里比较满意的是自己的研究领域更加清晰和明确。这一年有两项校级课题结题,一项校级课题立项,两项省级课题立项,参与国家课题一项、省科技攻关项目一项,发表核心期刊文章一篇,这篇文章实现了从投稿到收到样刊只用两个月的时间的新纪录,有两篇文章获得省级以上奖励,还写了两篇关于助学贷款和就业的文章。二是感悟管理。学院学生管理经过三年的辛苦经营,一年一个台阶、扎扎实实地往前走,更重要的是我们有自己的近期目标、中期目标和远期目标,而且这些目标都有相应的教育理论作支撑。可以说,我们的近期目标就是要管好学生的吃喝拉撒睡,中期目标就是发展学生的德智体美劳,远期目标就是要培养学生成为全面、可持续发展的人。学生管理要在未来学生综合素质培养方面发挥重要作用,也可以说,我们的学生管理已经度过"独上高楼,望尽天涯路"的阶段。三是感悟人生。总结近四十年的人生,可以说感慨颇多,总结一下可以概括为:10 岁的时候玩,20 岁的时候学,30 岁的时候干,40 岁的时候悟。现在感悟到了三句话:到医院看一看,健康很少;到书店看一看,知识很少;到商店看一看,钱很少。

感悟: 对工作的感悟就是把过去的事情进行总结、反思和深度思考。任何成绩的取得都是建立在踏实工作和刻苦努力的基础上。因此,工作都是给自己干的,不是给别人干的,这一点很多人不明白。

2010 年 12 月 28 日　星期二

今天下午举行了一年一度的述职会议,先是科级干部述职,然后是普通教师述职,接着是领导班子述职。在整个述职过程中,最引人瞩目的是领导班子的述职,其中院长述职时都有点哽咽,其实这是院长付出巨大努力所表现出的一种情感外泄。实际上,院长这么

大的年龄,还有很强的创新精神、很足的干劲,干事雷厉风行,很值得每一个人学习。紧接着进行了优秀和 A 级的评选。我今年评上了 A 级,比去年强一点,但是与我付出的相比也许少了很多,但是我对于这些并不在乎,因为我学到的和精神上得到的更多。

感悟:总结很重要,但是如果平时不认真、不老实地干,总结的再好别人也不会承认,反而会更加反感。总结实质上是一年工作的精华和经典再现。

2010 年 12 月 29 日　星期三

今天上午参加了省级课题的汇报会。自从接到这个课题后我就认真研究和学习,但还没有拿出像样的东西。直到昨天下午接到通知,才开始准备,昨天下午开别的会议,五点才结束,所以晚上加班到 12 点,早晨三点半起床接着写,直到早上八点打印出来才算松了一口气。汇报的主要内容如下:

1. 学生心理危机预警与防控技术是为学生提供一种新型的心理服务模式。该课题能够把信息技术、国外先进的 EAP 模式运用到学生心理危机预警和防控上面来,可以说是一种创新。在学生管理中,学生的心理健康问题日益突出,但当前学生的心理健康知识少,对发现心理问题、解决途径和解决对策认识模糊。很多有心理问题的学生认为自己没有心理问题,很多没有心理问题的学生认为自己有心理问题,这样的心理现象和学生状态影响了学生的大学学习和生活,也必然影响学生的管理。特别是 EAP 模式的引入,为学生提供一种综合的、全新的心理服务,这对促进学生管理、提升学生的大学生生活幸福感有重要的意义。

2. EAP 服务模式有别于学生的思想工作。解决学生的心理问题,并不意味着我们可以将大学生心理咨询工作简单地作为大学生思想政治教育工作的一种手段,心理咨询作为心理学中的一门学科,有着严谨的理论基础和治疗程序,它与思想政治教育工作有着本质区别。思想政治教育工作的目的是说服受教育者服从、遵循社会规范、道德标准及集体意志;而心理咨询是运用专门的理论和技巧寻找心理障碍的症结,予以诊断治疗,咨询者持平等客观、价值中立的态度,而不是对来访者进行批评教育。简单地把大学生心理咨询工作作为大学生思想政治教育工作的一部分,或与大学生思想政治教育工作等同起来,往往会使大学生对心理咨询工作产生偏见。如果能够利用网络技术开发出心理健康知识的宣传、心理健康危机预警以及心理咨询模式和方法,将大大解决当前学生在心理健康的认识、诊断和咨询方面存在的问题,我认为这也是本课题的难点。

3. 防控技术的研究应确定好控制的关键程序和关键路线。从管理学的角度来看,管理的控制过程包括三个方面:制定控制标准,衡量实际工作,鉴定偏差并采取矫正措施。有专家指出,在学校心理健康教育的过程中应实施全员、全过程参与的整合模式,并以此为基础建立一个多层次的教育体系:第一级是广大学校教师从心理健康角度辅导学生发展；第二级是学校心理学专家对学生的心理问题进行诊断、咨询干预；第三级是指专业心理医生以心理治疗为主要任务。我认为还有一级就是学生自己通过网上测试进行衡量，然后进行自我识别和矫正。因此，充分利用现代信息技术，特别是计算机和互联网，用计算机网络来存储、管理学生的心理档案，建立评估模型，设立咨询方法平台会为建立一个多层次的教育体系提供强有力的技术支撑。在防控技术的研究上，防控的关键路线和关键工序非常关键，它能帮助学生用较少的时间解决问题，帮助咨询者高效率地工作。

感悟： 人都有懒惰性，没有任务，自己不会去找事做。如果人能在某一方面有很强的能动性，他一定会在这方面做出突出成绩。

2010 年 12 月 30 日　星期四

很快就到 2011 年了，去年的今日仿佛就在昨日，一切都来得那样快，一切都过得那样快，很多事情都忘掉了。多亏了我的日记让我能够重温过去的事情，重温过去的感悟。这件事什么时候都不能放弃！元旦三天假期注定是没有休息日了，因为自己准备申请一个"十二五"的国家课题，学院安排的国际交流的案例展示还有和谐德育课题结题等事情要在元旦期间完成。这个新年一开始就忙上了。

感悟： 忙是自己找的，你可以不忙也可以不干，全是自己找的。但是只有自己找活干才能体会干活的快乐。

2010 年 12 月 31 日　星期五

今天是 2010 年的最后一天，明天就可以在家待上三天。上午在餐厅吃饭，赵主任说了一句话："其实每天都一样，只不过是人的心理不一样，人也就一天天变老。"确实如此，小的时候盼望着过年吃好东西，盼望着过元旦能够班级联欢一次，等到年龄大的时候，人们就开始对过年以及过节产生畏惧，因为过得越快，人在这个地球上消失得越快，虽然这是不可变更的真理。2010 年结束了，新的一年马上就开始了，我们应该怎么面对新的一年呢？

感悟： 回顾过去的一年，我应该认真反思收获了什么，有哪些值得记住，下一年应该有什么新的想法和新的计划。

第 24 章　2011 年：管理学生　感悟责任

2011 年 1 月 4 日　星期二

今天是 2011 年的第一个上班日,要把元旦假期没有完成的工作抓紧完成,特别是要把课题结题事项写完。新的一年要想在课题上有所突破,现在需要开始琢磨题目了。

感悟:事情好做,课题立项很难,形成自己的管理模式和理论体系更难,争取今年有所突破。

2011 年 1 月 5 日　星期三

昨天的学生新年晚会顺利结束了。从整个过程来看,安排得还是不错,学生会组织工作整体也不错,就是最后打扫卫生时出现点问题。整个节目还比较精彩,特别是最后的节目让整个会场沸腾了,这也充分体现了本晚会的主题——师生大联欢。这一年最后一个大型活动顺利结束了,我也可以放松一下了。

感悟:学生的活动需要不断地创新,才能有吸引力,才能充分展示他们的特长。像这样的大型活动的教育意义还要深度挖掘。

2011 年 1 月 6 日　星期四

本周是学生考试周,因此,学生们正全力以赴地进行复习和准备。中国的考试,甚至很多正规考试都有作弊的,如高考、四六级英语考试以及研究生考试等。每年大型考试都能抓住作弊的,本次也不例外。在考试过程中,有一名同学刚从衣袋里拿出小抄,还没有看,就被监考老师抓住。学生找到我诉苦,感觉很冤枉。我跟他讲:"其实一点也不冤枉,如果你不做的话,没有人敢抓你。"我这两天正好和外教一起监考,外教监考的考场没有一个作弊的,其主要原因是监考教师一开始就强调了考试的严肃性和基本要求,以及严重后果。所以从一开始到考试结束没有一个同学作弊,整个考场非常好。学生作弊主要原因在学生,监考教师的责任也不小,也应该负一定的责任。

感悟: 作弊可能是全球考试的难题。

2011 年 1 月 7 日　星期五

忙了很长时间的和谐德育课题已经正式结题了,前天晚上用了三个小时的时间来写课题总结和结题报告,总起来说,写得比较完整。从结题论证会来看,我写的"和谐德育功能部分"受到一致好评,没有挑出一点毛病。这也充分说明了基础工作做得很好、思考得很认真、工作做得很扎实。没有很好的基础工作,不可能在最后的结题中受到表扬。

感悟: 课题越做越多,但是很多有真正实际意义的课题越来越少,很多人为了做课题而做课题,就是为了写点东西就完事,这样的课题没有任何意义。

2011 年 1 月 10 日　星期一

今天收到了来自 2007 级学生的两张贺卡,这两张贺卡都是我当时并不注意的学生送的,一位是黄峥,一位是孟敏。他们在新年还记着老师,真的让我非常感动。其中孟敏回忆起在校的美好时光和用英语写请假条的感觉,也非常理解老师的辛苦和对他们的付出。他们在感激老师的同时也在回忆和甄别什么是好教师。

感悟: 衡量好教师的标准是什么? 谁也说不清、道不明。只有学生离开学校之后,对教师的评价才真实、才准确。因此现在的教师评价标准普遍存在问题。

2011 年 1 月 12 日　星期二

今天上午听了台湾统一银座林苍生总裁的讲座。林先生讲座的题目是"21 世纪企业人"。林先生围绕"21 世纪企业人"这一中心,从中华文化的精神维系功能讲起,结合统一企业四十多年来的发展轨迹,深刻阐释了"身、心、灵"统一的管理思维。林苍生总裁认为,21 世纪是中国人的世纪,创新是企业人最重要的思维,在当前经济高速发展的时代,不能再用两千年前的思维考量现代的人,而要充分了解自身处境,通过向外看世界来决定方向,通过向内看世界求得身、心、灵的统一,从而实现个人、企业、国家乃至经济社会的和谐、健康发展。

感悟: 任何组织的发展都要有一套理论体系作支撑,没有一套理论体系作支撑,就是盲目发展。没有理论,也就没有了方向和指挥棒。学生管理也急需一套完整的理论体系。

2011 年 1 月 12 日　星期三

期末考试基本快结束了,开始抓紧阅卷,整理分数。从今年的中马合作班级的作业来看,整体还不错,特别是一些学生比较突出。今年的学生比往年的要好,这与班主任和辅导员的管理是分不开的。

感悟：学生管理不同于企业管理，有很多固定的标准和模式。学生管理需要在不断变化的学生中寻求一种合理的模式，这对辅导员老师提出了非常高的要求。

2011 年 1 月 13 日　星期四

学生已经全部考完试了，很多学生已经拿着行李回家了，整个校园也逐渐没有了往日的喧嚣。我最近遇到了很多的麻烦，甚至是很大的麻烦，仔细回想一下，其中主要的原因是自己。自己十几年来一直在思考缺什么，其实无论自己的学习、工作都非常好，但是自己最缺的就是智慧。一直在寻找的、一直在困扰自己的东西，一夜之间来了，顿时让我眼前一亮、茅塞顿开。以前读书很多，但没有读出智慧，以前干很多工作，但没有用智慧去指导自己的工作，所以很多情况下就很苦、很累，没有大错误，也没有大成绩。这次的困难一下子让我成长了很多，让我了解了智慧的重要意义和深刻含义。真是苦难造就人、苦难让人成长，拥有智慧吧！它会让人拥有更多的快乐，也会让整个社会更和谐。

感悟：什么是智慧，谁也说不清，只有经过磨难的人才能获得大智慧。

2011 年 2 月 21 日　星期一

新的学期又开始了，我在思考我的感悟日记是否继续。回顾过去一年来，写了将近十万字的日记，很不容易，有很多感悟现在回想起来很值得回味。现在在考虑要把这样的思考写到什么时候，应该思考什么？朝哪个方向思考？怎样做？这又是一个十字路口。我想首先必须肯定的是，写是必须的，现在要考虑写什么。

感悟：有很多东西最后的成功是靠坚持得来的，没有坚持就没有胜利。

2011 年 2 月 22 日　星期二

今天在学生管理例会上整体分析了去年的学生管理成绩总成绩在第三等次，分析一下可以概括为：非常努力，效果不错，成绩不好，其中在助学贷款、宿舍卫生和违章用电三个方面扣分最多，基本上都是扣 5 分以上，这三项就使得我们一年的整体工作效果付诸东流。这些工作有些是学生的问题，要考虑中外合作学生的特殊性，我院的学生入学分数与其他学院学生相比差 200 分左右，因此大家都知道学院的学生管理难度，付出很多努力都不一定收到效果。但还要思考我们管理理念不到位、管理过程落实不到位、工作态度不扎实、处罚力度不够的问题，所以还要从自身找原因。

感悟：很多工作，如果说了不落实，就会成为空谈，一切就会落空。遇到问题客观分析，更重要的是从自身因素找原因。

2011年2月23日　星期三

今天读了钱文忠的一篇文章《教育，请别再以爱的名义对孩子让步》，里面有些话很值得记住和思考。至少钱老师说了一些真话："我们在不断让步，为自己找理由，为孩子们开脱。我想说，教育不是这样，也不应该是这样。中国的教育已经成为一个严重的问题，而我不相信所有问题都有解决办法。我们这个民族现在有一个奇怪的心态，就是不怕有问题，只要找到办法，问题总能解决。我要告诉大家，这是谎言，有些问题将永远无法解决。举一个例子：一个人得了癌症，如果早期发现还可以治疗，如果发现了却不去治疗，或者用更坏的办法去对待，或者说纵容它发展，到了癌症晚期再去治疗，还有用吗？没有用。我想，中国教育可能就是这个情况。""我觉得教育不能再一味让步，我们对孩子要真的负责任。不要迎合社会上一些似是而非的说法，什么素质教育，什么生命教育。应试是最基本的素质。"

感悟：教育已成为全社会关注的焦点，现在中国的教育发展纲要马上就要付诸实施。人们在思考中国需要什么样的教育，几年的教育改革和实践让人们深入思考教育出了什么问题。究竟什么是真正的素质教育呢？每位教育工作者都应该认真反思。

2011年5月3日　星期二

从三月开始准备博士考试，到现在还没有写一个字。山东师范大学的博士面试分数差一点，山东大学的博士考试没有进入复试，通过这次考试进一步增强了进军博士的信心。从今天开始，认真准备和筹划，以平常心来应对和准备。

感悟：现在的博士考试还是非常公平的，至少初试是非常公平的。成功是靠自己的努力实现的，自己的充分准备和策划也是不可缺少的一部分。因此，应该对考博有一个清醒的认识和分析。

2011年5月4日　星期三

最近，学生的很多工作显得有点乱，这主要是因为学生已经到了一个疲劳区。主要有以下原因：一是学生对澳方测试的焦虑；二是大一学生经过一学期的适应期，很多学生进入迷茫状态，还没规划好下一步的大学生活；三是大二学生马上就要进入大三的学习，明年这个时候就要面临着择业的压力，对前途和专业产生了忧虑；四是学生活动的单调性，使很多学生失去了参加活动的兴趣；五是学校干部竞聘，很多辅导员老师心不在焉，学生管理有所放松。这种状况应该立刻改变。

感悟：学生工作不能有一点松懈，如果我们老师放松对自己的要求，学生就根本不在乎学校的管理了。安全事故来自一点一点细小的疏忽。

2011年5月5日　星期四

最近的大事基本完成了,该安下心来读点书、写点东西。不读书就会觉得心里发慌,只有不断地进行读书研究,自己的思想和创新思维才不会枯竭。读书还要有选择地读、有目的地读,这样可能更有效果。最近读的《大学智慧》,就很受启发,应该再深入读下去。

感悟:很多学生根本不读书,没有读书的爱好和习惯,这是学生教育当中最需要关注的。

2011年5月6日　星期五

最近的学生活动比较少。一方面是由于学校竞聘工作的原因,许多工作都推后了,另一方面是因为学生在这个期间正是处于忙乱的阶段,大一找不着北,大二摸不着头脑。学院活动也要考虑学生的实际情况,不必强求每个学生参加。

感悟:现在的就业难,一方面这是现实的客观原因,另一方面学校也要考虑是否有责任,教师也要考虑是否有责任,学生自己也要考虑是否有责任。

2011年5月9日　星期一

今天晚自习,鲁台合作班的学生晚自习很乱,受到院长的严厉批评。其实早在很早前,我就发现鲁台合作班级管理问题最大。因为从各方面反馈的信息来看,这个班的学生确实很难管。应从两方面来分析学生难管的原因:一是学生确实很难管理,不可教育;二要考虑我们的教学方法是否合适,老师是否做到了有办法、有思路去教育学生。

感悟:教育是关于人的科学,应该用科学的办法解决面临的问题。没有教不好的学生,只有不会教的老师。

2011年5月10日　星期二

今天学院新的领导班子全部到位了,同志们都很熟悉,因为早就在一起共事,都互相了解。一切又重新开始。其实工作就是给自己干的,不管谁当领导,都喜欢能干的人,其实给别人干就是给自己干。很多浅显的道理有些人不懂而且弄得很复杂。

感悟:自己的事情自己做主,自己的事自己干,自己的饭自己吃,一切都不能依靠别人。

2011年5月11日　星期三

今天我和辅导员一起给鲁台班学生开了个班会,原因是该班最近很乱。主要讲了三点:一是做好最基本的日常工作;二是每周设计一项活动;三是要有理想目标。班里的学生目前已有了很大的改变,已经有所认识和行动,至少晚自习和宿舍卫生比较好。

感悟：学生管理需要智慧，而缺少智慧的学生管理一定是苍白无力的。

2011 年 5 月 12 日　星期四

今天大二有很多学生没有来上早操，其中个别班级甚至有 10 几个人没有来。学生干部向我反映，因为学生知道我昨天没值班，有的就不来了。只要我值班学生来的就多，因为我管得严。我今天有点事需要早来学校，想着顺便看一下早操，这一下看到了真相。

感悟：学生需要严格的管理。有的辅导员要求不高，管理不严，害怕得罪学生。其实你管得越松，越讨好学生，学生有可能越不怕你，也不一定就认可你。辅导员决不能讨好学生，更不能放松对他们的管理，否则学生将来会骂你的。讨好学生不仅让辅导员失去了学生的信任，更加大了学生管理的难度，辅导员要对此高度警惕。

2011 年 5 月 13 日　星期五

最近，最引人注目的事情可能就是科级干部竞聘了，我也参加了这次竞聘，还不知道结果如何，但是必须认真准备，精心策划，发挥最佳效果。今天写完了我的竞聘演讲稿。

我的任职优势如下：1. 能吃苦。这几年，坚持不懈地做好日常管理，查早操成了我的习惯，查宿舍成了我的爱好，查晚自习成了我晚上必不可少的活动，我还深刻认识到吃苦的真正含义，就是面对困难和挫折，就要迎难而上，面对棘手问题，就要把问题转换成课题来钻研。2. 能实干。真抓实干，脚踏实地，扎扎实实是我工作的特点。我认为学生工作来不得半点虚假，要把一点点小事当作大事来抓，用铁杵磨成针的精神去培养和教育学生。3. 能奉献。这几年我担任 2007 级和 2008 级共 500 名学生的辅导员，同时负责团总支的学生管理工作，平均每周上 8 节双语数学课，还承担着学院招生就业等其他工作。但是我从来没有怨言，没有提过任何要求，没有多拿过一分钱，很多事使我深刻认识到，教师工作本身的深刻含义就是奉献的工作，奉献不一定什么都能做好，但是不奉献一定什么都做不好。4. 能创新。面对我院学生的特殊群体，找到了新的管理方法、探索出了新的管理模式，形成了我们自己的理论体系。5. 业务熟练。自 2007 年来学校以来，一直从事学生管理工作，有着丰富的管理经验，了解学生特点、了解学生管理特点、了解当今教育的发展趋势。

我的管理策略有以下几点：一是坚持"一个中心"，即"以学生成人为中心"。不管学生素质有多低，都要教会学生做人的基本道理。二是强化两项措施。第一就是强化"管"的合理性，第二就是强化"理"的科学性；管就是合理运用"棍棒"原理，理就是科学运用"萝卜"原理。一手拿棒子，一手拿萝卜，两手都要抓，两手都要硬。要管得合理，理得科学。三是实施"三步走"战略。第一步就是管好学生吃喝拉撒睡，第二步就是发展学生德智体美劳，第三步就是培养学生成人、成才、成事。几年的实践，我们已经在第一、二步取得了一定理论成果和实践经验，在第三步战略方面，要注意一个背景和三个结合，一个背景就

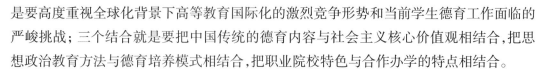

是要高度重视全球化背景下高等教育国际化的激烈竞争形势和当前学生德育工作面临的严峻挑战；三个结合就是要把中国传统的德育内容与社会主义核心价值观相结合，把思想政治教育方法与德育培养模式相结合，把职业院校特色与合作办学的特点相结合。

感悟：很多事情都要看机会，只有天时、地利、人和加在一起才有可能成功，尽人事而听天命吧。

2011 年 5 月 16 日　星期一

最近严抓学生的日常管理，效果非常明显，没有严格的纪律做保证，一切都无从谈起。最近大二的学生有很大起色。

感悟：学生出现问题很正常，关键是我们必须及时发现问题。发现了问题还必须立刻想出解决的策略，学生的问题不能等，一等就有可能出现更大的问题。我们发现问题时，实际上早已出现了，因此必须立刻解决。

2011 年 5 月 17 日　星期二

今天下午参加篮球比赛的会议，然后再参加学生宿舍卫生大检查。整体来看，学生的宿舍卫生进步都非常大，大一男生远不如女生好。

感悟：人是需要约束的，没有一定的约束措施，任何人都会放松对自己的要求，事物需要规范，学生也需要规范。学生的日常管理非常重要，如果没有很好的检查措施，学生就会放松对自己的要求。

2011 年 5 月 18 日　星期三

今天有几个学生没有上课，也没有跑操，特别是黄同学，不请假就私自走了，可以说犯了非常严重的错误。结合其以往的日常表现，不得已把家长叫来了，家长还比较配合，但是学生认识是否深刻，还没有具体体现。学生说得要比做得好，就是没有行动。

感悟：学生必须进行严格管理，不仅需要学校，更需要家长的教育和培养，家长的作用要比学校的作用大得多。

2011 年 5 月 19 日　星期四

今天公布了竞聘职位。几年来就是在这种夹缝中生存，现在还是一样，还得在这种工作环境中继续求生存。到了这个年龄，才是个副科，主要原因是自己来得较晚，也没办法，还是认真工作吧。

感悟：职位是别人给的，有了职位干工作就行了，要摆正心态，调整好思路，把发展自己放在最重要的位置。

2011 年 5 月 20 日　星期五

今天考虑到学生管理还需要重新开始,应该按着计划把所有可能的事情想清楚,以安全为核心,发展自己为最终目标,提高办事效率和节奏。

感悟: 总是要去适应新环境,只有不断地调整自己才能够发展自己。

2011 年 5 月 23 日　星期一

今年学生管理内容发生了一些变化,我的工作相对来说减轻了一些,但是总体并没有发生多大的变化。

感悟: 自己要不断适应环境,不断改变自己的心态,尽快进入角色。

2011 年 5 月 24 日　星期二

工作分工已经正式确定,我还继续分管学生工作,不管怎么样,我都会努力工作。

感悟: 学生工作需要用心去做。

2011 年 5 月 25 日　星期三

最近,学生的早操改成了走正步,经过两天的实践已经取得了明显的成效,看样子,学生工作还需要进行认真的思考,找到正确的方法。

感悟: 学生工作会有很多困难,这需要想出更多方法来解决。

2011 年 5 月 26 日　星期四

马上到六一了,所以想着和潘河崖小学的小学生们进行一次联谊活动,想通过此次的联谊活动提高同学们对农村学校的认识,特别是对农村小学孩子们的认识。

感悟: 在很多情况下,学生们并不知道如何去调整自己,只有在某种环境下让学生亲身体验和感知,才有可能让学生有所感悟和体会。

2011 年 5 月 27 日　星期五

今天下午,潘河崖小学的校长来学校看彩排的节目,从整体的效果来看,还是不错的。但是由于大学生和小学生还存在着很大差距,因此在歌曲的选择上还存在着一定的问题。因此,又重新挑了一些适合小学生演唱的曲目,这样小学生可能会更喜欢。

感悟: 要从服务对象的实际需求去考虑问题,不能主观臆断,学生管理也是如此,要站在学生的角度考虑学生的需求。

2011 年 5 月 30 日　星期一

今天，大一的几个女生闹矛盾，惊动了他们的家长，家长来到学校也互相指责，闹得也厉害。其实学生闹矛盾的原因很简单，就是因为学生之间互相猜疑这么一点小事，最后弄得不可调和。首先，我跟每个家长分别谈话，了解学生过去的情况，并向每个家长汇报了他们孩子在学校的表现，并告知他们的孩子在学校闹矛盾有可能接受的纪律处分，并对个别学生进行了重点说明。家长了解了事情的经过，也害怕自己孩子受处分，所以我跟他们谈完话后都去做自己孩子的工作。家长之间也没有了来时的怨气。第二，分别与学生谈话，深入了解学生闹矛盾的原因和主要涉事学生，并进行了认真的思想教育。第三，对学生进行集体谈话，告诉他们闹矛盾的利害关系，并让他们谈各自的想法，学生的想法都发生了转变。第四，把家长和学生召集在一起谈话。重点讲了一些积极上进的事例和以后再出现类似问题的纪律处分。家长和学生都表示赞同，也都表示不会再发生类似的事情。这样，学生的矛盾事件就圆满解决了。

感悟：学生之间的矛盾纠纷是不可避免的，但是如何处理学生之间的矛盾是一门艺术。发现问题还必须马上解决。

2011 年 5 月 31 日　星期二

今天下午去了潘河崖小学和孩子们一起联欢，效果还不错。小学生们的天真烂漫、无忧无虑的样子，让我想起了小时候的学习和生活，可能这个时候是最快乐的。

感悟：没有任何压力和负担的学习是不可能的，孩子们最需要的是一个快乐的童年。

2011 年 6 月 1 日　星期三

今天是六一儿童节，在大学里，很多同学都已经把这个节日忘记了。孩子们是祖国和家庭的未来，必须重视孩子们的各项培养工作，但是现在儿童的培养方式还需要认真考虑。

感悟：学生需要从小就要认真培养，不能有一点马虎，很多大学生出的问题都是小学期间没有养成良好习惯造成的。家庭要在孩子培养的过程中扮演重要角色。

2011 年 6 月 2 日　星期四

昨天学校篮球赛八强赛结束，我院篮球队输给了机电系，应该是输得心服口服。其中最应该记住的是冀洋同学，该同学在上半场比赛中意外受伤，但是还继续为学院拼搏，一直坚持到最后，这种精神值得我们认真学习。

感悟：学生为了学院的荣誉不顾自己受伤，一直坚持到最后，这一点应该值得每一位学生认真学习,学习这种集体荣誉感和拼搏精神。

2011 年 6 月 3 日　星期五

今天是端午节假期的第一天,很多学生忙着回家,也有一些学生准备各种考试。学生对如何安排假期的想法各异,思路也各不相同。因此用老师的观点去考虑学生显然很不合适,应该从学生的角度去考虑,这样对学生的各种做法也就能够顺理成章地接受。

感悟:无论是学生管理还是孩子的管理,都应从被管理者的角度去考虑,让被管理者明白如何去遵守基本的规范以及他们应该如何去做。

2011 年 6 月 7 日　星期二

今天是端午长假结束开学的第一天,下午会议的一部分内容就是学习有关高等教育发展的内容。

感悟:高等教育的发展进入了非常重要的时期,没有高等教育的发展就没有中国的现代化。但是现代化的发展需要高等教育提供哪些支撑,特别是高等职业教育能提供什么样的支撑,需要我们每一位教育工作者认真思考。

2011 年 6 月 8 日　星期三

今天学生的宿舍卫生不算太好,可能是假期刚结束的原因。大学生的宿舍问题一直是困扰学生管理的重要问题,大一学生存在各种问题,大二学生更甚。学生连最基本的行为规范都没有学好,这是为什么呢?

感悟:教育学生要从最基本的规范做起,要求学生站有站相、坐有坐姿、话有分寸、行有规范,看似简单,其实真的很难做到。学生的行为规范还必须从小事做起,严格管理,这对学生的一生都有好处。

2011 年 6 月 9 日　星期四

这学期马上就要结束了,很多学生也放松了对自己的要求。学生盼望着能够早点放假,赶紧考试,最后一周的上课也显得紧张起来,学生们把主要精力全部放在了学习上,所以学生活动已经基本停止。

感悟:学生以学习为本,但是各种学生活动也很重要。如何协调好学生的学习和活动非常重要。

2011 年 6 月 10 日　星期五

期末考试马上就开始了,所以本周中马商务管理专业的课也停了,所有的工作开始转向毕业生教育和毕业生的其他相关工作。

感悟：每年的工作都是一样,搞出花样很难。

2011 年 6 月 13 日　星期一

今天学工部开会强调学生宿舍卫生问题,这一问题几年了都解决得不是太好,其根本的原因在于学校没有从最根本的问题去解决,只是一种形式。学生的养成教育非常重要,只有学生的养成教育有了进一步提升,宿舍问题才能得到根本解决。

感悟：学生管理教育形式非常重要,内容和体系更重要,没有很好的教育形式和内容及制度体系,不可能解决最根本的问题。

2011 年 6 月 14 日　星期二

今天主要是弄毕业生就业档案,也就是合同、灵活就业证明、就业协议等内容,可以说,今年的录入准确率还是比较高的,但是有极个别的老师还是不能准确录入,产生了很多的麻烦。

感悟：工作实质上是一个团队的活动,没有团队的力量,任何事情都很难办成。

2011 年 6 月 15 日　星期三

这一周是最忙碌的一周,毕业生的工作、期末总结等相关工作,特别是学生宿舍设施损毁率偏高问题以及学生宿舍卫生问题,这一点值得认真研究。

感悟：学生的卫生习惯问题有些是管理问题,但更多情况是学生家庭的教育问题,没有很好的家庭教育,学生也不可能有很好的行为习惯。

2011 年 6 月 16 日　星期四

今天把所有的学生毕业档案整理了一遍,还是缺少很多东西,费了半天劲,学生也忙乎了半天,但是效果并不是怎么好。因为很多需要平时干的工作都集中在这几天来干,这其实就是因为没有做好平时的工作。

2011 年 6 月 20 日　星期一

本周的主要工作主要是唱红歌、毕业生就业登记表盖章和就业协议网上核对以及毕业生的毕业返校工作。临近期末,学生就业的相关工作日益增多,很多情况都需要认真仔细去完成。

感悟：越到最后,越需要把所有的工作安排得有条不紊、井然有序。

2011 年 6 月 21 日　星期二

今天学校唱红歌,各系部都拿出了自己的看家本领,表现各异,有的准备相当充分,有的准备得不好。不管怎么样,总体表现还是不错的。

感悟: 只要是出面的场合,都要精心准备,认真组织,马虎不得,机会可能只有一次。

2011 年 6 月 22 日　星期三

每年的工作基本都一样,但是每年还是出相同的问题,最根本的原因是什么呢? 就是不注意每一个环节,不注意每一个细节,没有把这些环节和细节形成系统的流程和工作规范。

感悟: 工作年年基本一样,不求创新,但求无错,这也很难。

2011 年 6 月 23 日　星期四

临近毕业,毕业生返校工作十分繁琐,但是很多大一学生不愿意参加学校的各种毕业生相关活动。有的很早就回家了,有的集体意识差,有的不愿意吃苦,总之,这届学生更需要认真教育。

感悟: 很多学生的教育工作需要引导,有的学生工作还需要强硬的布置,不能学生想干什么就干什么。

2011 年 6 月 30 日　星期四

整一个星期没有动笔了,因为最近实在太忙了,我担任了学院的信息管理员、档案管理员、ISO9000 管理员、就业办副主任、学生管理负责人等很多所谓的职务,但其实我就是个干活的,很多事情都需要自己去做,真的很忙。所以很多自己辅导员的事情都耽误了。这一点需要认真反思。

感悟: 不能耽误工作,但是也不能耽误自己重要的事。

2011 年 8 月 29 日　星期一

今天是新学期的第一天,这个暑假可以说是个不平凡的暑假,从工作时间来看,8 月12 号开会,13 到 15 号准备高校工委的课题。16 到 19 号准备学生参赛的方案,20 号开会,22 到 26 号去临沂招生,27 号去参加国家职业资格指导师证书的培训,28 号准备参赛演练,29 号到 9 月 1 号去北京参赛,1 号到 10 号回老家,11 号到现在就开始忙各种的事,就业培训、创业园等一大堆事情。值得祝贺的是我今年又在全校教师会上做了一次报告,总体反响还不错,但是时间没有把握好,超时了。

感悟：有付出就出成绩,有成绩就会得到认可。不管怎样,把自己的事情做好最重要。

2011年8月30日　星期二

今天是开学的第二天,事情非常多,这学期开始不带学生了。但全院学生管理的事情一点也没有少,很多关于学生的工作需要继续深入研究和探讨,更重要的是需要去认真实践。

感悟：学生工作的关键是深入实践,从实践中找到方法与对策。课也是一样,要把想法落到实处才有意义。陆游的诗说得好:"古人学问无遗力,少壮工夫老始成。纸上得来终觉浅,绝知此事要躬行。"切记!

2011年8月31日　星期三

今天迎新生的准备工作已经开始,但是又有一位教师离开了学生管理岗位,很多时候,在一起的时候都不珍惜彼此的友谊,分手的时候才知道珍贵。这位教师工作能力很强,有时候也很任性。

感悟：在一起工作是一种缘分,但很多人不珍惜这种缘分,等离开的时候,什么也都晚了。

2011年9月1日　星期四

中小学今天开始正式开学了,学生们一定都很兴奋。对于大学生来说也是一样,学生们又开始新一年的大学生活,紧接着要面对的是专业课的学习,大学生的学习生活又面临新的挑战。大一新生又会接踵而至,不同年级的学生又会有何感想呢?

感悟：学生们需要不断地调整自己的思维方式和人生目标,其实我自己也是一样。

2011年9月2日　星期五

明天就开始接新生了,一切准备工作已经就绪。不知新的学生会是什么样子,学生们的活动能否像往常一样热火朝天吗?

感悟：很多学生感叹一级不如一级,学生们的感叹也不无道理,他们在不同的环境里有着不同的认识。我们的思维方式也要随着新的情况不断发生转变。

2011年9月5日　星期一

今年的迎新工作圆满完成了,接着就是军训的各种活动,活动内容要求丰富多彩。从报到的学生来看,今年的招生总体还是不错的。

感悟：每年都需要创新，没有一定的基础和创新思维，创新是不可能的，创新需要平时坚持不懈的追求和努力。

2011 年 9 月 6 日　　星期二

今年的大一新生刚进来，总体表现还可以，但是就看以后怎么样了，学生的很多情况需要在今后的工作中逐渐去发现和研究。

感悟：刚开始来校的时候，老师对学生并不怎么了解，而学生工作需要耐心、勇气和智慧。

2011 年 9 月 7 日　　星期三

新学期开学的紧张工作刚刚过去，已经开始筹划如何管理这些大一学生的工作了。从这几天的军训情况来看，学生的表现还令人满意，原因在于新生能够很快地适应学校生活，学生向往着能够通过上大学改变自己的人生，也希望自己的人生从此有个新的开始。

感悟：新学期，新的期望，我们教师该做什么来满足学生的期望呢？

2011 年 9 月 8 日　　星期四

学期初，学生的整体状况良好，大二的早操整体情况比以前有了根本的好转，但还需要不断加强才能有进一步的提高。

感悟：学生的能力是靠抓出来的，不付出一定的辛苦很难出成绩。

2011 年 9 月 9 日　　星期五

今天下午每年一度的教师节表彰大会如期举行，今年与往年不同的是表彰增加了奖金的奖励，最高个人奖金 20 万元，最少的也 5 万元。可以说，这种情况出乎所有人的预料。这么高的奖金很刺眼，有了这个激励措施，老师们会为此增加很多干劲。

感悟：激励政策很重要，有了激励政策，老师们就会格外卖劲，关键是这种政策能够持续多久。

2011 年 9 月 13 日　　星期二

今天是农历八月十五之后的上课日，昨天整个大一新生进行军训拉练，效果非常好，很多同学和老师这一生都没有这么拉练过。学生走完之后似乎都有一种成功的喜悦和自豪感。这次的军训拉练的效果远超我的想象，学生表现非常出色。

感悟：学生的成功关键在老师的引导，老师引导到位，学生就发挥到位，老师引导到哪儿，学生就会跟到哪儿。

2011 年 9 月 14 日　星期三

今天晚上，大二会计二班的四个学生因为中秋节期间没有请假，私自回家，被老师发现了。接着是辅导员的训斥，班主任的批评，院长也非常生气。作为团总支副书记，我自然要采取一些办法，所以晚上与辅导员一起专门召开了一个班会。班会上，我注意到这四名同学悔过之心并不那么真诚，我讲起来也就不那么客气。我讲了三点：一是这四位同学害人不浅。这几位同学在会上做了检讨，他们显得很委屈，似乎是受害者。事实上，真正的受害者是我们这些人。这件事让辅导员、班主任和领导很生气，生气就容易生病，生病就要花钱，这不但给教师带来了物质损失还带来了精神损失。因为这件事，我们不得不把班级所有同学聚在一起开班会，再一次强调我们反复讲的制度问题，对于那些遵守纪律的同学来说，利用这些时间他们可以干很多有意义的事，但却浪费在跟他们无关的班会上。单从这两方面来看，真是害人不浅。二是在大学期间要学会基本的生存之道。如何练就生存之道呢？大学里有非常好的老师，严格按照老师的要求去做，做好了就掌握了基本的生存之道；大学有非常严格的管理制度，严格遵守校规将来就会遵纪守法，学会遵纪守法也掌握了基本的生存之道；大学有非常好的条件，同学们要充分利用体育设施锻炼身体、娱乐设施锻炼能力、学习设施努力学习，做好这些事情也掌握了基本的生存之道。三是要学会通过做小事练就本领。每个人都想成功，都想做出一番伟大的事业，都想干大事，很多人没想到的是成功往往从做好小事开始。有的同学不按时起床、不上早操、不按时上课、不打扫宿舍卫生、不参加活动，这样的学生将来能干成什么大事？因此成功就在我们脚下、就在我们手上、就在我们眼皮底下，只有把这些事做好了才能练就一身本领，才有可能实现更大的成功。

感悟：学生管理要注重数据积累，更要重视案例跟踪。如果把这些学生的相关数据进行总结分析，还能得出很多相关信息。如果把这些学生跟踪上二十年，看一看他们走向社会的表现，得出的结论可能对教育学生更有说服力。我们学生管理只是做现在的事，对未来思考的太少。

2011 年 9 月 15 日　星期四

今天学校召开了开展整治校风、学风、教风的会议，学院也根据具体情况布置相关任务，查找问题，找出解决问题的办法。就目前的情况来看，我认为有以下几个方面需要注意：一是要狠抓落实，把每项工作都落到实处，要通过发现问题，找到解决办法，寻求规律等一系列的措施来真正解决问题；二是从长远发展来看需要建设学院的文化，这个文化包括教师文化、学生管理文化、教学文化，等等，这需要把它当作一个长期持久的工作来做。

感悟：学生出现的问题不是今天出现的，而是在很久以前已经有了苗头。因此学生管理很大程度上在于发现问题。

2011 年 9 月 16 日　星期五

今天学院召开了相应的布置会议，强调了学校要采取的措施和注意事项。通过这次会议，老师们都打起了精神，会议效果不错。

感悟：学生和老师一样都需要管理，没有强有力的管理是不可能做好任何事情的。

2011 年 9 月 19 日　星期一

今天一上午处理学生违反纪律事件，一是查到了个别学生宿舍有酒瓶子；二是几个学生宿舍卫生很差。这一问题长期得不到解决，可以说还没有彻底解决的办法。

感悟：很多问题不是不能解决，是我们没有找到解决问题的正确方法和途径，主要原因是我们解决问题的努力程度不够。

2011 年 9 月 20 日　星期二

今天上午琐事不断。下午学生会竞选，无论从衣着打扮到还是方案的准备来看，学生非常重视，每个学生都想通过这次竞聘取得一个职位，可以说，同学们还是非常认真的。

感悟：学生们都会认真完成老师的任务。老师也需要这样，认真对待学生的付出。

2011 年 9 月 21 日　星期三

今天确定学生会人选，总体来看，这届学生会还是比较难选的，难选的原因之一就是这届学生并没有很出色的学生，学生们的表现很一般。我认为有两方面的原因：一是在大一的时候没有认真选拔；二是培养力度不够。

感悟：学生的很多能力需要老师专门培养，这就需要辅导员付出更多的努力。

2011 年 9 月 22 日　星期四

新一届学生会刚一公布，学生们就有条不紊地开始工作了，学生把学生会办公室打扫得干干净净，整个档案也开始进行整理，学生会的工作整体还是不错的，学生们的干劲还是很足的。

感悟：学生会干部需要严格要求自己，否则就不会有什么影响力和领导力，这在于他们能够对这个职位有充分的认识。

2011年9月23日　星期五

今天写了这个月班主任总结，这是我第一次担任班主任，所以很多工作还要认真思考和准备，要当好班主任是十分不容易的。在这次班会上，我向同学们介绍了我院的基本管理情况，给学生讲了跑操、宿舍卫生以及学习的重要意义。讲了应该如何合理安排时间，要求学生把学习成绩的提高和能力的提高有机结合起来。在这次班会上，我确定了班级主题——"做小事，把小事做好，把小事做精"。要求同学们放下架子、放下包袱、放开手脚，从最基本的小事做起。

感悟：虽然我负责全院的学生管理，但是因为班主任分不过来，所以我自己也带一个班。相对于辅导员的角色来说，班主任更倾向于专业能力的提升。

2011年9月26日　星期一

用了大约一周的时间，领导让准备的课题终于完成了，经过领导审核确实存在很多问题，特别是课题内容方面存在一定问题。经过领导的一番讲解，还真是那么回事。

感悟：很多问题自己是看不出来的，别人帮你指出问题，那就是一次很好的提升。

2011年9月27日　星期二

学校开始整治校风、学风和教风，可以说，这是学校在关键时刻进行的必要行动，这是学校内涵建设的重要方面。如果没有这方面的建设，学校不会有什么起色，也不可能得到快速发展，整个学校就会倒闭，这不是危言耸听。

感悟：任何集体都需要严格的管理，任何个人也需要严格的管理，没有严格的管理，就不会有出色的组织。

2011年9月28日　星期三

经过近两周的努力，申报教育部的一个课题工作已经完成。可以说，这项工作任务重、时间紧、难度大，是在很多不太熟悉的情况下完成了相关工作，我认为完成这些所有的基本工作以后，自己在申报课题方面又有了很大的进步，下次申报的时候可能有了更好的经验来申报更多的课题。

感悟：课题申报需要不断的积累和努力，最终才有可能申报成功。课题是在一次次申报失败中成功的。

2011年9月29日　星期四

今天上午大二的学生进行了早操演练，总体效果还不错。学生的日常行为需要我们认真努力和坚持不懈地抓,必须狠抓、长期不懈地抓才能见到成效,否则教育效果并不会很好。

感悟：我认为教育有两方面的内涵,一方面是教,另一方面是育,有教无育不会有很好的效果。

2011 年 9 月 30 日　星期五

今天是国庆节前的最后一天,这个假期一共 8 天,所以有很多学生计划着出去玩、回家,还有很多打算。但是对于我来说,没有什么计划,只有抓紧时间好好地休息一下、放松一下,把自己的身体锻炼好,写点东西就是最好不过的了。我知道国庆节期间很多地方肯定人山人海,即使到了景点也是看人而看不到景,因为人已成为景点的主题。景点需要在无人和悠闲之时去慢慢品味。

感悟：干什么工作都要有自己的想法,不能随波逐流,有自己的思想才行。

2011 年 10 月 9 日　星期日

国庆节开学后的第一天,很多事都堆积在一起,很多工作都需要去做,这么多工作,还需要认真去反思如何充分利用时间和人员把工作做好。

感悟：工作需要技巧、能力和智慧。

2011 年 10 月 10 日　星期一

今天是辛亥革命 100 周年,100 年前的今天,很多志士仁人浴血奋斗,给后人留下了值得纪念的东西,人们之所以缅怀他们,就是因为他们很多都是为了大众、为了人民而牺牲的。所以,人如果想让别人记住,就必须付出,然后才有所收获。

感悟：学生的教育其实就是一种付出,无私的付出,但还要培养学生的感恩之心,特别是感恩祖国的心,这种纪念活动就是一种很好的教育形式。

2011 年 10 月 11 日　星期二

今天下午召开了新一届学生干部换届大会。大会按照既定的程序顺利完成,最后一项议程是学生干部培训。我重点讲述了两点:一是作为学生会干部要有感恩之心。人一来到这个世上要学会感恩,感恩父母、感恩你的单位、感恩你的学校、感恩祖国、感恩那些曾经帮助过你的人。常怀感恩之心,就能够做好自己的事情,积聚起奋发有为的力量。二是作为学生干部要学会做事。学生干部要率先垂范,身先士卒;要从小事做起,做平凡事,把平凡事做好;要团结协作,互帮互助;要懂得服从,要树立正气。

感悟：学生干部的管理和教育一定要到位,到位了教育效果就能体现出来。

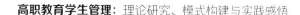

2011 年 10 月 12 日　星期三

这一个月主要是评选各项奖助学金，全体学生都非常关注这件事，许多学生都在积极申报。奖学金还是比较好评的，关键是助学金难度比较大，因为助学金的评选标准不好确定。

感悟：国家花了这多钱放到学生的身上，关键是能否公平地发到学生手里，同时还要考虑如何发挥这些奖助学金的教育作用。

2011 年 10 月 13 日　星期四

今天收到了赴台湾学习的张爱同学的邮件，询问奖学金相关事宜。令我非常诧异的是该学生在邮件中说非要励志奖学金不可，但是等我给他回信以后，该生改变了态度，愿意接受现在的奖励。

感悟：学生有时候不听老师的话，或者是有这样那样的意见，关键是老师没有解释清楚，工作没有做到位。

2011 年 10 月 14 日　星期五

学生们开始高度关注奖助学金的评选了，有很多学生开始给自己争利益，也有许多同学给自己争荣誉。凡是争的学生都是没有认真学习，也是没有努力工作的，总是想占点便宜，否则不用争也能评上。

感悟：学生的奖助学金一定要和平时学生考核挂钩，只有把平时的学生管理工作扎实有效做好，奖学金的评选才能达到公平和公正。

2011 年 10 月 17 日　星期一

学校最近搞了一个廉洁从教的征文评选，这样的征文年年搞，但这样的工作究竟有多少实际意义，有待认真研究。

感悟：教师的廉洁从教不是通过征文来体现的，而且廉洁从教早已超出了廉洁本身的范畴。我认为，教育不好学生是最大的不廉洁。

2011 年 10 月 18 日　星期二

周四和周五，学校团委组织了几位教师去临沂学习，准备学习团中央的分类管理等相关内容，具体情况还不了解，但是在这件事之前我们已经进行了相似的改革和探讨，那就是学生的分类管理。

感悟：学生管理工作需要有前瞻性，有了前瞻性，才能提前谋划，做到思想超前、工作领先。

2011 年 10 月 21 日　星期五

这几天去临沂大学参加了学校组织的青年分类指导现场会,从整个现场会的场面来看,领导还是相当重视的。从实际情况来看,临沂大学确实在很多方面走在了前列,特别是在学生教育方面有着自己的管理体系和管理内容,有着自己的目标。从学校的红色教育内容来看,有一定的教育作用,也能够形成自己的教育品牌。

感悟:学校教育是一项系统工程,需要在很多方面不断地进行长期研究,整个教育的内容应该是连贯的、系统的,更重要的是需要有个教育核心体系,所有的工作都应紧紧围绕这个核心体系来开展。

2011 年 10 月 24 日　星期一

今天是山东省政府奖学金、励志奖学金还有助学金上交材料的最后一天,又发现了很多问题。学生填表根本不上心,书写也不规范,不按照要求填写。有些是学生的问题,老师讲了不按照要求去填写;有些问题是有的辅导员根本没有讲清楚。

感悟:教师要教会学生去做,还要教会学生创造性地去做,这样才能解决学生和教师的能力问题,最终得到的是学生的能力提高、教师教学水平的提高。

2011 年 10 月 25 日　星期二

下午学校召开全员聘任大会,学校领导宣读了相关文件,又做了重要讲话。从整个聘任的程序来看,与以前相差不多,但是多少也有所区别。在中国高校要想搞改革是相当困难的,因为体制和老师思维习惯的原因,决定了不改革是不可能成功的,但乱改革肯定是要失败的,只有不断地循序渐进地改革才有可能成功。

感悟:教育改革改了很多年,但是成效究竟怎么样,还不得而知,特别是职业教育改革怎么走,还在摸索之中。

2011 年 10 月 26 日　星期三

感觉今天几乎什么事也没有干,一天就这样过去了。也就是填了技术职务申请表,但这里面需要的材料都是需要日积月累才能形成的,科研材料尤其如此。

感悟:干什么事都要有预见性,应该做好相应的准备。平时必须搞好科研,否则等到用的时候就什么也拿不出来。

2011 年 10 月 27 日　星期四

今天上午学校理论中心组成员集体学习,主要学习中共中央关于文化建设的相关内

容,同时还学习了有关党组织条例。不管怎么说,文化建设应成为当今社会建设的重点,这是一个非常重要的问题。其实早在很多年前,季羡林先生就提出文化的重要性,他在《学问之道》里面说:"从世界文化的发展趋势来看,中国文化包括中国道德的精华,在 21 世纪的将来,会在人类精神文明的发展中,发挥更重要的作用。"

感悟: 我认为文化不能脱离道德的精华,只有把人的道德水平提高了,文化水平才能提高。

2011 年 10 月 28 日 星期五

今天找了几个学生谈话,积极鼓励学生参加各种活动,同时我告诉学生要合理支配时间和精力,把握好自己的发展方向,争取全面发展的同时,把自己的学习搞好。老师谈完话后,学生显得很高兴。

感悟: 要和学生经常地沟通和交流,这对于学生的成长至关重要,还有可能影响学生的一生。

2011 年 10 月 31 日 星期一

十月份不知不觉就这样消失了,也不知道干了些什么,就这样没了,因此必须赶快制定相应的策略和办法来评估一下下个月的目标和工作。总之应该有所动作了。很多学生也是这样,不知不觉三年过去了,没有干任何事情,时间不等人啊!

感悟: 时间是挤出来的,如果能用心去做一件事,任何事情都能做好。

2011 年 11 月 1 日 星期二

本周有三天时间去参加山东省辅导员论坛,我提交的论文《提高高校辅导员工作质量的路径探析》获得论文评比一等奖。这次全省共提交论文 365 篇,有 131 篇获奖,其中一等奖 20 篇,二等奖 30 篇,三等奖 81 篇。我论文的主要内容是在暑假演讲底稿的基础上修改完成的,整体效果还不错。

感悟: 写点东西其实是很难的,但是如果我们日常积累坚持不懈,内容就会非常丰富,写起来也就得心应手。因此日常积累尤为重要。

2011 年 11 月 4 日 星期五

这次论坛主题是关于辅导员建设和辅导员内涵发展的。在很多院校,特别是专科院校,辅导员还没有受到很好的重视,但在很多本科院校辅导员的队伍建设已经非常好了。因此要运用正确的手段和措施来积极引导专科院校辅导员的队伍建设。随着辅导员队伍整体水平的迅速提高,辅导员的工作出现了新气象。所以我也要抓紧时间来提升自己的工作水平。

感悟：水平的提高要靠平时日积月累,不能有半点虚的,这样在真正需要的时候才能显出威力来。

2011 年 11 月 7 日　星期一

周一注定是一个忙碌的日子,之所以忙碌,是因为是上班的第一天,要安排很多工作,要开很多会,然后层层布置落实,一天就这样过去了。现在的问题是,没有一个人觉得工作比较轻松,大家都很忙,看看我们的会议安排就明白了,为什么我们这么忙? 其实就是我们的工作方法有问题,随着现代技术的应用,应该有更好的手段和方法来解决这一问题。

感悟：很多东西需要不断的创新,其实创新最主要的目的是解决问题。

2011 年 11 月 8 日　星期二

今天下午听了学校领导的报告,报告内容都很深刻。目前,学生教育和就业是学校的头等大事,创业教育实质上就是要培养学生的创新创业精神等一系列的能力,这是教育创新的一个很重要方面。没有教育创新,不可能有创业教育等一系列的成功,创业教育方面的课题值得认真思考。

感悟：很多教师对专家的报告不以为然,这是最大的错误,专家的报告都是最前沿的东西,是值得我们深刻思考的东西,这一点我们必须认真对待,而且要认真思考。

2011 年 11 月 9 日　星期三

经过近三天的努力,校级教学成果奖终于写完了,最大的感想就是干点事真是不容易。

感悟：什么事都必须努力去做,否则的话不会有什么成绩,要看到别人成功背后的付出,更要认识到只有偶然的失败,没有偶然的成功。

2011 年 11 月 10 日　星期四

今天学院组织了给 2009 级学生程同学捐款的活动。这次活动可以说举办得非常成功,募捐的款项非常多,整个活动学生积极踊跃参加。这说明所有的学生都能够心系学院,热爱学院,有仁爱之心,应该说这是一次非常好的教育活动。

感悟：学生的活动要让学生充分去参与和自我管理,这样学生才能够进行自我教育,学生的思想才能发生很大变化。

2011年11月11日　星期五

今天是所谓的"光棍节"，不知什么时候起，人们开始注意所谓的数字概念，愿意把无效的数字连在一起，搞出点什么名堂。我记得最早应是北京把11号列为排队日，我觉得这一点很好，更有社会意义。那么明年的2012年12月12日12时12分又有什么名堂呢？那要等到明年才知晓。

感悟：按道理说，只要是时间，任何一点都是永恒的，是不可复制和重复的，因此把所谓的巧合的时间放在一起没有什么价值和意义，但用另外一种意义去解释可能更具有影响力，商家可能会看到这一点。

2011年11月14日　星期一

这周的学生会议，首先布置了这一周的主要任务，然后是要确定这一周的主要工作。这一周主要是强调安全的重要性，强调各项安全，然后要交各种材料。

感悟：安全更重要的是要落到实处，只有落到实实在在的地方，安全才有保障，不能只开会布置工作。

2011年11月15日　星期二

今天晚上开了一个安全教育的主题班会，实际上，会议还包括有关捐款的说明，有关助学金和奖学金获得者的管理规定以及相关说明，最后是安全教育讲座。安全教育讲座首先让学生观看了相关视频和解说，然后讲解了有关事项。

感悟：学校几乎天天开展安全教育，让学生亲身感受不安全的场景带来的危害可能更有教育意义，他们理解得可能更深刻。因此安全教育需要情景式教学。

2011年11月16日　星期三

本学期的学生活动进入了高潮，先是新生才艺大赛，紧接着是各院系的元旦晚会，还有颁奖晚会。这学期学生的各种活动非常多，学生参加的积极性也非常高，但是很多社团活动就是只有一学期，下学期就销声匿迹了。到了大二学生就开始忙乎专业课了，然后大三学生就开始找工作了，对于这些也就没有什么兴趣了。学校的很多学生社团活动就是一学期的热乎劲，其他的时间活动少，这一情况固然有很多客观情况，但更多的是我们缺少更规范和科学的安排。

感悟：学生的学习和活动要有张有弛，学生能够锻炼能力，学校每学期也都充满生气和活力。

2011 年 11 月 17 日　星期四

今天学生刘某和另外一个系的男生因为谈恋爱的事发生争吵,但没有造成事态进一步的扩大。事情的起因就是女生提出分手,但是男生不愿意,所以那个男生总是打电话骚扰该女生,于是就发生了争吵。

感悟: 男女生之间的矛盾主要就是因为谈恋爱,这是大学生当前非常棘手的一个问题。如果学生没有树立正确的恋爱观,就会引发多种问题。因此,辅导员老师要开展相关讲座,给学生以正确的引导。

2011 年 11 月 18 日　星期五

本周五我很忙,但不得不去参加孩子的家长会。对于大学生来说,开个班级或者年级的家长会都是不可能的。除非学生在学校违反了纪律或者出现了其他情况,家长不得不来学校。实际上,大学生的家长也很愿意了解孩子在学校的情况,老师也想得到家长的帮助,但这种沟通往往很少。

感悟: 家长和学校需要建立一种更畅通、方便、快捷的沟通渠道,因为学生的教育更需要家庭的全方位帮助和协调。家校合作育人模式应该进行深入研究,大学更是如此。

2011 年 11 月 21 日　星期一

本周一主要的任务基本敲定以后,才发现每周都有很多任务,每周都有很多需要做的工作。这一周主要是文化墙的评比和学生安全大检查。学生安全问题非常重要,只有把学生的安全问题放在了第一位,学生才能有其他才能发展的可能。

感悟: 安全胜过一切,建立以安全为核心的教育教学体系非常重要。其中教师安全意识的教育培训应该得到进一步加强。

2011 年 11 月 22 日　星期二

今天晚上发生一起学生持器械伤人事件,幸好没有发生很大问题,但是后果很严重,性质恶劣,没有发生重大案件也是不幸的万幸了。

感悟: 学生的安全教育应该怎样进行? 要进行认真整体的考虑。对于学生各种问题的排查是预防学生出现极端事件的重要手段,也是落实安全教育的一种重要方式。

2011 年 11 月 23 日　星期三

学生安全事故的发生肯定有很多因素,一方面是客观因素,也就是学生本身性格、家庭教育等因素;另一方面是主观因素,也就是学生管理因素。从这件事情来看,要对晚自习给予严之又严的管理,严格考勤,严肃纪律,尤其是必须要严肃处理违纪的学生,这样才能教育全体,起到真正的教育作用。

感悟: 对于违纪的学生不能"手软",更不能让他们为所欲为。否则,我们就很被动,出了问题我们还要承担责任。

2011 年 11 月 24 日　星期四

今天上午学校进行安全大检查,检查的主要内容是学校的各项安全措施,虽然检查的内容并不是很多,但是比较详细。

感悟: 安全非常重要,但学校师生的安全意识更重要。师生没有安全意识,安全防范工作不会有很大的进展。

2011 年 11 月 25 日　星期五

今天,出事的学生家长来学校了,总体上还是比较通情达理,也很有分寸和尺度。似乎对学生出现安全问题早有预感,看样子,在高中的时候家长也没少去学校。

感悟: 安全教育时刻不能放松,不能单就安全而抓安全,更重要的是要通过各种活动以及综合的办法让学生树立安全防范意识。学生的安全是学校的首要任务,没有了学生安全一切都无从谈起。

2011 年 11 月 28 日　星期一

今天学院科级干部会议的主题是讨论有关学生安全事件的责任问题。会议首先明确了本次事件的主要责任,再就是对责任人进行了相应的处理。但我提出了自己的意见,我认为对这次学生安全事件的起因分析得还不深入,不能盲目追究相关辅导员老师的责任。要分清学生安全问题是辅导员的管理责任还是学生本身的问题,在此基础上还要追问学院的整个管理体系是不是有问题,不能动不动就把责任推到辅导员身上。

感悟: 责任很重要,但管理是一个体系,应从整个体系寻找是哪个环节的漏洞。学生本身的问题是管理体系中很难控制的一个重要因素。但不管怎样还是要从这次这事件中吸取各种教训,要立刻采取措施,没有相应的改正措施比追究责任更可怕。

2011 年 11 月 29 日　星期二

今天双方家长来讨论和协商学生受伤事情的赔偿问题,整个一下午都在讨论和协商这个问题。需要记住的是整个处理过程:一是理解受害方的心情,听取受害方的陈述和具体要求,根据受害方对学校提出的要求,能够答应的应该给予立即反馈,不能立即答应的可以事后向领导汇报请示;二是对于对肇事方提出的要求,只做笔录,不参与任何意见的反馈;三是向肇事方反馈意见,听取肇事方的要求反馈;四是再与受害方进行沟通和交流,尽可能地达到事情的合理解决。经过协商,此次学生事件完满解决。

感悟:如何处理学生类似事情需要方法和手段,更需要智慧。

2011 年 11 月 30 日　星期三

刚处理完学生打架事件,紧接着又要处理鲁台班学生的群体事件。这实际上是一件非常难以处理的事件,因为很多学生都牵扯进去了。在这种情况下,只有处理那些挑头的学生,这个处理的过程可能更艰难些。

感悟:学生的群体事件,需要认真仔细地了解情况,不能听取片面之词。

2011 年 12 月 1 日　星期四

学生群体事件的处理进入了最艰难的阶段。终于通过学生匿名投票、个别谈话及问卷调研等一系列的程序,全面了解了学生群体事件的基本情况,事态也得到基本控制。

感悟:学生事件的处理需要技巧和合理的方式,需要不断地在实践中摸索和探讨,但这样的实践还是少一些为好。

2011 年 12 月 2 日　星期五

鲁台班的学生得到基本控制后,学工部又开始进行了相关调查,非要处理这些学生不可,可是他们根本没有了解基本事实,就要用行政命令来处理所有学生。学生肇事者不进行相应处理,而处理这些关系不大的学生会显得非常不合理,因此处理学生的群体事件,需要谨慎行事。最近社会上的几起社会治安处理事件也充分说明了这一点,要谨慎对待群体事件,要分清事件的原因和后果以及主次矛盾。

感悟:学生的群体事件不同于普通的社会群体事件,因为家长非常关注学生的处分,如果处理不好会引起很多连锁反应。

2011 年 12 月 5 日　星期一

每周一的事情都很多,除了开会以外,很多事情要立刻布置、马上落实。一件事情干不完,就会影响另一件事情。

感悟:周一综合症从何而来,可能是长期形成的人们对周一很多工作的恐惧吧。

2011 年 12 月 6 日　星期二

今天的主要任务是学生测评,学生测评成绩关系到教师的考评、职称晋升等一系列的事情,因此每位教师也格外关注,同学们也很重视。但在教师考评的过程中,只靠学生的测评去评价教师也很难说公平。

感悟：教师的评价涉及方方面面，很多内容都能体现教师的工作水平，但只靠学生的打分去评价教师可能有点偏颇了，这样的评价不知什么时候能改。

2011 年 12 月 7 日 星期三

天气渐冷，很多学生都不愿意起床，也不愿意参加各种室外体育活动。临近元旦，各系的元旦晚会也开始逐渐登场，新生们每年这个时候都盼望着这个元旦晚会，更多的是因为很多学生想展示一下自己的才能，激发起自己的信心和热情。

感悟：学生的舞台必须由学生来主演，把学生推向前台的目的就是让学生展示自己的才能和能力。只有这样，学生的能力和潜力才能得到充分的发挥和展示。

2011 年 12 月 8 日 星期四

今天晚上学生会学习部召开了学风建设演讲比赛，从选手的准备来看，还是用心了，但从选手的演讲水平来看，差距还是很大的。比赛中，学生从不同的角度来阐释了学风建设的重要意义。我应学生的邀请谈了自己对学风建设的观点：一是要有学习如何做人的风气。做人是做事和学习知识的根本，没有很好的学习做人的风气就失去了学习做事和学习知识的根本环境。因此，要学习做人，形成一种互敬互爱、诚实守信、遵守最基本职业道德的风气。二是要有学习如何做事的风气。现在很多学生都胸怀大志，但是不愿意做小事，眼高手低。因此，有必要在学院形成一种"做小事、把小事做好、把小事做精"的风气和氛围。三是要有学习知识的风气。学习知识就要把眼前最基本的知识学到手，我们没有改变环境的本领，那我们就要把我们现在的知识学扎实、学好。如果我们连我们的专业课都学不好，将来就失去了很多的发展机会。"既来之，则安之，安而后能定，定而后能静，静而后能虑，虑然后有所得。"因此不管你喜欢不喜欢这个专业，都要努力把它学好。

感悟：一所学校应该狠抓学风、教风和校风，这是一个漫长的过程，只有常抓不懈，才能形成一所学校特有的文化。

2011 年 12 月 9 日 星期五

今天学校召开了创业就业指导委员会会议，我还是其中的一名成员，学校既然给了我这样一个职位，我想就必须拿出点什么东西值得别人去信任，也让别人有所收获。所以我深感压力巨大，因为这项工作并没有什么经验可以借鉴，许多工作还需要去不断地摸索和创新，其难度可想而知。可以说，从今天开始必须有所行动才行，因为两周以后，就必须写出点东西来给大家看。

感悟：这一项工作对于我来说是一项非常难的工作，如何把创业就业教育与学生管理有机结合起来是我面临的一项新课题。

2011年12月12日　星期一

本周的重要工作就是元旦晚会,虽然前期做了一些准备工作,但还不充分。从节目质量来看,还有很大距离,从节目的内容和时间来看还达不到要求。因此必须抓紧时间排练。另一方面就是要做好活动过程的组织管理,如果管理不到位,一定会出现很多麻烦,到时候就不可收拾了。

感悟:学生的每次活动都需要认真提炼和总结。通过每次活动形成一定的流程,这个流程对下一次活动起重要的指导作用。而学生缺少这种总结提炼能力,所以每次活动都要重新开始。

2011年12月13日　星期二

本周二下午,学校召开了人才培养方案评估动员大会。在大会上,学校领导重点强调学校人才培养的重要意义和如何培养学生成才。

感悟:学校最重要、最核心的工作就是人才培养,没有好的人才培养方案,就没有好的实施措施。学生管理也要像专业课程一样有自己的培养方案才行。

2011年12月14日　星期三

每天都有很多乱七八糟的小事。人生的宝贵时间也就在这里一点一点地消失殆尽,却没有什么深入思考,而学生管理就是一些琐碎的小事。因此,我们应该对此进行分析和认真反思,究竟是效率问题还是管理问题,还是什么别的问题。

感悟:管理程序很重要,没有好的管理程序就不会有高的效率,就不会有好的结果。我们应该通过发现隐藏在琐碎事情背后的管理问题,有针对性地提出相应的解决措施才行。

2011年12月15日　星期四

学生的早操问题,特别是大二学生的早操问题很长时间都没有解决。怎样才能解决学生的早操问题呢? 没有严格的管理制度是不行的。因此学生管理很多方面在于严,在于严格落实,没有严格落实就等于零。

感悟:学生的早操管理需要认真研究了,特别是需要从各个方面研究大二学生早操质量问题,没有很好的研究肯定不会找出其中的真正问题。

2011 年 12 月 16 日　星期五

昨天发生了一起学生交通事故,这次事故虽然没有造成很大的伤害,但是足以让很多学生和老师引以为戒。天天开展交通安全教育活动,还是没有深入学生的内心深处,一方面有教育方式的问题,另一方面学生自己也要反思,辅导员老师也要认真反思。

感悟: 一个事件的背后究竟有什么样的问题,不把这个问题理清楚,出问题是迟早的事。

2011 年 12 月 19 日　星期一

今天上午学工部开了个会,主要是通报了学生管理各方面的事情以及最近的主要工作安排。从最近的主要工作来看,学生管理中存在的很多安全隐患需要认真排查和整改,对于那些严重违反学校纪律的学生绝不能姑息迁就。

感悟: 学生管理需要两手都要抓,两手都要硬,严格管理是必须的,而且要落实,不能心慈手软。

2011 年 12 月 20 日　星期二

本周二的主要工作是学生的安全工作。学院书记再次强调了学生安全的重要性,提出要深入学生中间,深入学生的生活中间。可以说,有些学生并不是像我们想象得那样难管,关键是如何抓住学生的心理和软肋,以心攻心,让学生服气。

感悟: 学生是有思想的人,需要认真梳理学生的思想,让学生想通,而且愿意去按照你的要求去做。

2011 年 12 月 21 日　星期三

昨天的元旦晚会还不错。从整体节目来看,学生真是下功夫了,很多节目经过反复地推敲和训练,现场发挥得也不错,这说明学生是真用功了。

感悟: 学生需要舞台,只要给学生舞台,学生就会用百倍的努力去实现。

2011 年 12 月 22 日　星期四

最近红苹果创业团队要组织一次大型展销会。创业团队已经做了大量的准备工作,学生的设计、构思以及方案还是相当不错的。从这次销售收入来看,学生的本事也不小。

感悟: 学生的能力需要不断地训练,不断地强化和指导,只要指导到位,学生就会有很大的进步。

2011 年 12 月 23 日　星期五

明天就是圣诞节前夜了,很多商家、学生都开始有自己的新打算。对于学校而言,保证学生的安全是重中之重,没有了安全也就没有了一切。安全问题很多人把它看得太简单,实质上,安全问题就是一个人的自身素质问题,没有了安全素质也就没有了其他素质,因此学校应加强学生的安全素质教育,提升学生的安全教育能力,这样才能把安全问题解决在萌芽之中。

感悟: 学生的安全问题实质上就是学生的能力问题和素质问题,不把学生的安全意识教育放在重要的位置上,学生安全问题就不可能有根本的改变。

2011 年 12 月 26 日　星期一

明天学生的红苹果创业团队要搞一个齐鲁特产文化艺术节开幕式,所有的准备工作已经准备就绪。在此之前,我给学生做了一次创业讲座,主要包括四方面内容,一是为什么开展创业教育? 二是怎样开展创业教育? 三是面对创业教育我们应该怎么做? 四是在创业教育中我们能获得什么?

感悟: 通过讲座,同学们都深刻了解了创业的重要性以及创业的好处,激起了在场同学们的创业热情。但是要真正的创业成功还需要学生今后加倍的努力。创业绝非易事!

2011 年 12 月 27 日　星期二

今天,红苹果创业团队成功举办了齐鲁特产文化艺术节产品展销活动,此次活动经过精心准备和策划,可以说取得了比较完美的成功。但是从整个活动的组织和策划来看,还是有点小疏漏,就是在宣传名称上需要认真总结和思考。每次我们都需要认真对待每一个细小问题。

感悟: 此次的创业活动得到了学校领导的大力支持。通过创业教育能够提升学生的创业能力和创业素质,更能够提高学生的创业热情,能为学生将来找到一个很好的就业方向。学校开展创业教育还需要认真总结和思考,还有很长的路要走。

2011 年 12 月 28 日　星期三

今天晚上给学生开了今年最后一次创业会议。本次会议的主要内容就是布置寒假的工作,主要内容有以下几点:一是每个班根据具体情况成立创业小组,选出自己的组长和副组长;二是每班成立模拟公司,严格按照公司程序去办理;三是调研相关产品,撰写寒假实践报告。

感悟: 每当想创新做一件事的时候,一定会遇到不可想象的困难和阻力,这是一定的。这就需要认真的想办法、找思路、发现突破口。

2011年12月29日　星期四

今天又收到了学生黄铮的新年贺卡，几乎在每一年的这个时候，我都能收到该同学的问候。我当年没有太注意这位学生，也不知我的哪些话影响了该同学，我想学生记住老师一定是有原因的。老师让学生记住绝不是偶然的，需要老师付出很多很多。

感悟： 老师就是希望自己的学生们将来有所发展、有所成就。其实教师最重要的任务就是要教会学生能够在未来的社会中学会做人、学会生存。

2011年12月30　日星期五

今天是2011年结束的倒数第二天，回想起这一年的风风雨雨，很多往事早已不知踪影，有的早已在大脑里全部消失，留下的没有多少可以值得回忆的东西。这一年可以说是丰收的一年，也可以说是没有丰收的一年。这一年很多人都在忙碌中匆匆而过，很少对过去进行反思和思考。每个人似乎都以钱为中心开展所有工作，每个人似乎都以利益为纽带来编织自己的生活。人生活在一个以钱为核心，以利益为纽带的网格上，每个人都在编织自己的网格。可是又有多少人在自己的网格上领悟到人生的真谛呢？人的大脑一旦被物质利益所取代，那就是物质控制人，而不是人控制物质，这样的后果非常可怕。所以我们必须思考人的精神存在的价值和意义。

感悟： 我经常会思考生活的意义，但没有更准确的答案，我想应该在自己的内心深处。今年就到此结束了，我的感悟日记还在坚持着，这是我很大的一笔精神财富。

第25章　2012年：管理学生 感悟责任

2012年1月4日　星期三

今天是2012年上班的第一天，人生就在不知不觉中迎来了新的一年。很多事情还没有按时完成，很多愿望都没有实现。

感悟： 这一年我想应该是我人生有所改变的一年，要改变这些必须拥有智慧、运用智慧，有了智慧才能做好工作，特别是学生管理要发生根本的变化，但愿这些改变能够实现。

2012 年 1 月 5 日　星期四

安全问题一直是学校关注的焦点,任何单位和个人在这上面都不能有犯错误的机会。所以学校的安全教育必须常抓不懈,每个部门都需要认真总结和反思如何避免安全事件的发生。

感悟:实质上,安全是人的一种素质,也是教育必备的一种形式,但是所有的安全教育在学校都没有提到正式日程上来,安全教育还只是一种表面现象。

2012 年 1 月 6 日　星期五

这一周是考试周,一年一度的年终总结又开始了。上一年最大的收获是形成了自己的学生管理品牌和管理模式,并在实践中取得了很好的成效,而且在理论上也有所突破。

感悟:要把事情做好是非常重要的,要把做的事情说好,还要看自己的综合能力和文字水平,这一点也不容易。

2012 年 1 月 9 日　星期一

考试已经进入第二周。每年都反复讲作弊的危害,每年都有作弊的学生,学生总是存有侥幸心理。这样的事怎么才能避免呢?

感悟:只要有考试肯定会有作弊,但是作弊跟反腐倡廉一样,需要综合治理才能有效果。

2012 年 1 月 10 日　星期二

一年一度的考核已经结束了,很多工作已经接近尾声,今年每个人都很辛苦,都希望有所收获。但工作是自己干的,别人怎么评价还是另一回事。

感悟:年年岁岁花相似,岁岁年年人不同。学生管理也是一样,年年岁岁事相似,岁岁年年生不同。学生管理费了那么大的劲,究竟有什么收获,只有学生最有发言权。

2012 年 1 月 11 日　星期三

学生已经顺利考完试回家了,整个学校空空荡荡,假期真的到了,一年就这样结束了,做了很多工作,但是很多时候是白做了,没有效果。

感悟:工作没有效果是学校没有评价出来,而不是真的没有效果,教育需要有一个过程,多少年后学生才有可能体会到老师的辛苦,这个时候很多工作就没有白做。

2012 年 2 月 19 日　星期一

今天新的一学期又开始了。每年开学都是做同样的事情,上课问题、出勤问题以及很多日常需要认真完成的事。这个学期与往年不同,本学期开学前一周,学校组织了大规模长时间的培训,这次培训,不同层次的教师有不同的内容和主题,还有不同的形式。特别是创业型大学的建设更应该值得认真深入思考。

感悟：很多年以前,国外已经在开始搞创业型大学的研究和实践了。学校应该认真结合中国的实际,深入研究有关创业型大学建设的内容和理论,其目的是尽量不要走更多的弯路。

2012 年 2 月 20 日　星期二

开学总是很紧张,不过再紧张也要认真地理清思路、认清方向。要思考一下去年的考评情况,找到问题,想出解决办法。要确定今年安全教育活动年的内容,培养学生的安全意识,提升学生的安全素质。还要制订好今年的工作计划,要落实好,取得实效。

感悟：要找到工作的重点、难点和突破点,深入思考工作中的各种点滴问题,坚持问题导向,做好规划,这是一年开学最重要的事。

2012 年 2 月 21 日　星期三

今天学校通报了我们没有按时打扫卫生区,其实我们打扫得很认真,卫生区也很干净。但学校检查的时候,我们没有在现场。我看学校的很多检查不是看结果,而是看样子。学生管理不能看样子,而要看实实在在的工作,否则会出问题的。

感悟：学生管理工作不能搞假把式,要踏下心来,不能做表面文章,要认真解决学生的问题。

2012 年 2 月 23 日　星期四

新学期开始,上学期的综合素质测评马上开始计算了。今年要把这项工作做得更加透明、更加具体、更加公正。如编制素质测评流程图,做好学生测评的宣传,编制好学生测评的程序和加减分原则,做好公布学生测评分数的时间安排以及公示程序等。

感悟：很多工作需要严格程序,有了严格程序就不会犯错误。

2012 年 2 月 24 日　星期五

开学两周来还没有怎么休息,总觉得这一周格外的长。今天上了两节课,学生表现还是不错,大学生也需要通过各种不同方式去积极引导他们学习。大学生的学习很重要,三年转瞬即逝,但有多少同学认识到这一点了呢?

感悟：课堂教学是育人的主阵地。不但要把课堂教学的专业知识传授到位,还要把学生的思想教育做到位,做到教书育人。教书容易,育人难啊!

2012 年 2 月 27 日　星期一

今年学生活动的主题之一是"安全教育活动年"。其中最主要的是提升学生安全防范意识和安全素质，从根本上解决学生安全教育问题。希望通过这一活动，可以把安全教育的好做法长期有效地开展下去。

感悟：安全教育工作不能停留在表面，更不能走形式、走过场，应该切实有效抓好。

2012 年 2 月 28 日　星期二

今年邀请班主任参与了省级优秀学生的投票，并听取他们的意见，总体来看，效果不错。今年既要考虑学生的学习情况，又要考虑学生为班级、为学院做的工作情况以及各班级的名额平衡问题，尽可能地照顾到每个班级。

感悟：只要是能公开的一定要公开，让大家都知道评选的过程和程序，参与人数越多，越不会出问题。学校所有关于学生的评选都必须公正，这对于学生今后社会生活的影响非常大。

2012 年 2 月 29 日　星期三

学校每周一次学生工作交流活动，可以说，每次交流活动都很好，学到了很多的东西，每个学院都有自己的很多很好的做法，值得我们去认真思考和探索。如其他学院活动的设计方案都很有创新性，这一点特别值得我们学习。

感悟：学生是真正的活动源泉，只有把学生的积极性充分调动起来，学生才有可能充分展示他们的才能，才有可能体现出更多的创造力。

2012 年 3 月 1 日　星期四

最近学生工作都很正常，一方面是因为加强了管理，另一方面是因为所有的辅导员老师都能按时按质按量完成任务。由此可以看出，很多工作不是自己拼命就能完成的，只有团结协作，才能最后完成相应的工作。这样自己也很省力，事情做得也很完美。

感悟：工作需要技巧，更需要方法，一味的蛮干什么也做不成。

2012 年 3 月 2 日　星期五

今年是纪念学雷锋活动 50 周年，全国又开始了学雷锋的热潮。我记得小时候开始学，高中的时候学，现在还在学。人们开始学习雷锋，但是应该怎么样学雷锋，学什么，为什么要学，这些都是必须深入思考的，并且要给现在的学生讲清楚。

感悟：这些年来很多人就一直学雷锋做好事，可以说学雷锋活动从没有间断过，只是形式变了,雷锋精神还在继续延续。

2012 年 3 月 5 日　星期一

今天是学雷锋活动日,很多媒体开始进行大幅度的宣传,学院也开始认真进行研究和探讨如何搞好学雷锋活动。

感悟：学雷锋学了 50 年,但是搞活动就像过节日一样,不是什么好现象。要让学雷锋活动走进日常生活,长期坚持,把雷锋精神传给当代的大学生们。

2012 年 3 月 6 日　星期二

今天学校召开的学生管理布置会还是像往常一样,没有什么新意。布置任务关键在落实,关键在检查反馈,而我们缺少的就是这些。

感悟：工作是一分部署九分落实,学生管理尤其如此。

2012 年 3 月 7 日　星期三

团结就是力量,一旦失去了团结,很多工作都会陷入僵局。学生工作也该换一换思路了,有了思路才有出路,这也要靠集体的力量。

感悟：思路决定出路,态度决定未来。

2012 年 3 月 8 日　星期四

最近的工作实在是太忙,忙得不可开交,但是最重要的工作要把握住,没有抓住重点,肯定什么也干不成。

感悟：没有重点就不会有突破,有了突破才能有所成。

2012 年 3 月 9 日　星期五

春天就马上到了,万物复苏,一切都是欣欣向荣的样子。学生们也开始动起来了,因此校园里的学生多了,运动的也多了,但是似乎校园的体育设施少了一些。

感悟：要让学生在运动中成长,在运动中感受团结、友谊和快乐,因此多开展一些体育活动还是必要的。

2012 年 3 月 12 日　星期一

运动会马上临近了,所以很多学生和运动员又开始忙乎运动会的相关事情了,运动员开始训练,学生开始组织方队等各项事宜,学生们都盼望着召开运动会,运动会是展示学生体育才华的好时机。

感悟：什么东西一定要形成习惯,有了习惯也就有了很好的发展前景,因为已经形成了较为稳定的优势。

2012 年 3 月 26 日　星期一

已经两周没有写什么东西了,因为去年考博没有成功,今年又用整整两周的时间来准备这次考试。可以说,用了很大的劲,但是未必有很好的效果。考博与考研有明显的不同,考博更重要的是科研能力,没有科研能力很难取得成功。

感悟：考博需要一定的毅力和技巧,但是科研能力需要长期不懈的坚持和历练。

2012 年 3 月 27 日　星期二

今天下午听了学校政治老师讲关于社会主义核心价值观的相关讲座,讲得相当不错。从内容上看,讲得很透彻、很细致,学生反响很好。今后的重点是应该如何在学生教育中落实。

感悟：学校必要的培训活动是很需要的,但关键是落实。

2012 年 3 月 28 日　星期三

马上就要到清明节了,围绕清明节的主题还要扎扎实实搞一些活动。学生会准备搞一个怀古颂今的诗词朗诵会,如清明经典诗歌朗诵会。通过这个活动来激发学生们的爱国热情和热爱学习的精神。

感悟：学生的所有活动都需要认真总结规划,有了指导思想才能找到解决的路径。

2012 年 3 月 29 日　星期四

今天上午很多学生都开始准备回家,有很多学生请假,也不知为什么学生这么爱回家。当然这是好事,但是学生的功课就不重要了吗?

感悟：学生的请假情况需要个别对待,但是有很多学生请假就不是正常现象。

2012 年 3 月 30 日　星期五

本周的主要活动就是纪念清明节,很多学院和学校开始举办各种活动。开展这种活动有利于激发学生的爱国热情,又能够激发学生斗志。

感悟：活动要有长期性和持久性才能最终有效果。

2012 年 3 月 31 日　星期六

今天举行的怀古颂今——清明诗歌朗诵会圆满结束,各班级也非常重视,学生积极性很高,通过活动也发现了不少人才。

感悟：每当重要节点,开展各种活动是必要的,用活动引领学生的思想是非常有效的办法。

2012年4月5日　星期四

清明节刚过,因为调休又要马上休息,学生们也开始休息两天,老师们自然也很轻松。

感悟：学生们有懒惰的时候,老师也有。那放松的时候,学生应该怎样丰富自己呢？辅导员老师可能并不了解学生放松时候的活动。

2012年5月2日　星期三

从4月5号到5月2号,近一个月没有进行总结和认真反思了,原因有以下几点：一是学校派我出去学习,总共两周,每天都很紧张,听报告、研讨,期间又去延安大学和西安交大学习交流,所以这期间没有一点时间来做学习记录；二是4月20号山东大学通知我参加博士面试,这是我一生当中最幸福的时刻,更要全力以赴准备面试工作。4月26日是我面试的日子,可以说经过两年的艰苦努力,我的博士梦终于实现了,也实现了很多人的梦想。所以我应该记住这一天,记住这个吉祥的日子。

感悟：不怕做不到,就怕想不到,只要能够想到,通过努力长期坚持就会做到。

2012年5月3日　星期四

最近大二的早操不是很好,很多学生不想跑早操。原因很多,如春天风大,夏天热,秋天寒,冬天冷,反正是一年四季都不想跑操。可以想象,很多学生都不愿意跑操的基本原因是因为懒惰,习惯不好。

感悟：人的懒惰性是天生的,天生就勤奋的很少,很多成功人士都是逼出来的。

2012年5月4日　星期五

今天是五四青年节,学院特地组织学生观看了感动中国人物颁奖仪式,同学们看得很仔细、也很认真,有的学生感触也很深。因此,如何运用正确的教育方式非常重要,应该寻找目前大学生能够切身体验和感受的东西来进行教育。应该寻找像感动中国这样的典型人物来进行社会主义核心价值观教育。

感悟：目前,空洞的说教不能完全让学生信服,只有事实能让学生真实地感受到,才能深刻地教育学生。

2012 年 5 月 7 日　星期一

今天在学工部开了一上午的会,会议的内容基本都差不多,年年如此,就是布置工作,最常用的词就是反复强调如何做。其实如果把学工部十年前到现在的会议记录全部总结一下,使用最多的词汇恐怕就是"再强调几点"。

感悟:不是重要的事情,就不要开会反复强调,只需要提纲挈领地把任务布置下去,让下面的人知道该干什么、怎么干就可以了。

2012 年 5 月 8 日　星期二

学校的各项会议非常多。学校各部门的会议、二级学院的会议,再加上学生的会议,全校每周的会议都排得满满的,似乎没有会议就干不成工作。

感悟:很多会议都是在布置任务,真正有效的会议不多,应该采取更为有效的办法来解决工作布置问题,这样就能够解决会议繁多的问题,这样的办法一定能够找到。

2012 年 5 月 9 日　星期三

这个月又是一个非常忙碌的月份,因为学校要举行第五届文化艺术节,必须安排很多活动,这些活动必须按时参加,而且还要求拿奖。

感悟:文化艺术节应该统一安排几个项目,特别是参赛项目不要过多,应该有目的地去培养和挖掘,做成一个品牌栏目。

2012 年 5 月 10 日　星期四

最近学生很浮躁,一方面跟学生的日常行为习惯有关,另一方面跟天气有关。所以应该根据天气变化做好相应的准备工作,做好学生的思想教育工作。

感悟:学生工作的预判性很重要,没有相应的预判性,很多工作就很被动,特别是学生的思想政治教育工作。

2012 年 5 月 13 日　星期五

今天是周五,但是没有一点放松的感觉。因为最近要进行学校评估工作,还有学生资助工作。学生资助工作也有很多内容要检查,也需要认真准备。

感悟:评估是重要的,但是不顾事实,一味地扩大评估内容,造虚假材料就没有任何必要。

2012 年 5 月 14 日　星期一

目前,学生谈恋爱的现象呈上升趋势。学生谈恋爱的盲目性非常强,很多学生还没有来得及想清楚就坠入了爱的漩涡,很多学生就此沉迷和沦落。因此,学生的恋爱观教育应该引起全体辅导员和老师的高度关注。

感悟: 大学生谈恋爱之风盛行,有很多方面的原因。如社会的原因、家庭的原因、网络的原因以及其他管理因素,但最重要的原因在于学生自己对自我的认识和把握还不足。

2012 年 5 月 15 日　星期二

在最近开的学生座谈会中,学生既没有可以反映的问题,也没有相应的事情去讨论,只反映各项工作很好。这就足以说明,学生的思想观念和问题意识还很欠缺,学生还没有什么目标和计划,对于自己的将来也没有认真思考和谋划。

感悟: 对于学生的思想工作要认真寻找突破口、寻找问题的症结、找准关键因素才能从根本上解决学生的问题。

2012 年 5 月 16 日　星期三

最近有学生因情感问题,或者是心情不好,或者是由于各种原因导致心理不舒服请假回家的。对于这类事情要高度关注、格外关心,最重要的是做好相应的预防工作。这类事情的处理步骤如下:一是辅导员和班主任要了解学生心情不好的原因,并与学生进行深入的沟通和交流;二是必须和家长进行沟通并说明回家的原因,告诉家长关注孩子的行程,孩子到家时务必通知辅导员;三是学生到家后,辅导员要进行确认;四是辅导员要对学生所在宿舍和班级人员进行了解和摸底,调查该同学最近的情况;五是该学生在返校之前必须经家长同意,证明该同学情绪基本稳定后方可返校;六是以上都要有相应的记录(录音或者谈话记录);七是要把学生最近的异常表现通知家长,让家长做好相应的教育工作;八是要做好相应的跟踪、调查和反馈工作。目前我院有两名这样的同学,要让辅导员老师按以上程序做好工作。

感悟: 学生工作比较复杂,特别是学生的心理问题更是如此。因此要耐心和细致地做好工作,尤其做好预防工作是必不可少的一步。

2012 年 5 月 17 日　星期四

从本周起,艺术节的活动就要开始报名了,有的学生很积极,有的学生根本不闻不问,害怕耽误学习,而有的学生则认为参加的活动过多,不愿意参加了。大学生参加各种活动是很重要的,活动的开展需要学生的能力、热情,但组织者也要考虑活动的效度和可靠度。

感悟: 对于学校组织者来说,不但要设计好学生活动的内容,还要考虑学生参加活动的意愿和时间,太多的活动反而让学生很烦。

2012 年 5 月 18 日　星期五

最近我带领着我的学生爬了一次山,让学生走出宿舍、走进校园,欣赏大学校园的美好景色,活动受到学生的欢迎。同学们玩的也很开心,效果还不错。

感悟: 大学生还没有完全成长起来,特别是学生的认识问题和判断问题的能力还很欠缺,因此针对大学生的教育应该多开展融入社会生活的活动,学生更喜欢这样的活动。

2012 年 5 月 21 日　星期一

今天,我给学生做了一次讲座。从"问题的提出——趋势、要求和差距""自身修养——大学生成长、成才的基础""提高自身修养的途径"三个方面与同学们进行了交流。特别是提出的"站有站相、坐有坐姿、话有分寸、行有规范、心正而善、自强不息"的学生素养标准,受到学生一致赞同。

感悟: 学生的讲座还是很有必要的,只要符合学生的胃口,符合学生的需求,学生还是很愿意听的。

2012 年 5 月 22 日　星期二

每周二的下午都有很多活动,所以一到周二下午就非常忙。尤其是大一学生每周二下午都很忙。本来学生想自己通过活动来消遣一下,可是没有自己的时间。

感悟: 学生活动的时间应该留给学生,学生也应该充分利用这一时间不断地提高自己的能力和综合素质。

2012 年 5 月 23 日　星期三

这几天忙着学校创业大赛的事,学校创业大赛是我院承办的重要活动,这次学生的创业大赛得到了很多学院的大力支持,准备较充分,一切工作都已准备就绪。

感悟: 学生的活动需要及时发现、及时点拨,这样在最后的时候才不至于出现偏差,否则的话,总是会出现这样或者那样的错误。

2012 年 5 月 24 日　星期四

今晚的未来企业家模拟公司设计大赛成功举行,总体来看,整个比赛具备一定的技术含量和专业技巧,还是很不错的。

感悟: 学生的创造力很强,要培养学生的创造力,需要给学生提供一定的平台,这是

非常重要的。只要有了媒介和平台，同学们就有发挥的空间。

2012年5月25日　星期五

今天去淄博招生，我感觉不是很乐观，效果不怎么样。学生总共就这么些，各中学也很傲气、还摆一些架子，根本不理我们。因此要大力提升办学质量，让学生家长主动找我们，这才是提升招生效果最好的办法。

感悟：学校招生宣传很重要，特别是要发动学生做好中学的招生宣传。但如果学校本身教学质量不高的话，学生也不愿意宣传自己的学校。因此提高学校各项工作的管理水平，提升人才培养质量，赢得社会声誉，这是招生最好的策略，但这绝非易事！

2012年5月28日　星期一

昨天晚上举行了一场"青春励志"晚会，效果不错，特别是感动中国人物的事迹感动了每一位学生，学生的纪律都非常好，学生的节目也很出色。

感悟：学生活动需要用多种形式去触动学生的心灵，让学生的思想发生变化，让学生的心灵产生共鸣，这样的活动要比单独欣赏节目更有价值。

2012年5月29日　星期二

最近自己都没有时间来读书和写作，心理很着急。对于辅导员来说，读书和写作显得很重要，更要重视学生读书的习惯。但现在的学生读书很少，教室里很难找到学生在认真读书，越来越多的学生喜欢文化快餐。这不光是学生的事，也有教师的责任。

感悟：学校与社会应该是同步的，但是目前的教育似乎引领不了社会，而是社会的氛围影响了学校。在现在社会，知识改变命运是永恒的真理，而教育改变社会的说法似乎离我们越来越远。教育应该承担怎样的责任，不光教育者要反思，整个社会和教育部门的管理者都要反思。

2012年5月30日　星期三

今天，全体辅导员去山东旅游职业学院外语系参观学习，通过学习，感触最深的就是他们辅导员的敬业精神，每位辅导员都有强烈的敬业精神和责任感。另外，他们学校学生工作的提前预警机制也十分完整，管理制度也很完善。这一点很值得学习。

感悟：学生的管理，特别是目前的当代大学生管理，在很大程度上需要全体教师的共同努力，特别是辅导员的责任心和敬业精神格外重要。

2012 年 5 月 31 日　星期四

明天就是六一了,每年我校都和潘河崖小学进行六一联欢活动,今年也是如此。潘河崖小学的条件的确非常差,很多学生到了以后感触很深,近几年并没有很大的变化,很大程度上是因为学校师资水平不行。

感悟:农村基础教育很重要。要提高农村教育质量必须提高农村的师资水平,特别是学校校长的水平,国家应该高度重视农村学校校长的选拔和培养。

2012 年 6 月 4 日　星期一

本周弄了周工作安排表,把相应的工作任务、内容、完成时间、完成质量及具体要求都列出来,一是听会的人很清晰,不用再记笔记,开会的人也节省了时间,只需要重点解释和说明就行了。二是工作也不可能有遗漏,而且可以作为下周工作完成情况的检查表格。用了这种形式,开会效果非常好。

感悟:工作需要不断地创新和想办法,根据不同问题及时纠正就是个小小的创新。

2012 年 6 月 5 日　星期二

在学生测评中,本科班的学生测评表现很差,大部分同学不按时参加学生测评,导致耽误了整个学院的进度。经过调查发现,这个班的班风存在很大问题。首先我与辅导员一起召开了班委的座谈会,与每个班委进行谈话;其次召开学生座谈会,进一步了解班级的实际情况,从会上可以看出,很多同学对班委的表现都很不满意;第三改选班委,基于目前班级的实际情况和学生的反映材料,与辅导员协商讨论决定对班委进行改选。改选过程中征求了全班的同学意见,选出了新的班委,学生表示基本满意。

感悟:班级表现不好,很大程度上取决于班委的领导力,如果班委的领导力不行,整个班委矛盾比较多,这样的话,班级就不会有很好的风气。

2012 年 6 月 6 日　星期三

学生的思想教育和德育教育究竟怎样协调、怎样开展,一直是困扰我的很重要的话题,一直也没有思路去研究。我觉得应该采取一定的方式把两者很好地融合在一起,在这方面应该进行深入的实践探索。

感悟:大学生的思想教育很重要,但是大学生的德育教育也很重要。一定想办法把两者进行有机的融合,这需要我们在理论上进行研究,然后在时间上进行探索。

2012年6月7日　星期四

今天看了网易公开课《管理心理学》，感触最深的就是管理的道与术。在学生管理方面，我还要进一步提升管理水平，这需要自己在管理方面的进一步修炼，修炼成具有自己特色的管理之道和管理之术。

感悟： 学生管理不但要管理学生的心，也要让学生了解你的心。

2012年6月8日　星期五

最近，听了祝小宁老师的管理心理学课程，深受启发。一是老师讲得条理非常清楚，简单易懂；二是老师的知识非常丰富，内容熟练，讲课随心所欲；三是老师的口才非常好，讲课引人入胜，犹如一首歌，高潮迭起，给人一种享受的感觉。

感悟： 所有的思想都来自对知识的学习和理解以及融会贯通。因此，应该尽量把管理学、教育学以及思想政治学有机结合起来，形成自己的管理体系。

2012年6月11日　星期一

今天下午学校召开了课题组会议，主要是汇报课题的整个进展情况。我从两个方面进行了汇报：一是结合课题汇报了学生心理问题产生的原因。学生心理问题的产生主要有两大方面，一方面是学生天生的因素；另一方面是由矛盾引起的学生心理问题。这个矛盾主要体现在：学生与学生之间的矛盾；师生之间的矛盾；学业的矛盾；就业矛盾以及自己的内心感受和社会之间的差异矛盾所引起的学生心理的变动，最后一点尤为重要。在学生与学生之间的矛盾中，男女矛盾尤为突出。其次是女学生之间的矛盾。再其次是男同学生之间的矛盾。矛盾多发地是宿舍；矛盾多发的年级是大一下学期。最后一点是学生心理问题产生的原因很大程度上在于学生的家庭教育和身世，因此研究学生的心理问题首先要从学生的家庭出身入手。汇报的第二方面是需要解决的措施，主要有三个方面：一是要更加强调全员育人的重要性。有些教师对全员育人的理解有偏差，认为就是组织一些开班会的活动。实则不然，其实更重要的责任在任课教师，任课教师要关注学生的行为变化、心理变化等活动，课堂是全员育人的主阵地。二是要改变工作方式。学生更关注的是教师的工作态度和对待他们的态度。三是要找到解决问题的渠道和途径，落实全员育人措施。

感悟： 汇报工作是一门艺术，该说的一定要说透，把做的事情都要有条不紊地说出来，让人听得有条理、有感触，这样的汇报才会能够起到提升自己的作用。

2012 年 6 月 19 日　星期二

最近,大学生的恋爱观受到许多教师的质疑,同时大学生的择业观也有很多教师不敢苟同。因此学生与教师产生了思想认识的偏差,这种偏差有时会加剧师生之间的认识隔阂。

感悟:当代大学生有他们自己的恋爱观和择业观,这是可以理解的。但这种观点是否正确还需要认真去引导,如何引导是辅导员需要重点研究的工作。

2012 年 6 月 20 日　星期三

澳大利亚的教师很快就要来我校进行英语培训。但学生的积极性不是很高,很多学生都不愿意参加学习。学生不愿意参加学习的原因很多,有社会因素、经济因素、家庭因素以及其他因素,但最重要的是学生没有学习兴趣,他们也根本不想出国。

感悟:中外合作课程最大的难点是双语教学,这对于英语基础不好的学生来说是非常痛苦的。要想提高学生的英语水平,光靠教师辅导也起不了多大作用,关键是靠正确的学习方法和自己的努力。

2012 年 6 月 21 日　星期四

这学期很快就要结束了,考试马上就要到了。图书馆和教室的人也多起来,但有些学生反而不那么紧张,他们似乎很有把握能通过期末考试。

感悟:大学生如果想通过老师的考试是非常容易的,没有什么特别的问题,基本都能够及格,但要想真正学点东西非要下大功夫不可,而我们的很多学生就是想拿个毕业证。

2012 年 6 月 25 日　星期一

今天是端午节假期后开学的第一天,又加上学生期末考试,有很多班级没有考试科目,所以很多学生都没有返校,而是在家复习。这些学生总是回家,也不知他们在家真的能够复习好功课吗?

感悟:目前,高职院校最大的问题就是没有发挥考试的真正作用。考试不是为了督促学生很好的学习,而是为了让学生及格拿个文凭,对于那些没有自觉性的同学来来说,努力学习也就没有什么意义了,学校优良的学风也就很难形成。

2012 年 6 月 26 日　星期二

本周学生考试,只要考试就有作弊的,有很多原因导致学生作弊。我在学生监考的时候可以发现,学生没有认真学习是作弊的根本原因。

感悟：加强学风建设是一项永恒的话题，需要运用系统的办法加强学风建设，其中加强考试的管理是最重要的一环。

2012 年 6 月 27 日　星期三

今天，2007级学生会主席王强回到学院做报告，这位学生从一开始就表现出了很强的组织能力和领导能力，所带的班级取得了非常不错的成绩。尽管入学成绩较低，但他很努力学习，学生会各方面工作做得也很好。经过近三年的努力，考取了英国的硕士研究生。这次回来各方面都很有长进。

感悟：人生的变化有时很快，有时却很慢，但教育的作用在人生的发展中迟早会显现出来。

2012 年 6 月 28 日　星期四

一年一度的毕业生工作马上要开始了。毕业生工作年年都如此，年年都干同样的事情，但是要想每年的毕业生工作都有新意就很难，还是要把最基本的工作做好。

感悟：创新要在原有的基础上提升新意，有难度但是也需要不断努力，前提是最基础的工作要做好。

2012 年 6 月 29 日　星期五

今天的主要工作就是开始筹备学生暑期社会实践，今年的暑期实践是去临沂学习和感悟沂蒙精神。所有的准备工作都是学生会赵志强一人策划的，可以说他做了大量的调查和联络工作。这项工作的顺利开展与他的工作密不可分。

感悟：辅导员老师的主要工作是教育引导，另一方面还要善于发现学生不同的才能，从而有针对性地教育、引导他们。

2012 年 7 月 2 日　星期一

今天召开了学生暑期实践会议，主要强调了安全问题，告诉他们要学会吃苦、学会观察、认真写好实践报告。要了解暑期社会实践报告的格式，只有认真撰写实践报告，才能提高自己的文字能力及综合素质。

感悟：暑期社会实践是一种很好的培养学生综合素养的形式，只要认真进行实践都会有很多的收获。

2012 年 7 月 3 日　星期二

最近很多学生不愿意参加澳方测试的学习。其中的重要原因是学生的学习基础差、学习方法不对等因素影响了他们的学习兴趣。教师们的教学方法和教学内容是不是也要考虑需要创新。学校是不是也要反思一下学风建设的问题。总之,高职院校的中外合作办学有很多方面需要深入研究。

感悟: 中外合作办学的课程教学是一件非常困难的事,学生也不好管理。学生不爱学习会加大学生的管理难度。可见中外合作办学的学生管理有多么难啊!

2012 年 9 月 4 日　星期二

新学期正式开始了,很多工作正按照计划有条不紊地进行,但是今年的事特别多,尤其是我正在攻读博士学位,还要看很多书。学生管理的工作任务也很多,遗憾的是今年的学生管理感悟记录也只能到此为止了,我当前的重要工作应该是按期把博士学位拿下来。

感悟: 当学生不容易,特别是当博士研究生更不容易,写日记的时间也没有了。但愿读完博士,重新开始写我的学生工作日记。

参考文献

一、经典文献

[1] 江泽民论有中国特色社会主义 [M]. 北京：中央文献出版社 2003 年版.

[2] 十七大报告辅导读本》[M]. 北京：人民出版社 2007 年版.

[3] 习近平谈治国理政 [M]. 北京：外文出版社 2014 年版.

[4] 习近平谈治国理政（第二卷）[M]. 北京：外文出版社 2017 年版.

[5] 十八大以来重要文献选编（上）[M]. 北京：中央文献出版社 2014 年版.

[6] 十八大以来重要文献选编（中）[M]. 北京：中央文献出版社 2016 年版.

二、学术著作

[1] 基特. 管理经济学：第 7 版 [M]. 王春香, 张志强, 译 .7 版 . 北京：中国人民大学出版社, 2015：23.

[2] 陈映芳. "青年" 与中国的社会变迁 [M]. 北京：社会科学文献出版社 .

[3] 弗雷德·库恩. 组织与管理 [M]. 北京：中国社会科学出版社 .

[4] 徐艳玲. 整合发展：当代中国发展新视角 [M]. 济南：济南出版社 .

[5] 李艳, 戴裕民, 曹英华. 改革开放 30 年共青团工作纪事 [M]. 北京：中国青年出版社 .

三、学术期刊

[1] 董海艳. 辅导员思想政治工作应以学生为本 [J]. 职业圈 2007（16）.

[2] 苏新赛. 论和谐社会视域中高校辅导员思想政治教育工作的方法 [J]. 法制与社会 2009（2）.

[3] 罗山鸿. 我国辅导员制度的发展历程及其特征分析 [J]. 世界教育信息, 2008（12）.

[4] 李泽楼. 高校辅导员专业化发展的轨迹和可行路径 [J]. 温州职业技术学院学报,

2010（12）.

[5] 朱平 . 高校辅导员的职业化、专业化解读 [J]. 安徽师范大学学报,2007（3）.

[6] 张志军 . 高职学生职业核心素养培育路径探究 [J]. 中国职业技术教育,2017（4）.

[7] 陈如栋,刘秋辰 . 当前高校教育领域涉生纠纷特点及解决机制研究 [J]. 教育教学论坛,2011（12）.

[8] 陈校 . 论高校群体性事件防范体系的构建 [J]. 中国青年研究,2010（2）.

[9] 杨雪冰 . 构筑化解高校与学生纠纷的完善机制 [J]. 郑州大学学报 (哲学社会科学版),2007（7）.

[10] 王秋荣,陈鸿海 . 高校涉校矛盾纠纷第三方调解机制探析 [J]. 继续教育研究,2011（4）.

[11] 金一超 . 论大学生与高校纠纷的治理对策 [J]. 现代教育论丛,2009（10）.

[12] 郭厚良 . 导师制的理论与实践 [J]. 高等建筑教育,2000（2）.

[13] 刘平国 . 高职院校建立综合导师制的实践与思考 [J]. 成功教育,2007（3）.

[14] 付杰 . 高职院校试行"综合导师制"的教育教学实践研究 [J]. 中国环境管理干部学院学报,2006（6）.

[15] 卢丽君 . 深化综合导师制建设培养塑造创新人才 [J]. 时代教育：教育教学版,2007（7）.

[16] 白雪峰 . 论"综合导师制"在大学生思想政治教育中的作用 [J]. 鞍山师范学院学报,2006（8）.

[17] 谢惠媛 ."90 后"大学生道德法律素质的调查与思考 [J]. 思想教育研究,2011（4）.

[18] 熊英,汪德平 . 青年大学生道德与法律信仰危机问题研究 [J]. 法制与社会,2011（7）.

[19] 段学新 . 浅析高职学生核心素养构建与高职课程教学改革 [J]. 职教研究,2016（8）.

[20]1996 年第三次全国职业教育工作会议 [J]. 职业技术教育,2006（9）.

[21]2002 年第四次全国职业教育工作会议 [J]. 职业技术教育,2006（9）.

[22]2004 年第四次全国职业教育工作会议 [J]. 职业技术教育,2006（9）.

[23] 魏芽芽 . 高职学生职业素养及其培育路径探究 [J]. 济南职业学院学报,2017（3）.

[24] 柳夕浪 . 从"素质"到"核心素养"——关于"培养什么样的人"的进一步追问 [J]. 教育科学研究,2014（03）.

[25] 张访问 . 高职学生核心素养内涵研究 [J]. 现代职业教育,2017（1）.

[26] 王艳辉 . 高职学生核心素养框架建构及培养路径 [J]. 职业技术教育,2017（4）.

[27] 段学新 . 基于学生核心素养,构建 360° 高职课程框架模式探 [J]. 课程教育研究,2017（1）.

[28] 强琛 . 高职院校生源状况分析 [J]. 石家庄职业技术学院学报,2016 年第 3 期 .

[29] 周蔷 . 高职院校的生源结构和特点 [J]. 太原城市职业技术学院学报,2004 年第 4 期 .

[30]1996 年第三次全国职业教育工作会议 [J]. 职业技术教育,2006（9）.

[31]2002 年第四次全国职业教育工作会议 [J]. 职业技术教育,2006（9）.

[32] 张健 . 深化产教融合、校企合作三题当代职业教育 [J].2019（1）.

[33] 张华 . 论核心素养的内涵 [J]. 全球教育展望,2016（4）.

四、报纸

[1] 吴潜涛 . 准确理解社会主义核心价值观的科学内涵 [N]. 人民日报,2007-2-12（07）.

[2] 关于进一步加强和改进大学生思想政治教育的意见 [N]. 中国教育报,2006-10-18（04）.

[3] 突出主题 坚定中国特色社会主义共同理想——三论全面准确理解社会主义核心价值观 [N]. 人民日报,2006-12-23（01）.

[4] 沈壮海 社会主义核心价值理念：在"感动"中成长 [N]. 光明日报,2011-02-21（07）.

[5] 高靓 . 高职教育已成高等教育半壁江山 [N]. 中国教育报,2016-06-29,第 11 版 .

[6] 叶雨婷 . 高职生源短缺"窟窿"为何 . 续扩大 [N] 中国青年报,2016-9-12,第 5 版 .

[7] 魏海洋 . 春季高考今年青岛报名人数 9498 人 如何考出"春天"[N]. 半岛都市报,2017-03-07,第 2 版 .

[8] 张军 . 坚持以社会主义核心价值观引领社会思潮 [N]. 人民日报,2007- 1- 19（09）.

[9] 郑晋鸣,韩灵丽 . 繁忙暑假折射高校教育缺失高教改革是硬道理 [N]. 光明日报,2010-08-04（4）.

五、网站

[1]《国务院关于加快发展现代职业教育的决定》[EB/OL] . http://www.zjchina.org/mms/shtml/216/news/1481.shtml2014-06-23/2017-10-10.

[2]《教育部关于全面深化课程改革落实立德树人根本任务的意见》[EB/OL]. http://www.moe.edu.cn/srcsite/A26/s7054/201404/t20140408_167226.html.

[3] 国务院办公厅《关于深化产教融合的若干意见》国办发〔2017〕95 号 [EB/OL].（2017-12-19）[2020-3-12].http://www.gov.cn/zhengce/content/.

[4] 国务院关于印发《国家职业教育改革实施方案》的通知 [EB/OL].（2019-2-13）[2020-3-12]. http://www.moe.gov.cn/jyb_xxgk/.

[5] 教育部等六部门关于印发《职业学校校企合作促进办法》的通知 [EB/OL].

（2018-2-12）[2020-2-13].http://www.moe.gov.cn/srcsite/A07/s7055/201802/t20180214_327467.html.

[6] 国务院《关于印发国家职业教育改革实施方案的通知》（国发〔2019〕4号）[EB/OL].www.gov.cn/zhengce/content/2019-02/13/content_5365341.htm.

[7] 教育部等六部门印发《职业院校校企合作促进办法》[EB/OL]. [2019-1-25] http://www.moe.edu.cn/srcsite/A07/s7055/201802/t20180214_327467.html.

[8]《国务院关于加快发展现代职业教育的决定》

[EB/OL].http://www.zjchina.org/mms/shtml/216/news/1481.shtml，014-06-23/2017-10-10.

[9] 国务院办公厅《关于深化产教融合的若干意见》（国办发〔2017〕95号）[EB/OL].http://www.gov.cn/zhengce/content/2017-12/19/content_5248564.htm.

[10] 中共中央、国务院《关于加强和改进新形势下高校思想政治工作的意见》[EB/OL].http://www.xinhuanet.com//2017-02/27/c_1120538762.htm.

后　记

　　经过近三个月的整理，我的新书《高职学生管理：理论研究、模式构建与实践感悟》终于要付梓了。

　　这本书的完成首先要感谢我的妻子这十三年来无论在课题立项、论文撰写还是在学生管理等各方面给予的帮助和支持。因此，这本书很大一部分有她付出的艰辛和努力！感谢我的父母、兄弟及孩子的大力支持和鼓励，他们给了我无限的精神力量！

　　这本书让我回想起这些年申报课题的艰辛和快乐。每当申报完课题时，我就处于一种希望之中，希望课题能够顺利通过立项，但很多课题都是让自己在希望的等待中失望了，成功立项的只是自己撰写的一小部分课题。但不管怎么样，自己基本实现了年年有课题立项或者有结题的目标，更难忘的是，很多次课题申报的失败让我积累了经验，储备了下一次成功的力量。

　　这本书让我回想起这些年探索学生管理模式的艰辛，很多模式要经过实践探索、理论总结、实践验证等很多环节才能确立，特别是要经过理论的凝练和提升，才能使得管理模式具有普遍的参考意义。欣慰的是，这些年从事学生管理留下的辛苦凝聚成了辅导员可以参考和可以借鉴的模式，这也是自己对学生管理最大的贡献吧。

　　这本书让我回想起很多与学生相处的难忘瞬间，查宿舍、查早操、查晚自习、开班会以及和学生一起开展各种各样的活动，这其中有快乐、有烦恼，甚至有不可名状的愤怒，就是这些与学生相处的日常琐事，却深深地印在了学生的记忆里，也教会了他们如何学习、如何面对未来的生活，以至于现在他们和我交流的仍是这些琐事。我把这些琐事记在日记里，记录着我的工作足迹和思想变迁，也给了我把这份工作做好的动力。现在看到自己的日记，与学生的成才相对比，我的学生管理日记也彰显了其内在的力量。

　　这本书的出版得到了山东商业职业技术学院出版基金的资助，在此表示深深的谢意！学校的大力支持依然是我不断前进的动力！

　　在整个书稿校验的过程中，得到了我的辅导员李庆锋、倪嘉、刘娜、苏蕤、陈鹏、侯现强、张超、刘甲、田静、崔恩慧、孙丽文、亓越、李丽、袁红艳的大力支持，在此一并表示感谢！

在我担任辅导员期间,感谢学校领导和学院领导给予的大力支持和无私帮助,使我从一名普通辅导员成长为二级学院的党总支书记和山东省辅导员名师,这些年的辅导员工作让我内心了充满了幸福、快乐和奋斗的力量!

这本书是自己从事学生管理工作所付出辛勤汗水的真情记录,也可以作为自己从事学生管理工作一种情感的美好回忆!

希望这本书的出版能够为辅导员的职业发展、业务提升、走专家化的道路提供参考和借鉴,由于水平有限,敬请各位同仁提出宝贵意见!

龚爱国

2021 年 7 月于济南